■ ■ ■

Lenin!
Reden und Aufsätze über Lenin 1924

16,80
8,-

D1574373

■ ■ ■ EDITION MARXISTISCHE BLÄTTER

Lenin spricht

■ ■ ■

Lenin!

Reden und Aufsätze über Lenin 1924

Edition Marxistische Blätter
Neuss 1989

■ ■ ■

CIP-Titelaufnahme der Deutschen Bibliothek

Lenin!: Reden und Aufsätze über Lenin 1924. – Nachdr. d.
Ausg. Wien, Verl. Literatur u. Politik, 1924. – Neuss: Ed.
Marxist. Blätter, 1989
  ISBN 3-88501-007-0

Originaltitel:
Lenin – Leben und Werk
Wien 1924

Impressum
Edition Marxistische Blätter
Neuss 1989
© Für Bearbeitung und Nachwort
VVG – Verlags- und Vertriebsgesellschaft mbH
Postfach 101555
D-4040 Neuss 1
Umschlaggestaltung: Beate Oberscheidt, Dortmund
Herstellung: Plambeck & Co GmbH, D-4040 Neuss 1
Auflage: 5.4.3.2.1

Inhalt

I.

II.

Sein Werk

III.

Der Mensch

IV.

An der Bahre

I.

An die Partei!
An alle Werktätigen!

Am 21. Januar beendete unser Genosse Lenin seinen Lebensweg.

Es ist der Mann gestorben, der unsere stählerne Partei begründet, sie in jahrlanger Arbeit ausgebaut, unter den Schlägen des Zarismus geführt und im rücksichtslosen Kampfe gegen die Verräter der Arbeiterklasse, gegen die schwankenden Elemente und Überläufer gehärtet hat. Es ist der Mann gestorben, unter dessen Leitung die unerschütterlichen Reihen der Bolschewiki im Jahre 1905 kämpften, sich später, während der Reaktion, zurückzogen, dann erneut vorstießen und in den ersten Reihen der Kämpfer gegen den Absolutismus zu finden waren; die es verstanden, die Menschewisten und Sozialrevolutionäre zu entlarven und ihre ideologische Herrschaft zu brechen. Es ist der Mann gestorben, unter dessen Führung unsere in Pulverdampf gehüllte Partei mit riesigem Arm das rote Banner des Oktobers im ganzen Lande aufgerichtet, den Widerstand der Feinde gebrochen und im ehemaligen zaristischen Rußland die Herrschaft der Werktätigen verwirklicht hat. Der Gründer der Kommunistischen Internationale ist gestorben, der Führer des Weltkommunismus, der geliebte Führer und der Stolz des internationalen Proletariats, das Banner des unterdrückten Ostens, das Haupt der Arbeiterdiktatur in Rußland.

Niemals seit Marx hat die große Befreiungsbewegung des Proletariats eine so gigantische Gestalt hervorgebracht, wie unser verstorbener Führer, Lehrer und Freund es gewesen ist. Alles, was im Proletariat wahrhaft groß und heroisch ist – unerschrockene Vernunft, eiserner, hartnäckiger, unbiegsamer, alles überwindender Wille, der heilige Haß bis zum Tode gegen die Sklaverei und Unterdrückung, revolutionäre Leidenschaft, die Berge versetzt, grenzenloser Glaube an die schöpferischen Kräfte der Massen, ungeheures organisatorisches Genie, – alles das fand seine wundervolle Verkörperung in Lenin, dessen Name in der ganzen Welt, von West bis Ost, von Süd zum Nord, zum Symbol des neuen Lebens wurde.

Lenin verstand wie kein anderer das Große und das Kleine zu bemerken, historische Wendepunkte von größter Tragweite vorauszusehen und gleichzeitig jede geringste Einzelheit in Betracht zu ziehen und zu verwerten; er verstand es, wo die Stunde es erforderte, kühn anzugreifen und, wo es sein mußte, sich zurückzuziehen, um einen neuen Angriff vorzubereiten. Für ihn gab es keine erstarrten Formeln; seine weisen, alles sehenden Augen waren ohne Scheuklappen. Er war der geborene Führer der proletarischen Armee, der Genius der Arbeiterklasse.

Auch der Schatzkammer des Marxismus hat Lenin viel Wertvolles geschenkt. Ihm verdankt die Arbeiterklasse die Ausarbeitung der Lehre von der proletarischen Diktatur, von dem Bündnis der Arbeiter mit den Bauern, von der großen Bedeutung der nationalen und kolonialen Fragen für das kämpfende Proletariat und endlich seine Lehre von der Rolle und dem Wesen der Partei. Und dieser ganze Reichtum war in Lenins Händen nicht ein totes Kapital, sondern eine unvergleichlich lebendige Praxis. „Es ist viel leichter, Revolutionen zu machen, als über sie zu schreiben", pflegte Wladimir Iljitsch zu sagen. Und sein ganzes Leben, von seinem bewußten Anfang an bis zu seinem letzten, qualvollen Atemzuge, hat Lenin der Arbeiterklasse gewidmet. Es gab und gibt keinen Menschen, der sich seiner Sache so hingegeben hätte wie Lenin, der in seinem herrlichen Leben nichts anderes kannte als die Interessen der Partei, des Proletariats und der kommunistischen Revolution. Es gab und gibt keinen Menschen, der ein so tiefes Gefühl seiner Verantwortung gehabt hätte. Übermenschliche Arbeitsleidenschaft, unausgesetzte Denkarbeit, schonungsloser Verbrauch seiner Energien – zerbrachen diesen reckenhaften Organismus und löschten das Leben unseres geliebten Führers, unseres Iljitsch, aus.

Aber sein physischer Tod ist nicht der Tod seiner Sache. Lenin lebt in der Seele eines jeden Parteimitgliedes fort. Jedes Mitglied unserer Partei ist ein Teilchen von Lenin. Unsere ganze kommunistische Gemeinschaft ist eine kollektive Verkörperung von Lenin.

Lenin lebt im Herzen eines jeden ehrlichen Arbeiters.

Lenin lebt im Herzen eines jeden armen Bauern.

Lenin lebt in den Herzen von vielen Millionen Kolonialsklaven.

Lenin lebt in dem Hasse gegen den Leninismus, gegen den Kommunismus und Bolschewismus im Lager unserer Feinde.

Jetzt, da unsere Partei der härteste Schlag traf, Iljitschs Tod – jetzt müssen wir sein Vermächtnis mit besonderer Hartnäckigkeit halten.

Niemals war Lenin größer als in den Augenblicken der Gefahr. Mit fester Hand führte er die Partei durch die Gefahren, mit unvergleichlicher Kaltblütigkeit und seltenem Mut führte er sie ihrem Ziele zu. Lenin haßte nichts so sehr wie die Panikstimmung, die Verwirrung, das Schwanken.

Auch hierin wird die Partei ihm folgen. Er hat uns für immer verlassen, dieser unvergleichliche Kampfgenosse. Aber wir werden unerschrocken weitergehen. Mögen unsere Feinde über unseren Verlust frohlocken. Diese Elenden! Sie wissen nicht, was unsere Partei ist! Sie hoffen, daß unsere Partei zerfallen wird. Mit eisernen Schritten wird unsere Partei vorwärtsstreben. Sie wird es, denn sie ist die Partei Lenins.

Sie wird es tun, denn sie ist in Kämpfen groß geworden. Sie wird es tun, denn sie hält jenes Vermächtnis in ihrer Hand, das Genosse Lenin ihr hinterlassen hat.

Gegen den Weltbund der Gutsherren und Kapitalisten werden wir unseren Bund der Arbeiter und Bauern, den Bund der unterdrückten Nationen, aufrichten.

Mit festem Fuß stehen wir auf der Erde. Unter den europäischen Trümmern sind wir das einzige Land, das neu ersteht unter der Macht der Arbeiter, das der Zukunft mutig entgegenblickt. Millionen versammeln sich um unser ruhmreiches Banner. Der Tod unseres Lehrers – dieser schwere Schlag – wird unsere Reihen noch fester zusammenschließen. In geschlossenen Schützenketten ziehen wir in den Kampf gegen das Kapital, und keine Macht der Erde wird uns am endgültigen Siege hindern können.

Dieser Sieg wird des Genossen Lenin bestes Denkmal sein, jenes Menschen, den die Massen als ihren besten Freund den „Iljitsch" nannten.

Es lebe und siege unsere Partei!

Es lebe die Arbeiterklasse!

Moskau, 22. Januar 1924.

Zentralkomitee der
Kommunistischen Partei Rußlands.

N. K. Krupskaja

An der Bahre[1]

Genossen, das, was ich sagen werde, wird am allerwenigsten an eine parlamentarische Rede erinnern. Aber da ich zu den Vertretern der Republik der Werktätigen spreche, zu lieben, teuren Genossen, denen die Aufgabe bevorsteht, das Leben auf neuen Grundlagen aufzubauen, deshalb, Genossen, meine ich, daß ich frei heraus sprechen kann.

Genossen, in diesen Tagen, als ich am Sarge Wladimir Iljitschs stand, dachte ich über sein ganzes Leben nach, und nun will ich Ihnen folgendes sagen: Sein Herz schlug in heißer Liebe zu allen Arbeitenden, zu allen Unterdrückten. Er selbst hat es niemals gesagt, auch ich würde es vielleicht in einem anderen, weniger feierlichen Augenblick, nicht sagen. Ich spreche deshalb davon, weil er dieses Gefühl von der russischen heroischen, revolutionären Bewegung geerbt hat. Dieses Gefühl zwang ihn dazu, mit der größten Leidenschaft nach einer Antwort auf die Frage zu suchen. Auf welchen Wegen wird sich die Befreiung der Arbeitenden vollziehen? Die Antworten auf seine Fragen hat er von Marx erhalten. Nicht als Bücherwurm ist er an Marx herangetreten. Er kam zu ihm als ein Mensch, der Antworten auf dringende, qualvolle Fragen sucht. Und er hat diese Antworten bei ihm gefunden. Mit ihnen trat er vor die Arbeiter.

Das war in den 90er Jahren. Damals konnte er nicht in Volksversammlungen reden. Er ging nach Pe-

---

1 Worte, gesprochen am 26. Januar in der Sitzung des II. Sowjet-Kongresses des Verbandes der Sozialistischen Sowjetrepubliken in Moskau.

tersburg, in die Arbeiterkreise. Er ging hin, um zu erzählen, was er selbst durch Marx erfahren hatte, er
sprach zu den Arbeitern von jenen Antworten, die er
bei ihm gefunden. Und er hat nicht nur gesprochen und
erzählt, er hat auch aufmerksam zugehört, was die Arbeiter ihm zu sagen hatten. Und die Petersburger Arbeiter sprachen zu ihm nicht nur von dem Leben in ihren Fabriken, nicht nur von der Knechtung der Arbeiter. Sie erzählten ihm auch von ihren Dörfern.

Im Saal des Hauses der Gewerkschafts-Verbände,
am Sarge Wladimir Iljitschs, traf ich einen Arbeiter,
der damals im Kreise Wladimir Iljitschs war. Es ist ein
früherer Bauer aus Tula. Dieser Bauer nun, jetzt ein
Arbeiter des Ssemjannikow-Werkes, sagte zu Wladimir
Iljitsch: „Hier in der Stadt kann ich nicht so recht reden, ich werde in mein Tulaer Gouvernement gehen
und den Leuten dort alles sagen, was Sie mich gelehrt
haben; ich werde mit den anderen Bauern sprechen, sie
werden mir glauben. Ich bin ja einer von ihnen. Dort
werden uns keine Gendarmen stören."

Wir sprechen jetzt von von dem Zusammenschluß
zwischen Arbeitern und Bauern. Dieser Zusammenschluß ist von der Geschichte selbst geschaffen. Mit der
einen Seite seines Wesens ist der russische Arbeiter ein
Arbeiter, mit der anderen – ein Bauer. Die Tätigkeit unter den Petersburger Arbeitern, Gespräche mit ihnen,
aufmerksames Zuhören auf ihre Reden – brachten Wladimir Iljitsch das Verständnis für den großen Gedanken von Marx, jenen Gedanken, daß die Arbeiterklasse
die Avantgarde aller Werktätigen ist, daß die arbeitenden Massen und alle Unterdrückten ihr folgen werden,
und daß darin die Kraft der Arbeiterklasse und das
Pfand ihres Sieges liegt. Nur als ein Führer aller Werktätigen kann die Arbeiterklasse siegen. Das hat Wladimir Iljitsch erkannt, als er unter den Petersburger Ar-

beitern lebte. Und dieser Gedanke durchleuchtete seine ganze weitere Tätigkeit, jeden seiner Schritte. Er erstrebte die Macht für die Arbeiterklasse. Er wußte, daß die Arbeiterklasse diese Macht nicht deshalb braucht, um sich ein gutes Leben auf Kosten der anderen Werktätigen zu schaffen; er wußte, daß die historische Aufgabe der Arbeiterklasse die Befreiung aller Geknechteten, aller Werktätigen ist. Diese grundlegende Idee drückte der ganzen Tätigkeit Wladimir Iljitschs ihren Stempel auf.

Genossen, Vertreter der Sowjetrepubliken, der Republiken der Werktätigen! An Euch wende ich mich, und Euch bitte ich, sich diese Idee Wladimir Iljitschs ganz besonders zu Herzen zu nehmen.

Genossen, ich will die letzten wenigen Worten sagen: Genossen, unser Wladimir Iljitsch ist gestorben, unser lieber, teurer Führer ist tot.

Genossen, Kommunisten, haltet hoch das Banner des Kommunismus, das Lenin so teuer war.

Genossen, Arbeiter und Arbeiterinnen, Genossen, Bauern und Bäuerinnen, Ihr Werktätigen der ganzen Welt, schließt Eure Reihen, stellt Euch unter das Banner Lenins, unter das Banner des Kommunismus!

G. Sinowjew

Sein Leben und sein Werk

Über dreißig Jahre lang nahm er den aktivsten Anteil am revolutionären Kampf der russischen Arbeiterklasse und des internationalen Proletariats. Wollte man eine einigermaßen ausführliche Biographie von Lenin schreiben, dann müßte man die Geschichte der beiden russischen Revolutionen, der II. Internationale und des Kampfes ihres linken Flügels gegen den rechten schildern; ferner müßte man dazu von der Entstehung der Kommunistischen Internationale berichten, von der Gründung unseres Sowjetstaates, von seinen großen Kämpfen um seine Existenz usw. usw.

Lenins Tätigkeit ist auf das engste mit dem Wachsen unserer Partei verknüpft, die kürzlich ihr 25jähriges Jubiläum feierte. Aber fast zehn Jahre seiner Arbeit gehören jener Zeit an, als unsere Partei, als eine gesonderte Organisation, noch gar nicht existierte.

Im Jahre 1887 wurde der 17jährige Lenin wegen seiner Teilnahme an studentischen „Unruhen" aus der Universität ausgeschlossen. In jener fernliegenden Epoche war die Studentenschaft jahrzehntelang eine bedeutende revolutionäre Kraft, große Kämpfer für die Sache der Freiheit sind aus ihren Reihen hervorgegangen. Alle, die an der Bewegung von 1905 diesen oder jenen Anteil genommen, erinnern sich, daß die studierende Jugend damals den Arbeitern auf jede Weise geholfen, die Gruppenbildung unter ihnen unterstützt und mit ihnen gemeinsam Demonstrationszüge veranstaltet hat, wofür diese Jugend von den Kosaken mißhandelt, in die Armee eingezogen und nach Sibirien verbannt wurde.

In jenen Tagen, als der Kampf für eine bürgerliche Revolution und gegen den Zarismus, nicht aber für die proletarische Revolution ausgefochten wurde, war der revolutionäre Student eine sehr häufige Erscheinung. Der Anfang der politischen Tätigkeit des Genossen Lenin ist somit vor allem mit seinem Aufenthalt in der Universität verknüpft. Seine Abkunft von dem Adelsstande war nur formaler Art, denn sein Vater, ein wenig bemittelter Mann, widmete sich ganz der Arbeit und der Sache der Volksaufklärung. Lenins ältester Bruder, Alexander Uljanow, wurde von der russischen Regierung dafür hingerichtet, daß er an der Bewegung der „Narodowolzy"[2] teilnahm, die damals viele hervorragende Kämpfer hervorbrachte, Kämpfer, die es verstanden haben, ihre Brust den Kugeln des Zaren preiszugeben zu einer Zeit, als die Arbeiterklasse Rußlands noch in tiefem Schlaf lag, als eine bleierne Reaktion der Selbstherrschaft auf dem ganzen Lande schwer lastete.

Aber allmählich begannen in den Städten bedeutende Arbeitergruppen aufzutauchen, und die in Petersburg, Moskau und anderen Teilen des Landes aufblühenden Fabriken und Betriebe füllten sich mit industriellem Proletariat. Genosse Lenin war einer der ersten, die die revolutionäre Bewegung richtig erfaßt haben. Schon zu jener Zeit sah er voraus, daß die Arbeiterklasse, nachdem sie in den Städten ein bedeutender Faktor geworden, die Bauernschaft nach sich ziehen, daß diese letztere eine entscheidende Rolle im allgemeinen Kampf spielen würde. Genosse Lenin erkannte als erster, daß alle Versuche einzelner Revolutionäre

2 Anhänger der Richtung „Narodnaja Wolja" (Volksfreiheit)

aus der Intellektuellenschicht, die Bauernschaft zum
Aufstand zu bringen, erfolglos bleiben würden; daß nur
der Arbeiter einen Zugang in die Dörfer habe, und daß
nur das industrielle Proletariat in der Lage sein würde,
die Millionenmassen der Bauernbevölkerung, mit der
sie durch viele starke Bande verknüpft ist, in Bewegung zu setzen. Sobald Lenin politisch reif geworden,
richtete er seine ganze Aufmerksamkeit auf die Arbeiterklasse. In ihrer bodenlosen Tiefe, in den Gassen der
Arbeitersiedlungen, schöpfte er seine unverwüstliche
Energie, dort holte er sich die Begeisterung für den
Kampf, und dort suchte er auch noch jene Kraft, die
den Zarismus stürzen sollte.

Die ersten Schritte seiner revolutionären Tätigkeit
unter den Arbeitern tat er in Petersburg. Hier, in der
Newa-Vorstadt und später auch in anderen Rayons,
suchte er sich besonders befähigte und vorbereitete
Menschen heraus, um aus ihnen die künftigen Führer
des russischen Proletariats zu schmieden. Hier begeg-
nete er dem Petersburger Arbeiter Scheldunow, der
auch jetzt noch lebt, aber leider schon lange erblindet
ist, und I. W. Babuschkin, der im Jahre 1905, zur Zeit
des Sieges der Gegenrevolution, von den Soldaten des
Generals Rennenkampf in Sibirien erschossen wurde.
Auch mit dem verstorbenen Menschewisten Martow
und mit vielen anderen, jetzt noch lebenden Gesinnungsgenossen kam er hier in Petersburg zusammen.
Lenin arbeitete mit ihnen gemeinsam an der Organisation der schon bestehenden losen Arbeitergruppen, die,
an ihrer Selbstbildung arbeitend, alle Geschehnisse
nicht nur in unserem Lande, sondern auch in der ganzen Welt zu begreifen und die marxistische Theorie
sich anzueignen begannen. Diese kleinen Häuflein von
organisierten Arbeitern waren anfangs durchaus fried-
licher Natur und nur als Propagandagruppen zu be-

trachten; aber die damaligen Verhältnisse in Rußland waren derart, daß diese zu unschuldiger, harmloser theoretischer Arbeit gebildeten Gruppen sich schon nach wenigen Monaten in kleine Arbeiterstäbe verwandelten, die auf dem Gebiete der Leitung des ökonomischen Kampfes die Funktion der Gewerkschaftsverbände und auf dem Gebiete des politischen Kampfes die der Partei ersetzten. Besonders das erstere machte sich sehr bald und lebhaft fühlbar, denn diese winzigen Organisationen – in denen, dank dem Umstande, daß sie wenig zahlreich waren und aus den besten Vertretern der damaligen Arbeiterschaft bestanden, der Geist einer wahren Brüderlichkeit herrschte – begannen, in das ökonomische Leben der Fabriken und sonstigen Betriebe aktiv einzugreifen.

Und wir sehen, daß die ersten literarischen Arbeiten des Genossen Lenin in der Tat den einfachsten alltäglichen Fragen gewidmet sind. Dieser Umstand ist eine sehr wichtige Seite in seiner Biographie. Dieser größte Revolutionär, der einer ganzen Epoche seinen Stempel aufdrückte, begann seine literarische Tätigkeit auf dem bescheidensten Gebiet. Gemeinsam mit Babuschkin, Scheldunow und anderen um die eben entstandene sozialdemokratische Organisation gruppierten Arbeitern begann er, illegale Flugblätter, die sich mit ökonomischen Fragen des Arbeiterlebens befaßten, zu verfassen und auf einem Hektographen zu vervielfältigen. Nur alte Arbeiter, die schon an die dreißig Jahre vor ihrer Werkbank stehen, erinnern sich noch an die damaligen Arbeitsbedingungen in Fabriken und Betrieben. Die neue Generation unserer Arbeiter, die 1905 und später zu arbeiten begonnen hat, macht sich keine Vorstellungen davon, wie höllisch schwer die Arbeit in industriellen Unternehmungen des zaristischen Rußlands um die Zeit 1890 war. Es ist daher durchaus begreiflich, daß die ersten Arbeiterkreise, die sich um den Genossen Lenin gruppiert haben, zunächst versuchten, wenigstens den elementarsten Protest der Arbeiterschaft gegen das unerträgliche Fabrikjoch zu wecken. Und die vom Genossen Lenin damals verfaßten Flugblätter sprechen eben von dieser Lage des Arbeiters: von der Behandlung der Arbeiter und besonders der Arbeiterinnen seitens der Ingenieure, über das Teewasser in den Fabriken, über Arbeitsdauer, über Straf- und sonstige Abzüge, kurz, über Angelegenheiten, die uns jetzt nicht mehr wichtig erscheinen.

Aber zu jener Zeit war es die einzige richtige Einstellung zu den Arbeitermassen, die einzige reale Möglichkeit, in Rußland eine Arbeiterbewegung im eigentlichen Sinne des Wortes ins Leben zu rufen. Und Genosse Lenin hat sich nicht getäuscht: seine Flugblätter führten dazu, daß in einigen Petersburger Fabriken und Betrieben wirtschaftliche Streiks ausbrachen, die unter den damaligen Verhältnissen sehr bald in politische übergingen. Denn wenn der Arbeiter in diesem oder jenem Betriebe zu „meutern" anfing (wie man sich damals ausdrückte), d. h. eine Erhöhung des Arbeitslohns, Verringerung der Abzüge, eine menschliche Behandlung forderte, dann wandte sich der Fabrikant oder sein Verwalter an den Stadthauptmann, der die Unzufriedenheit sofort mit einer Anzahl von Soldaten oder Kosaken „zur Vernunft brachte". Auf diese Weise – und das muß nochmals wiederholt werden – verwandelte sich jeder einigermaßen bedeutende wirtschaftliche Streik in ein politisches Ereignis, das den Arbeitern Petersburgs und anderer Städte mit aller Anschaulichkeit zeigte, daß die zaristische Regierung nur ein Exekutivorgan der Fabrikanten und Unternehmer ist. Und hier, in diesen kleinen Tatsachen der ökonomischen Wirklichkeit, muß man den Anfang jener großen

Kämpfe suchen, die sich dann im Laufe von Jahrzehnten abgespielt und zu der Revolution von 1905 und schließlich zu der von 1917 geführt haben.

In dieser Periode seiner Tätigkeit kam Lenin zum ersten Male ins Gefängnis. Aber auch im Gefängnis setzte er, soweit es möglich war, die von ihm begonnene Arbeit hartnäckig fort. Mit Hilfe einer ganzen Reihe von konspirativen Maßnahmen schickte er seine Flugblätter und Briefe den Arbeitern.

Seinen bedeutenderen theoretischen Arbeiten widmete Genosse Lenin sich erst im Gefängnis in Sibirien, wohin er verschickt wurde. Hier sind seine grundlegenden Bücher geschrieben, so z. B. sein Werk: „Entwicklung des Kapitalismus in Rußland", das für die Entstehung der russischen Arbeiterpartei eine große Rolle gespielt hat. In dieser Arbeit zeigte sich Lenin gleichzeitig als tiefer Theoretiker und unvergleichlicher Kenner der sozialen und wirtschaftlichen Verhältnisse unseres Landes, vor allem aber bewies er eine erstaunliche Kenntnis des russischen Dorflebens. Mit einer Menge von Zahlen schilderte er wie im Spiegel nicht nur das damalige Rußland, sondern auch die künftige Entwicklung unseres Landes in den nächsten Jahrzehnten. Er zeigte den Weg, den die russische Industrie und Landwirtschaft gehen mußten, und er behauptete, von einer Schlußfolgerung zur nächsten schreitend, daß die Arbeiterklasse in Rußland sich langsam in eine ungeheure Kraft verwandelt, daß sie sich um jeden Preis zu einer bestimmten Partei organisieren und im entscheidenden Augenblick durch ihre Führer die Bauernschaft nach sich ziehen muß. Und diese Thesen des Genossen Lenin enthalten die Grundlagen des Bolschewismus; er hat somit als erster die Frage der Machteroberung der Arbeiterklasse aufgeworfen und ihre Verwirklichung nicht in ferne Zukunft, sondern in die nächste Zeit gerückt.

Im Jahre 1896 schrieb Lenin noch eine bedeutungsvolle Arbeit: „Die Aufgaben der russischen Sozialdemokratie". Dieses Buch bildet im gewissen Sinne eine Ergänzung zu der oben genannten Schrift „Entwicklung des Kapitalismus in Rußland". Seine erste Arbeit wurde legal veröffentlicht; unter den Verhältnissen der zaristischen Zensur mußte vieles ungesagt bleiben, damit sein Buch überhaupt das Licht der Welt erblicken konnte. Aber das Buch „Aufgaben der russischen Sozialdemokratie" ist im Auslande gedruckt worden, der Autor war daher in der Lage, alles das sagen zu können, was er damals verschweigen mußte. Und dieses Mal warf Lenin die Frage nach der Rolle der Arbeiterklasse in ihrer ganzen Größe auf, er betrachtete das Proletariat als die grundlegende Kraft in der Revolution, als den hauptsächlichen Befreier unseres Landes von dem Joch der Selbstherrschaft und der Knechtung des Volkes seitens der Bourgeoisie.

Nach drei Jahren seines Aufenthalts in der Verbannung berief Lenin in Pskow eine illegale Parteikonferenz. Sie war sehr wenig zahlreich; es war buchstäblich nur ein Häuflein – etwa zehn Mann, nicht mehr. Bei dieser Zusammenkunft wurde beschlossen, daß Genosse Lenin zusammen mit Martow und Potressow ins Ausland reisen sollte, um dort, zusammen mit Plechanow, der schon seit 1884 im Auslande lebte, die erste bedeutende revolutionäre Arbeiterzeitung „Iskra" („Funke") herauszugeben. Dieser Plan kam zur Ausführung.

Vieles von dem, was in unseren Köpfen dank dem „Funken" damals aufflammte, ist bis jetzt in unserem geistigen Gebrauch geblieben. Es war die erste revolutionäre Zeitung der Arbeiterschaft, die das Proletariat als die wichtigste revolutionäre Kraft betrachtete, als eine aufsteigende Klasse, die im entscheidenden Augenblick die Bourgeoisie stürzen würde.

Der „Funken" spielte eine ungeheure Rolle in der Geschichte der revolutionären Bewegung in Rußland. Die ganze damalige Generation der Arbeiter nannte sich nach dieser Zeitung „Iskrowzi" (ebenso wie in der Folge, in den Jahren 1911–1914, die Zeitungen „Prawda" und „Swesda" einer ganzen Arbeitergeneration den Namen „Prawdisty" gaben). Ihre Wirksamkeit allmählich entfaltend, begannen die „Iskrowzi" in jeder Stadt ihre Komitees zu gründen. Diese Komitees, die vor der ersten Parteikonferenz im Jahre 1898 „Kampfverbände für die Befreiung der Arbeiterklasse" hießen, umspannten fast ganz Rußland mit ihrem Netz. Der erste dieser Verbände trat 1890 in Petersburg in Tätigkeit, später entstanden ebensolche Verbände in Moskau, Kiew, am Ural und im zentralen Industrierayon ...

Im Sommer 1903, als die Arbeiterbewegung in Rußland gleich einer breiten Welle durch das ganze Land flutete, als die südlichen Gouvernements (Odessa, Rostow) von gewaltigen Streiks erschüttert wurden, versammelte sich die Zweite Konferenz unserer Partei. Faktisch war es die Erste Konferenz, denn es war uns jetzt zum erstenmal gelungen, aus dem ganzen Lande die Vertreter unserer Organisation zusammenzubekommen. Diese Konferenz fand im Auslande statt, denn es war unmöglich, sie in Rußland einzuberufen. Sie begann in Brüssel und endete in London. Bei dieser Konferenz formierte sich endgültig die bolschewistische Richtung, auch die erste Spaltung zwischen den Bolschewisten und Menschewisten kam hier zustande. Bis zu dieser Konferenz arbeiteten wir mit den Menschewisten in einer Partei, und erst als man fast unmittelbar vor den Ereignissen des Jahres 1905 stand – denn im Sommer 1903 fühlten alle, daß die Revolution vor der Tür steht, daß sie nur eine Frage der Zeit ist –, und erst in dieser Konferenz wurde eine Spaltung zwischen den Bolschewisten und Menschewisten bemerkbar. Lenin stand an der Spitze jenes Flügels, aus dem in der Folge der Bolschewismus hervorging.

Die Revolution von 1905 traf Lenin noch immer im Auslande an, wo er, wie schon erwähnt, anfangs den „Funken" herausgab und später, nach der Spaltung von den Menschewisten, die Zeitung „Wperjod" („Vorwärts"). Zu dieser Zeit nahm er in der revolutionären Bewegung bereits eine so hervorragende Stellung ein, daß alle einigermaßen bedeutenden Vertreter der Bewegung, oft vom anderen Ende der Welt, zu ihm kamen, um sich mit ihm zu beraten. Anfang 1905 nahmen diese Fahrten der russischen Revolutionäre zum Genossen Lenin den Charakter von Wallfahrten an. Alle bedeutenderen Revolutionäre in Petersburg, Moskau und anderen Städten Rußlands brachten die größten Opfer, nur um die Reise zu Lenin zu ermöglichen. Er, seinerseits, tat natürlich alles, was ihm möglich war, damit diese Zusammenkünfte möglichst zahlreich waren. Nach den Januarereignissen geriet auch Gapon[3] ins Ausland, und sein erstes Zusammentreffen mit den Vertretern der revolutionären Partei war – mit dem Genossen Lenin. Lenin behandelte mit der größten Aufmerksamkeit gerade jene Revolutionäre, die aus den unteren Schichten der Bewegung hervorkamen. Damals hatte es den Anschein, als wenn Gapon eine neue, frische Gestalt sei, die, ohne die Parteischule hinter sich zu haben, von dem gewaltigen Aufschwung der revolutionären Welle emporgehoben war, und Lenin widmete sich aufopfernd Gapon, lehrte ihn das ABC des Marxismus – den revolutionären Kampf. Er wußte, daß er einen Mann vor sich hatte, der, eben erst von der re-

---

3 Ein Priester, der am 22. Januar 1905 die Petersburger Arbeiter mit einer von ihm verfaßten Bittschrift vor das Winterpalais führte; sie wurden mit Waffengewalt vertrieben (der „Blutige Sonntag").

volutionären Bewegung emporgehoben, keinerlei Bildung und keine Ahnung von dem Wesen der revolutionären Bewegung hatte. Und ungeachtet dessen, daß schon damals sich viele von Gapon abwandten, fuhr Lenin fort, sich mit ihm zu treffen, hoffend, daß es ihm vielleicht gelingen würde, diesen aus den unteren Schichten der Volksmassen emporgestiegenen Menschen für die Arbeiterklasse zu verwerten. Erst in der Folge, als die provokatorische Rolle Gapons endgültig ans Tageslicht kam, brach Lenin jede Beziehung zu ihm endgültig ab.

Während des russisch-japanischen Krieges nahm Genosse Lenin von Anfang an eine konsequente internationalistische Haltung ein. Die Meuterei in der Schwarzmeerflotte, der Aufstand auf dem Panzerschiff „Potjomkin", die Ankunft der ersten geretteten revolutionären Seeleute dieses Kriegsschiffes und ihr Erscheinen bei Lenin – alle diese Ereignisse waren für ihn ein großes Fest, denn er sah schon, daß die revolutionäre Bewegung in Rußland in eine entscheidende Phase trat, und daß sie sich stetig und sogar stürmisch entfaltete, da sie doch schon die Flotte und einen Teil der Armee erfaßt hatte.

Es braucht nicht gesagt zu werden, daß die ersten Nachrichten von der Revolution von 1905 genügten, damit Lenin sofort alles stehen ließ und nach Petersburg eilte. Er kam in einem Augenblick in der Hauptstadt an, als die Bewegung ihren Höhepunkt erreichte und als der erste Arbeiterdeputiertenrat schon in Tätigkeit war. Lenin lebte zu jener Zeit noch illegal, denn wir alle fühlten, daß der Sieg der Revolution unsicher war. Er trat nur selten öffentlich auf und sprach wenig, aber trotzdem war er – und kein anderer – schon damals der faktische Leiter der revolutionären Avantgarde in Petersburg und durch den damaligen Deputiertenrat der

Leiter der ganzen Arbeiterklasse. Genosse Lenin saß damals meistens auf der Galerie der „Freien Ökonomischen Gesellschaft", wo der Deputiertenrat seine Sitzungen abhielt. In diesem Sowjet hat er kein einziges Mal gesprochen. Er hat hauptsächlich zugehört, denn es war damals eine Zeit, in der man vor allem zuzuhören verstehen mußte, um den neuen Arbeiter, der sich eben erst erhoben und gezeigt hat, was er geworden ist, zu begreifen. Und Genosse Lenin war ganz Ohr, als er auf der Galerie der „Freien Ökonomischen Gesellschaft" saß und gierig jedem Arbeiter und jeder Arbeiterin zuhörte, die die Tribüne bestiegen und, zum erstenmal im zaristischen Rußland, offen von den Qualen und Mühsalen der Arbeiterklasse sprachen. Bekanntlich war dieser erste Petersburger Arbeiterdeputiertenrat nicht von langer Dauer. Er hatte die Absicht, den Grafen Witte zu verhaften, aber dieser kam ihm zuvor und verhaftete eines Tages den Deputiertenrat.

Im Dezember 1905 brach der Arbeiteraufstand in Moskau aus. Es war die erste proletarische bewaffnete Bewegung im großen Maßstabe, und diese Bewegung wurde von unserer Partei geleitet. Von den Kampftruppen, die damals in verschiedenen Rayons von Moskau gegen die Banden des Zaren kämpften, gehörte die Mehrheit den Bolschewisten an, und es war auch ein Mitglied unseres Zentralkomitees, das an der Spitze der ganzen Bewegung stand.

Kurz vor dem Aufstand im Presnja-Rayon in Moskau kam Lenin von Petersburg in Moskau an, wo er ebenfalls illegal lebte. Die Moskauer Bewegung wurde niedergeschlagen und im Arbeiterblute ertränkt, worauf eine wüste Reaktion begann: Standgerichte begannen zu arbeiten, Strafexpeditionen fuhren vom Moskauer Knotenpunkt aus nach allen Richtungen, fast bis nach Sibirien.

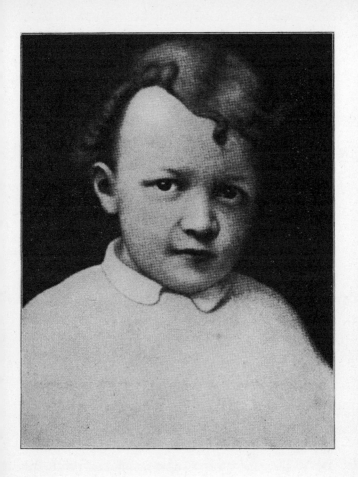

1873

Im Zusammenhang mit der Liquidation des Petersburger Deputiertenrates und des ersten bewaffneten Aufstandes des Moskauer Proletariats spitzten sich die Meinungsverschiedenheiten zwischen den Bolschewisten und Menschewisten sehr zu. Die letzteren zeigten jetzt ihr eigentliches Wesen, indem sie gleich bei dem ersten Mißerfolg der Arbeiterklasse ihren ganzen revolutionären Kampf in Frage stellten. Sogar ein solch bedeutender Führer wie Plechanow fand nach den Moskauer Ereignissen keine anderen Worte als die: „Nun ja, man hätte nicht zu den Waffen greifen müssen. Ich habe euch gewarnt!" Die Menschewisten begannen, die ganze Taktik der Arbeiterklasse einer Revision zu unterziehen. Sie hielten die ganze Tätigkeit des Arbeiterdeputiertenrates für einen Fehler und behaupteten, daß die Arbeiter in ihren Forderungen zu weit gegangen wären und dadurch die Sympathien der vernünftig denkenden Bourgeoisie und des damals in Rußland verbreiteten „Bundes der Verbände" verloren hätten, jenes Bundes, der aus Ingenieuren, Technikern, Ärzten und einigen anderen Kategorien der revolutionären Intellektuellen bestand. Sie waren ferner der Ansicht, daß das ganze Ende des Jahres 1905 seitens der Arbeiter eine große Enttäuschung war; es war, wie sie sich damals ausdrückten, ein „wahnsinniges Toben der Elemente": die Arbeiter wurden kopflos und rannten vorwärts, ohne zu begreifen, daß sie geschlagen werden würden.

Bei diesen Debatten trat Lenins große Begabung mit besonderer Kraft hervor. Natürlich, wenn die Bewegung von einem Siege zum anderen geschritten wäre, dann wären die Menschewisten wahrscheinlich bei der Arbeiterklasse geblieben. Aber die wahren Führer erkennt man nicht dann, wenn alles gut und glatt geht. Als die Moskauer Arbeiter niedergeschlagen, der Petersburger Deputiertensowjet verhaftet und die Arbeiterbewegung zertrümmert waren, da waren es die Liberalen aus dem „Bund der Verbände", die sich versammelten, um die ganze Bewegung zu Grabe zu tragen. Sie waren der Ansicht, daß das Lied der Arbeiterklasse ausgesungen sei und daß alles bei einer konstitutionellen Monarchie sein Bewenden haben werde. In diesem kritischen Augenblick brauchte man einen Mann, der der Arbeiterklasse hätte sagen können, daß ihre Niederlage nur eine vorübergehende sei, daß sie aus ihr gestählt hervorgehen und daß ein Tag kommen würde, an dem das Proletariat sich mit neuen Kräften erheben, seine Feinde schlagen und das Land auf einen breiten Weg führen wird. Und ein solcher Mann war da: es war Lenin, dessen Stimme durch ganz Rußland schallte.

Lenin betrachtete den Moskauer Aufstand im Dezember 1905 als ein Ereignis von größter historischer Wichtigkeit. Noch als der Kampf wütete und die Schüsse durch die Straßen hallten, begann er buchstäblich alle Tatsachen und Nachrichten zu sammeln, die einen Bezug auf die Bewegung hatten, um diese letztere bis auf ihre tiefsten Gründe zu erforschen. Er suchte die heilgebliebenen Kämpfer auf und fragte sie nach allen Einzelheiten dieses großen Straßenkampfes. Genosse Lenin sagte damals, daß der Moskauer Aufstand von 1905 keine geringere Bedeutung habe als die Aktion der Pariser Kommunarden im Jahre 1871. Zum erstenmal, sagte er, haben sich die russischen Arbeiter, die so lange Sklaven und eine ungebildete, träge Masse waren, entschlossen (in der uralten Hauptstadt, im reichen Moskau der alteingesessenen Kaufleute), auf die Straßen zu treten, den Absolutismus herauszufordern und einige Tage lang mit wechselndem Erfolge gegen die damalige gewaltige zaristische Armee zu kämpfen. Zum erstenmal entschloß sich die unterdrückte Arbeiterklasse, den offenen Kampf aufzunehmen. Sie ist geschlagen worden, aber es ist eine jener Niederlagen, die viele Siege wert ist.

Nach dem Aufstande mußte die Bewegung illegal weiterarbeiten. Auch Lenin lebte in Petersburg illegal. Im Jahre 1906 zwang ihn die Partei, nach Finnland überzusiedeln. Finnland gehörte damals zum russischen Reich, aber es genoß gewisse politische Freiheiten, die die Zarenregierung gezwungen war, den Finnländern zu gewähren. Fünfzig Kilometer von Petersburg, an der Bahnstation Kuokkala, später in Terrijoki, schlug Lenin sein Lager auf und errichtete seinen revolutionären Stab. Hunderte der besten Arbeiter Moskaus und Petersburgs fanden den Weg dorthin. Jene Wallfahrten, die früher Genf zum Ziele hatten, spielten sich jetzt in allernächster Nähe der Hauptstadt ab. Besonders viele Arbeiter kamen am Sonnabend und Sonntag – sie füllten dann oft ganze Züge. Am Bahnhof wartete eine Menge Spitzel auf sie, aber es war zur Zeit der ersten Reichsduma, und der Zarismus wagte es damals doch nicht, uns offen anzugreifen. Man könnte wirklich sagen, daß der Puls des politischen Lebens von Petersburg und der ganzen russischen Arbeiterbewegung zu jener Zeit in dem kleinen Hause in Kuokkala und in dem winzigen Häuschen am Strande in Terrijoki schlug. Hunderte von Arbeitern, deren Namen jetzt in ganz Rußland bekannt sind, und die jetzt – in Gewerkschaftsverbänden oder in Sowjetbehörden – das Leben Rußlands leiten, gingen damals, im Januar 1906, im buchstäblichen Sinne des Wortes zu Lenin in die Lehre und formten sich politisch unter seinem Einfluß. Es genügt, solche Namen zu nennen wie Kalinin, Tomski u. a., die an der Spitze unserer größten Organisation und sogar ganzer Gebiete der Republik stehen. Damals waren sie alle verhältnismäßig junge Petersburger Arbeiter, sie gingen in die Schule zum Genossen Lenin nach Kuokkala und Terrijoki und führten die Arbeit in Petersburg unter seiner unmittelbaren Leitung fort.

In den Jahren 1906/07 spielte sich der ganze Kampf zwischen den Bolschewisten und Menschewisten auf dem Boden der folgenden Frage ab. Die Menschewisten sagten: „Wir sind geschlagen. Unsere Sache ist verloren. Es bleibt uns nur noch der Ausweg, eine legale sozialdemokratische Partei zu gründen, ähnlich wie in Deutschland oder in anderen Ländern. Eine Revolution wird es nicht mehr geben. Das Stolypinsche[4] Rußland hat nicht auf Monate, sondern auf viele Jahre hinaus gesiegt." Die Bolschewisten sahen die Sache anders an. „Ja", entgegneten sie, „wir erleben eine schwere Krise, aber die Revolution ist nicht zu Ende. Es werden einige Jahre vergehen, dann wird sie wieder beginnen. Unsere Aufgabe ist, die Zeit der Gegenrevolution, die beginnende stille Periode dazu auszunutzen, um unsere Partei fester zu organisieren, unsere Reihen zu stärken und mutige Arbeiter heranzuziehen, die fähig sind, unter den Schlägen der zaristischen Selbstherrschaft die Vorbereitungen zu der zweiten Revolution, die unvermeidlich ist, einzuleiten."

Und von diesem Gedanken ausgehend – daß man sich in Geduld fassen und warten müsse –, schickte die Partei den Genossen Lenin wieder ins Ausland, da sein Aufenthalt in Finnland nicht mehr ungefährlich war: es wurde festgestellt, daß die Spitzel schon häufig um das Haus herumschlichen, in dem er lebte. Im Auslande machte sich Lenin an die Herausgabe der Zeitung „Proletarier", die die Arbeit und Richtung des „Funkens" fortsetzte. Die illegale Organisation der Bolschewisten aber vergrub sich tief in das Dunkel der Konspiration

---

4 Stolypin – Minister des Innern, später Ministerpräsident; beschränkte das Wahlrecht, unterdrückte die Revolution.

und begann noch vorsichtiger vorzugehen. Diese Zeit war für uns die schwerste. Der sie nicht mitgemacht hat, wird sich kaum jene Stimmung vorstellen können, die die Arbeiter in den Jahren 1908 bis 1910 erfaßt hatte. Es war, als wenn ein ungeheurer Steinblock auf der Brust der russischen werktätigen Massen läge, als wenn der Absolutismus niemals ein Ende nähme. Stolypin richtete in ganz Rußland zahlreiche Galgen auf und vernichtete alles, was in der Arbeiterklasse tapfer und entschlossen war. Die soziale Zusammensetzung der Gefängnisinsassen veränderte sich, es waren jetzt fast nur Arbeiter und auch Bauern, deren erste Aufstände jetzt begannen.

Ein bedeutender Teil der Intellektuellen trat in das schwarze Lager der Reaktion über und warf sich auf die Pornographie. Studenten, die früher Schulter an Schulter mit den Arbeitern kämpften und ihnen halfen, warfen sich jetzt auf die Literatur von der Art des Romans „Ssannin" von Arzybaschew. Diese Metarmophose war ein grelles Zeichen der Zeit. Der sogenannte Intellektuelle dachte folgendermaßen: „Die Arbeiterklasse ist geschlagen, es wäre lächerlich, von ihrem Siege zu träumen; der Arbeiter wird immer ein Lohnsklave bleiben, und es hat keinen Zweck, an seinem Schicksal teilzunehmen. Der Arbeiter geht zugrunde – mag er es tun: er ist eben nicht mehr wert. Und wir wollen uns mit etwas Interessantem beschäftigen: versuchen wir es mit der Kunst." Und die ganze Studentenschaft, die früher die Interessen des Proletariats vertrat, alle die sogenannten Intellektuellen verhöhnten die Arbeiterschaft und ließen sie im Stich. Auch ein bedeutender Teil der damaligen Presse und Literatur beteiligte sich an dieser Hetze. Die Arbeitergruppen wurden zusehends schwächer, viele schwanden ganz dahin, und nur die gestählten, ihrer Sache treu ergebenen Proletarier

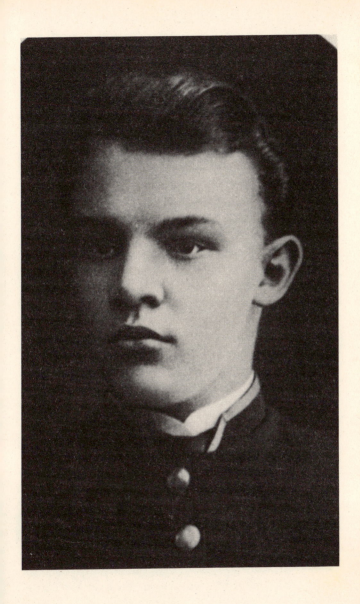

1887

verloren noch nicht den Mut, denn sie fühlten instinktiv, daß die heutige Niederlage der Sieg von morgen werden würde. Im Auslande, wo wir uns damals im Auftrage der Partei befanden, spotteten die Menschewisten bei jeder Gelegenheit über uns, sie nannten uns „Don Quichottes", behaupteten, daß wir Bolschewisten nur anderthalb Gesinnungsgenossen hätten, daß es uns niemals gelingen würde, auf die Massen einzuwirken. „Die Arbeiterklasse", schlossen triumphierend unsere Feinde, „ruht in tiefem Schlaf, und es werden vielleicht zehn oder zwanzig Jahre vergehen, ehe sie eine legale, friedliche Partei bilden werde, aber auch das sei zweifelhaft."

In jenen Jahren waren Lenins Rolle und Tätigkeit von unermeßlichem Wert. Er arbeitete nicht nur theoretisch, sondern auch praktisch.

Seine theoretische Arbeit bestand darin, daß er in der öffentlichen Bibliothek arbeitete und oft fünfzehn Stunden täglich sich abmühte, die Angriffe zurückzuweisen, die täglich aus dem Lager der Menschewisten und der literarischen Bourgeoisie sich gegen die Lehre von Marx richteten. Und diese Arbeit war äußerst wichtig, denn die Literatur spielt im Leben der Menschheit eine bedeutende Rolle, zumal in einem Augenblick wie damals, als zahllose Federn nach der erfolgten Niederlage der Revolution in Tätigkeit waren, die Lehre von Marx und seine Ideen zu untergraben. In einem solchen Augenblick war ein Mann notwendig, der, wie seinerzeit Marx, alle Attacken und Ausfälle literarisch parieren konnte. Und auch diesmal fand sich der Mann, und wiederum war es Lenin. Seine Stellungnahme verteidigend, schrieb er eine Reihe von Büchern, ohne die jetzt kein denkender und klassenbewußter Proletarier auskommen kann. Lenin kämpfte nach allen Richtungen mit den Feinden der Arbeiterklasse und schlug ihre von philosophischer, soziologischer, ökonomischer und anderen Seiten kommenden Angriffe zurück.

Die praktische Arbeit des Genossen Lenin bestand darin, daß er in den Jahren der Stolypinschen Gewaltherrschaft, in der Finsternis der schwärzesten Reaktion, stückweise alles das auflas, was von der Niederlage übriggeblieben war: jene Arbeiter, die am Leben geblieben und in Freiheit waren. Er sammelte sie, um einen neuen künftigen Stützpunkt der Arbeiterklasse zu schaffen. In diese äußerst schwere Arbeit legte Lenin seine ganze Seele hinein. Er war fähig, sich wochenlang mit einem Arbeiter abzugeben, der in den Kreis seines Einflusses geriet, wenn dieser Schüler ihm irgendeine, wenigstens die kleinste Hoffnung gab, einmal ein Führer seiner Klasse zu werden.

Unter diesen Beschäftigungen – theoretischen und praktischen – verliefen die Jahre 1911/12, als die ersten Anzeichen einer neuen Belebung sich bemerkbar machten: die Ereignisse an der Lena, die die Arbeiter von Petersburg und anderen Städten aufrüttelten. In dieser Zeit, zum erstenmal nach der Niederlage von 1905, gelang es uns, in Petersburg eine legale Zeitung – „Der Stern" – herauszugeben, die anfangs ganz unregelmäßig, dann einmal wöchentlich und endlich zweimal wöchentlich erschien. Später entstand aus ihr die „Prawda". Viele erinnern sich noch an diese Zeitungen und an die ungeheure Wirkung, die die ersten Nummern des „Stern" auf die Petersburger Arbeiter ausübten. Die Herausgabe dieser Zeitungen war mit ungeheuren Schwierigkeiten verknüpft. Als wir begannen, hatten wir nicht einmal die notwendigen Mitarbeiter. Es ging so weit, daß wir den Korrektor um keinen Preis bekommen konnten: niemand wollte das Risiko übernehmen. Nur der Sohn des Abgeordneten Poletajew, ein 15jähriger Gymnasiast, hatte den Mut, die Korrektur des

„Stern" und später der „Prawda" zu übernehmen. Mit den Geldmitteln ging es nicht besser. Die Zeitung wurde für die Groschen gedruckt, die die Arbeiter und Arbeiterinnen Petersburgs buchstäblich pfennigweise einsammelten. Und Genosse Lenin, der damals unweit der russischen Grenze in Galizien lebte, um dem Schauplatz der Ereignisse so nahe wie möglich zu sein, freute sich über jeden dieser Pfennige, denn er war ihm Beweis dafür, daß unser Einfluß zunahm. Er saß mit dem Bleistift in der Hand da und zählte die Arbeitergruppen, die ihre Beiträge für die „Prawda" eingezahlt hatten. Er sagte dann: „Es sind wieder mehr geworden. Wir werden immer zahlreicher." Der Zarismus bereitete unserer Zeitung alle möglichen Hindernisse. Einige Male wurde sie konfisziert, man verhaftete unsere Mitarbeiter und Straßenverkäufer, aber die „Prawda" nahm an Einfluß trotzdem immer mehr zu.

Viel später, als wir in Prag eine illegale Konferenz, ohne die Menschewisten, einberiefen, da wir schon wußten, daß wir verschiedene Wege gingen, erschien zur Konferenz eine ganz neue Generation von Arbeitern, die in den Jahren der Gegenrevolution reif geworden war; mit ihnen gemeinsam begannen wir unsere Partei auf neue Weise aufzubauen.

Bei den Wahlen zu der Reichsduma brachten wir, trotz aller Kniffe des zaristischen Wahlgesetzes, für die sechs Plätze der Arbeiterkurie – sechs Bolschewisten durch. Unter diesen Abgeordneten waren Badajew und der Provokateur Malinowsky, der sich bei uns Vertrauen zu verschaffen gewußt hatte und mit unserer Hilfe Abgeordneter wurde.

Die Ereignisse nahmen ein stürmisches Tempo an. Im Sommer 1914, noch vor dem Kriege, türmten sich in den Straßen Petersburgs die ersten Barrikaden auf. Es schien, als wenn die zweite Revolution im Anzuge sei, aber in diesem Augenblick brach der imperialistische Weltkrieg aus, der der anwachsenden Revolution den weiteren Weg abschnitt. Die Petersburger Arbeiter und Arbeiterinnen traten anfangs gegen das Weltgemetzel auf, aber der Belagerungszustand vernichtete den revolutionären Teil des Proletariats, der sich ergeben mußte, um illegal weiterzuexistieren. Die Arbeiterdeputierten der Reichsduma, die nächsten Schüler des Genossen Lenin, für die er die Reden schrieb und die er lehrte, auf der Parlamentstribüne aufzutreten, wurden verhaftet und zur Zwangsarbeit verbannt. Die „Prawda" wurde verboten. Wieder wehte Grabesluft, und wieder wurden russische Arbeiterbolschewisten, die in der Periode der „Prawda" ihre Reife erlangten, vertrieben und in Gefängnisse und Zuchthäuser gesteckt. Wieder begann für die Partei eine außerordentlich schwere Zeit.

Inzwischen arbeitete Lenin mit einer kleinen Gruppe seiner Gesinnungsgenossen und Schüler im Auslande weiter. Er gab dort das Zentralorgan unserer Partei heraus und führte den Kampf gegen den Krieg nicht nur im russischen, sondern auch im internationalen Maßstabe. Er schrieb damals eine Reihe von glänzenden Artikeln, die später in das bekannte Buch „Gegen den Strom" aufgenommen wurden. Sie waren nicht nur gegen die russischen Menschewisten gerichtet, sondern auch gegen den ganzen internationalen Menschewismus, denn die gesamte Zweite Internationale machte damals den Weltkrieg begeistert mit. Und nur ein Häuflein von Menschen mit Lenin an der Spitze trat vom ersten Augenblick an gegen den Krieg auf und kämpfte gegen die ganze Zweite Internationale. Diese letztere war damals eine gewaltige Macht, sie zählte bis zu 25 Millionen organisierte Arbeiter. Genosse Lenin mußte die Führung der Bewegung gegen den Krieg, gegen den internationalen Menschewismus, der die Weltbourgeoisie unterstützte, übernehmen. Es war ein literarischer Kampf, der für die gesamte Arbeiterklasse von ungeheurer historischer Bedeutung ist. Im Laufe des ganzen Krieges war Lenin der einzige Führer, der die internationalistische Position bis zu Ende konsequent eingehalten hat. Vom ersten Augenblick an trat er als sogenannter „Poraschenez" auf, d. h. er hatte den Mut, zu sagen, daß es für den russischen Proletarier vorteilhafter ist, daß das absolutistische Rußland in diesem Kriege eine Niederlage erleidet, denn eine Niederlage der zaristischen Regierung würde ein Sieg der Revolution sein. Man schrie ihm zu: „Verräter! Er verkauft Rußland! Er will, daß die Deutschen – russische Soldaten erschießen!" Es fällt schwer, sich die allgemeine Atmosphäre jener Tage vorzustellen, als man jene Menschen buchstäblich in Stücke zerriß, die den Mut hatten, ein Wort gegen den Krieg zu sagen. Man erklärte einen solchen Menschen für einen Verräter und Spion, man hetzte die Arbeiter- und Soldatenmassen gegen ihn auf. Nichtsdestoweniger hielt Lenin das rote Banner während der ganzen schweren Jahre von 1914 bis 1917 hoch und wurde nicht müde, die Idee der Gründung der Dritten Internationale zu verkünden.

Da brach die Februarrevolution aus. Genosse Lenin strebte, so bald wie möglich nach Rußland zu kommen. Aber die internationale Bourgeoisie suchte ihn daran zu verhindern, denn sie wußte sehr gut, daß, sobald er nach Rußland käme, er das Haupt der russischen revolutionären Arbeiterklasse würde. Miljukow (er war damals Minister des Auswärtigen) trat damals mit den englischen und französischen Regierungen ins Vernehmen, damit diese weder Lenin, noch andere Revolutionäre aus unserem Lager nach Rußland hineinließen. Er mußte ein Ausweg ersonnen werden, auch vor einem abenteuerlichen Weg durfte man nicht zurückschrecken. Damals beschloß Genosse Lenin in einer seiner schlaflosen Nächte, mit einem schwedischen Paß durch Schweden nach Rußland zu reisen. Alle erforderlichen Dokumente waren schon bestellt, als der Mann, der sich mit dieser Sache befaßte, uns plötzlich frage: „Sie können doch Schwedisch sprechen?" Wir mußten eingestehen, daß keiner von uns auch nur ein schwedisches Wort kannte. Genosse Lenin kam auf den Gedanken – wir sollten die Rolle von Taubstummen spielen. Man sagte uns aber, daß die Sache aussichtslos sei. Endlich, nach langen und vergeblichen Bemühungen, einen Weg nach Rußland zu finden, kam Lenin auf einen sehr riskanten, aber für uns den einzigen übriggebliebenen Ausweg – durch Deutschland zu reisen, mit dem die russische Regierung damals im Kriegszustande war.

Wir wußten sehr gut, welche Hetze man gegen uns unternehmen würde, wenn wir durch das feindliche Land reisten. Aber es blieb uns nichts weiter übrig. Wir verständigten uns mit deutschen Kommunisten, Anhängern von Karl Liebknecht, berieten uns mit französischen, schweizerischen und schwedischen Kommunisten und beschlossen – nachdem wir gemeinsam mit ihnen ein Protokoll aufgenommen hatten, um uns vor der internationalen Arbeiterklasse, deren Urteil für uns sehr wichtig war, rechtfertigen zu können –, durch Deutschland zu reisen, in der Annahme, daß die Regierung des Kaisers uns durchlassen würde. Sie hat uns durchgelassen. Die Deutschen nahmen an, daß es für sie vorteilhaft sein würde, wenn die Bolschewisten in Rußland auftauchten. (Bekanntlich haben sie später ihre Nachgiebigkeit bereut.) Zwischen den deutschen und russischen Armeen spielte sich ein wilder Kampf ab, und die deutsche Regierung glaubte, daß alles, was die Zarenregierung schwächte, ihnen zum Vorteil gereichen würde. Sie waren nicht sehr weitblickend: sie dachten nur an den heutigen Tag. Schließlich erhielten wir den berühmten „plombierten" Wagen, der, nebenbei gesagt, recht unsauber und von einer ganzen Wanzenarmee okkupiert war, obgleich man damals schrieb, daß dieser Wagen luxuriös eingerichtet gewesen sei. Aber wir waren auch mit diesem Wagen unendlich zufrieden. Der Wagen wurde richtig „plombiert". Einige schweizerische Genossen begleiteten uns. Unterwegs versuchten die deutschen Sozialdemokraten eine Zusammenkunft herbeizuführen. Aber Lenin ließ ihnen sagen, daß, wenn sie tätliche Beleidigungen vermeiden wollten, sie unseren Wagen nicht betreten dürften. „Aus Gründen, die der ganzen Welt bekannt sind, haben wir das Entgegenkommen eurer Regierung angenommen, aber mit euch, Sozialdemokraten, haben wir nichts zu schaffen", sagte Lenin.

Endlich kamen wir an der finnländischen Grenze an. Während des ganzen Weges sagte Genosse Lenin zu uns: „Wir fahren geradewegs in Gefängnis." Er war überzeugt, daß in Petersburg wir alle von der bürgerlichen provisorischen Regierung wegen Hochverrats verhaftet würden. Aber wie groß war unser Erstaunen, als wir auf dem Bahnhof Ssestrorezk die ersten Gruppen von revolutionären Arbeitern sahen, die uns mit der größten Begeisterung begrüßten. Als aber unser Zug in den Finnländischen Bahnhof in Petersburg einfuhr, wurde Genosse Lenin nicht nur nicht ins Gefängnis abgeführt, sondern er wurde zum Gegenstand einer stürmischen Ovation von seiten der Petersburger Arbeiterklasse. Lenin gehörte niemals zu den vertrauensseligen Menschen, und die feierliche Begrüßung beseitigte nicht seinen Pessimismus. Fast jeden Abend pflegte er zu sagen: „Heute haben sie uns nicht eingesperrt, also geschieht es morgen." Und die Sache nahm wirklich den Verlauf, daß schon sehr bald eine Hetze gegen uns in der ganzen weißgardistischen Presse organisiert wurde, die uns wütend dafür angriff, daß wir im plombierten Wagen durch Deutschland gereist waren. Das Exekutivkomitee des Arbeiter- und Soldatendeputiertensowjets, der damals menschewistisch war, schickte uns eine Vorladung. Man ließ uns drei Stunden warten, worauf Tschechidse und seinesgleichen eine Art Verhör darüber anzustellen versuchten, wie es käme, daß wir durch Deutschland gereist seien. Aber statt uns als Angeklagte zu verteidigen, sprachen wir als Ankläger, und diese Herren mußten bald einsehen, daß sie Gefahr liefen, die Rollen wechseln zu müssen. Die Sache endete damit, daß die menschewistische Exekutive eine Resolution faßte, die unsere Reise durch Deutschland rechtfertigte, worauf sie sich gezwungen sah, in ihrem offiziellen Organ „Iswestija" zu erklären, daß alle Angriffe gegen uns durchaus unbegründet seien.

Der weitere Verlauf der Ereignisse ist bekannt. Petersburg trennte sich damals in zwei Lager: die einen kämpften für die Bolschewisten, die anderen griffen sie wütend an. Alle erinnern sich wohl noch an die gegen unsere Partei gerichteten Demonstrationen, bei denen hauptsächlich unglückliche Invaliden mobilisiert wurden, die den Auftrag hatten, den patriotischen Zorn des Volkes zum Ausdruck zu bringen. Nach unserer Redaktion in der Mojka, wo wir in einigen kleinen Zimmern hausten, kamen Haufen von bürgerlichen Manifestanten, die Steine in unsere Fenster warfen und uns mit Revolvern bedrohten. Ich erinnere mich, wie eines Tages Lenin und mir geraten wurde, die Redaktion zu verlassen und uns möglichst gut zu verbergen. Wir gingen an das Ende des Newski-Prospekts, in ein Amt, wo einer unserer Genosssen – Dansky – angestellt war. Die alte Portierfrau, die Lenin den Mantel abnahm, sagte

zu ihm: „Ach, wenn mir dieser Lenin in die Hände ge-
riete, ich würde es ihm schon zeigen!" Genosse Lenin
benutzte diese Gelegenheit und versuchte festzustellen,
warum sie so wütend auf ihn sei und was er ihr Böses
zugefügt habe. Schließlich trennten sie sich als gute
Freunde. Es muß gesagt werden, daß damals sehr viele
ehrliche Leute, besonders in Petersburg, davon überzeugt waren, daß wir die ärgsten Feinde Rußlands sei-
en. Viele erinnern sich wahrscheinlich noch an die ersten Versammlungen im Ismajlow-Regiment, als die
Menschen sich in zwei lebendige Mauern teilten, die
einander gegenüberstanden, wobei der größere, von Of-
fizieren geleitete Haufe Revolver hervorholte, jeden
Augenblick bereit, uns niederzuschießen. Sehr häufig
konnte man damals den Wunsch aussprechen hören,
daß man uns ertränken möge. Und an allen diesen Äußerungen des Hasses und der Feindseligkeit nahmen
zuweilen auch bedeutende Arbeitergruppen teil.

Dann traten die Julitage ein, als die Rolle Lenins
in ihrer ganzen übermenschlichen Größe in Erscheinung trat; darauf folgte die illegale Existenz unter Ke-
renski, als Wladimir Iljitsch sich gezwungen sah, eine
Zeitlang in der Nähe der Bahnstation „Rasliw" zu leben. Dann reiste er wieder nach Finnland, und die Partei erlaubte ihm erst im Oktober, nach Petersburg zu-
rückzukehren. Also seit dem Jahre 1890, als Lenin in
kleinen Gruppen arbeitete und Flugblätter über das
Teewasser für die Arbeiter mit einem Hektographen
vervielfältigte, führte er die Arbeiterklasse nach und
nach zu dem 7. November, zu der Oktoberrevolution, zu
dem Augenblick, als er im Namen des Proletariats, unter größtem Enthusiasmus dem II. Sowjetkongresses
und bei größter Begeisterung der millionenköpfigen
Masse von Arbeitern, Bauern und Soldaten, nicht mehr
von Teewasser in den Fabriken schrieb, sondern das

weltbekannte Dokument verfaßte – das Dekret über Land und Frieden, dem eine Reihe anderer folgte, die zu Gesetzestafeln aller Werktätigen wurden.

Lenins Rolle nach dem Oktober ist zur Genüge bekannt, und es ist nicht nötig, hier von ihr zu sprechen. In jenen Tagen war er das Hirn des Arbeiters und Bauern Rußlands, er war sein flammendes Herz und sein starker, treuer Arm. Nach dem Oktober verwandelte sich Lenin aus einem illegalen Politiker zum ersten Staatsmann Rußlands und der ganzen Welt. Aber diese Metamorphose änderte ihn als Menschen keineswegs. Wie früher leistete er dieselbe Arbeit und führte auch jetzt, als echter, alter Revolutionär, dessen Leben der Arbeiterklasse gehört, das gleiche bescheidene Leben wie damals, als er der Leiter einer kleinen Gruppe von Arbeitern war.

Als auf der zweiten Sowjetkonferenz die Macht in die Hände unserer Partei überging, machten wir uns sofort an die Durchführung des Agrarprogramms, das den Forderungen der Bauern entsprach. Und auf diesem Gebiet gehört Lenin ein großes Verdienst, weil er wie kein anderer es verstand, in die Tiefe der Bauernseele einzudringen; er nahm in der Agrarfrage eine Haltung ein, die uns dem Dorfe schnell näher brachte. Die Sozialrevolutionäre behaupten, daß Lenin sie bestohlen habe, indem er ihnen sein Agrarprogramm entlehnt hätte. Aber er erwiderte: „Der ganze Unterschied besteht darin, daß ihr, Sozialrevolutionäre dieses Programm nur auf dem Papier hattet, während in Wirklichkeit ihr und euer Minister Awksentjew die Bauernkomitees erschießen ließet. Wir haben aber dieses, gemeinsam mit der Arbeiterklasse, gemeinsam mit den Landbauern ausgearbeitete Programm zu dem Zweck aufgestellt, um es im Leben zu verwirklichen, und nicht, um mit dem Programm vor der Nase der Bauern zu fuchteln und sie mit Versprechungen auf die konstituierende Versammlung abzuspeisen. Dieses Programm ist unser Vertrag mit der Bauernschaft, und wir werden ihn auch halten."

Indem wir zu der weiteren Tätigkeit des Genossen Lenin übergehen, müssen wir uns die ersten Jahre unserer Revolution ins Gedächtnis zurückrufen, als sie noch auf dem schweren Leidensweg war. Wir müssen uns an den schwersten Augenblick erinnern: an den Anfang von 1918, an das Erscheinen der ersten deutschen Flugzeuge über Petersburg, an die Einnahme von Pskow durch die Deutschen, an unseren Versuch, einen bewaffneten Widerstand zu einer Zeit zu organisieren, als unsere Rotgardisten noch nicht wußten, wie man ein Gewehr in der Hand hält. Wir müssen zurückdenken an jenen bedeutungsvollen Abend, als wir aus dem Smolny einen Ruf an alle Fabriken und Betriebe Petersburgs ergehen ließen und die Arbeiter aufforderten, Kampfkolonnen zu bilden und gegen die Deutschen zu ziehen, und an jene schwere Zeit, als wir gezwungen waren, den Brester Frieden zu schließen, als Menschewisten und Sozialrevolutionäre um die Fabriken schlichen und uns beschuldigten, uns dem ausländischen Feinde verkauft und russisches Gold nach Deutschland ausgeführt zu haben. Wir müssen uns an diese unruhigen Tage, an alle diese schweren Wendepunkte erinnern, um uns klarzumachen, welche Rolle damals Lenin gespielt hat. Wir können nicht sagen, was aus unserer Revolution geworden wäre, wenn Lenin nicht unser Führer gewesen wäre. Zu einer solchen Zeit brauchten wir gerade einen solchen Menschen: einen mit eisernem Willen, mit genialem Scharfblick, mit dreißigjähriger Erfahrung; einen Mann, der nicht nur von Freunden, sondern auch von Feinden geachtet wurde, einen Mann, dem die Partei, die millionenköpfige

Meeting

Arbeiterklasse und die gesamte Bauernmasse folgen konnten. Nur ein solcher Mann konnte diese gewaltigen Hindernisse überwinden. Wir dürfen nicht vergessen, daß, als über die Frage des Brester Friedens entschieden wurde, der Widerstand gegen Lenin sogar im Zentralkomitee der Partei ungeheuer groß war: die Stimmenzahl für und gegen ihn war ungefähr gleich stark. Auch im Rate der Volkskommissare, an dem damals auch die linken Sozialrevolutionäre teilnahmen, gingen die Ansichten sehr auseinander. Im Allrussischen Exekutivkomitee machte sich eine ebensolche Spaltung bemerkbar. Lenin mußte es nun um jeden Preis erreichen, daß in allen diesen drei Instanzen in der gewünschten Weise abgestimmt wurde, er mußte überall die hartnäckige Opposition überwinden, die sogar von aufrichtigen Revolutionären, die lieber untergehen wollten, als den Deutschen nachgeben, betrieben wurde. Er mußte mit einer ungeheuren Welle kämpfen, mit einer ganzen Reihe von Genossen, die ein goldenes Herz hatten, die aber nicht scharfblickend genug waren. Genosse Lenin sagte ihnen: „Ihr ratet uns, wir sollen gleich polnischen Schlachtschitzen einen ehrenvollen Tod sterben. Aber wir sind keine Schlachtschitzen, ich bin ein Vertreter der arbeitenden Massen, und es liegt mir nicht daran, ehrenvoll zu sterben, sondern der Arbeiterklasse zu einem Siege zu verhelfen. Wir sind jetzt in einer schweren Lage: schlagen wir also den Rückzug ein, um morgen um so mutiger anzugreifen. Unterschreiben wir den Brester Frieden, um Zeit zu gewinnen, um die Rote Armee auszubauen und dem Bauern Ruhe zu geben, der uns dann helfen wird, eine neue bewaffnete Kraft zu schaffen." So sprach Lenin. Nur wenige erklärten sich mit ihm einverstanden, und er hatte eine starke Strömung gegen sich; viele flehten ihn mit Tränen in den Augen an, diesen fehlerhaften

Schritt nicht zu machen. Aber Genosse Lenin überzeugte alle und zwang sie, den von ihm gewiesenen Weg zu gehen. Und jetzt haben wir das Ergebnis: Wir sind nicht wie die Schlachtschitzen gestorben, aber wir haben unter unerhört schwierigen Verhältnissen einen vollen Sieg errungen.

Noch später, in der allerschwersten Zeit, als die Weißen sich Petersburg näherten und Denikin auf Tula marschierte – wer hielt da die Partei und die parteilosen Massen aufrecht, wer brachte damals die Bauernmasse in Bewegung? An wen hat der dunkle Bauer vor allem geglaubt? Immer und in allem – dem Lenin. Das ist ein Mann, dessen Name alles in sich aufgesogen, was in der Arbeiterschaft und in der Bauernschaft das Beste ist: ihre Kollektivvernunft, ihren Haß gegen die bürgerliche Gesellschaft, ihre Bereitschaft, der großen Sache alles zu opfern. Während der schwersten Jahre der Revolution (und es gab derer nicht weniger denn vier) verließ Lenin keinen Augenblick das Steuer. Er richtete sein Auge stets auf das Große und auf das Kleine: auf die großen Probleme der internationalen Politik und auf alle inneren ökonomischen Fragen, auf das Verhältnis zu den Bauern und auf die Lebensweise der einzelnen Arbeiter und Arbeiterinnen. Tausende von Menschen, die in entscheidenden Augenblicken verantwortliche Stellungen bekleideten und von diesen oder jenen Zweifeln ergriffen wurden, richteten sich mutig auf, wenn sie einige Minuten mit Lenin gesprochen hatten, und kühn schlugen sie den Weg ein, auf den er sie gewiesen hatte. Wir wissen alle, daß wir in den letzten ein bis anderthalb Jahren zu unserem größten Leidwesen ohne die unmittelbare Leitung Lenins arbeiten mußten; und wenn wir trotzdem keine ernsthaften Fehler machten, so ist es hauptsächlich deshalb, weil Lenin während der dreißig Jahre seiner Tätigkeit eine ganze

Generation von erfahrenen Arbeitern geschaffen hatte, von alten „Leninisten", die seine Schule durchgemacht haben, die natürlich schlechter als der Meister selbst arbeiten, aber als seine Gesellen gut sind.

Es ist noch eine Besonderheit in der erstaunlichen Gestalt Lenins: Es ist unmöglich, ihn von unserer Partei zu trennen. In seinem Leben und in seiner Arbeit hat er glänzend bewiesen, daß die einzelne historische Persönlichkeit, mag sie noch so genial und groß sein, niemals mit der vollen Kraft ihres Wesens wird wirken können, wenn sie isoliert von den anderen und einsam vorzugehen versucht. Und wenn Lenin in der Weltgeschichte ein Riese ist, so doch nur deshalb, weil er niemals abseits gestanden, weil er die Seele der großen Avantgarde der Arbeiterklasse war. Wenn sogar solche Menschen wie Lenin und Liebknecht in der Einsamkeit arbeiten würden, dann könnten sie nur die Wege weisen, aber den Massen nicht helfen, diese Wege zu gehen und die Hindernisse zu beseitigen. An dem Beispiel Lenin kann sich jeder parteilose Arbeiter davon überzeugen, daß unsere Partei keine abgeschlossene Kaste, keine gesonderte Organisation ist, die von der Arbeiterklasse sich prinzipiell unterscheidet. Nein, sie ist nur ihr Haupt, ihre Vorhut. Und die Arbeit Lenins seit den 90er Jahren des vorigen Jahrhunderts bis zum letzten Augenblick, also im Laufe von fast dreißig Jahren, verlief nicht in der Einsamkeit, nicht in einer kleinen Arbeitergruppe, sondern unter fortschrittlichen Elementen des ganzen Proletariats. Seine ganze Tätigkeit (das muß wiederholt werden) bestand im wesentlichen darin, aus der Arbeiterklasse, Mann für Mann, die fähigsten, entschlossensten, ehrlichsten und der Sache ergebensten Leute herauszusuchen, sie zusammenzuschweißen und aus ihnen eine geschlossene Organisation zu bilden, eine, die ihren Weg gut kennt. Aus diesem Grunde kann man sagen, daß der Weg zu Lenin, zu seinen Ideen und Ideale durch die Russische Kommunistische Partei führt.

Sein Werk

■ ■ ■

J. Stalin

Der Organisator und Führer der Kommunistischen Partei Rußlands[1]

Es gibt zwei Gruppen von Marxisten. Jede von ihnen wirkt unter dem Zeichen des Marxismus, beide betrachten sich als die wahren Verkünder des Marxismus; und doch sind sie keineswegs identisch; ja, mehr noch, es teilt sie eine Kluft: denn die Mittel und Wege, die Methoden ihrer Tätigkeit sind diametral verschieden. Die erste Gruppe beschränkt sich gewöhnlich auf die bloße Anerkennung des Marxismus, auf seine feierliche Proklamierung. Ob nun außerstande oder nicht willens, das Wesen des Marxismus zu erfassen, seine Lehren zu verwirklichen, gleichwohl – sie verwandelt die lebenden und revolutionären Grundsätze des Marxismus in tote, nichtssagende Formeln. Nicht auf der Erfahrung, nicht auf der Berücksichtigung der praktischen Arbeit, sondern auf Marxzitaten baut sie ihre Tätigkeit auf. Nicht aus der Analyse der konkreten Wirklichkeit, sondern aus Analogien und geschichtlichen Parallelen schöpft sie ihre Weisungen und Direktiven. Der Widerspruch zwischen Wort und Tat ist ihr Grundübel. Andauernde Enttäuschungen und ewige Unzufriedenheit mit dem Schicksal, daß sie immer wieder im Stich läßt und narrt, sind die Folgen ihrer Einstellung.

1 Der Aufsatz wurde zum 50jährigen Geburtstag Lenins geschrieben.

Der Name dieser Gruppe ist in Rußland Menschewismus, in Europa Opportunismus. Auf dem Londoner Parteitag hat Genosse Jogiches (Tyschko) diese Leute sehr treffend charakterisiert; er sagte: sie stehen nicht, sondern sie *liegen* auf dem Standpunkt des Marxismus.

Demgegenüber stellt die andere Gruppe nicht die äußere Anerkennung des Marxismus in den Mittelpunkt; ihr kommt es auf seine Anwendung und Durchführung im Leben an. Die Bestimmung der Wege und Mittel zur Verwirklichung des Marxismus der gegebenen Sachlage entsprechend, ihre unverzügliche Abänderung, sobald sich die Sachlage verschoben hat, darauf konzentriert diese Gruppe ihre ganze Aufmerksamkeit. Ihre Direktiven und Weisungen schöpft sie nicht aus historischen Analogien und Parallelen, sondern aus dem gewissenhaften Studium der gegebenen Bedingungen. Sie stützt sich nicht auf Zitate, sondern auf die Ergebnisse der praktischen Erfahrung. An ihr prüft sie jeden gemachten Schritt, aus den begangenen Fehlern lernt sie selbst und lehrt auch andere den Aufbau des neuen Lebens. Hierin ist die eigentliche Erklärung der Tatsache zu suchen, daß im Wirken dieser Gruppe das Wort mit der Tat übereinstimmt und die Lehre von Marx ihre volle, lebendige revolutionäre Kraft bewahrt. Die Gruppe macht das Wort von Marx wahr, daß die Marxisten nicht stehen bleiben können bei der bloßen Interpretierung der Welt, sonden daß sie darüber hinaus an ihre Veränderung gehen müssen. Der Name dieser Gruppe ist – Bolschewismus, Kommunismus; ihr Organisator und Führer ist Genosse Lenin.

Lenin als Organisator der Kommunistischen Partei Rußlands

Die Formierung der proletarischen Partei in Rußland ging unter ganz eigenartigen Bedingungen vor sich; Bedingungen, die grundverschieden waren von denen, die die Entwicklung der Arbeiterbewegung im Westen begleiteten. Während in Frankreich und Deutschland die Arbeiterparteien aus Gewerkschaften hervorgegangen sind, die legale Existenzmöglichkeiten hatten, und ihre Entwicklung nach einer bürgerlichen Revolution, unter der Herrschaft eines bürgerlichen Parlamentes erfolgte, wobei die zur Macht gelangte Bourgeoisie in offenen Gegensatz zum Proletariat trat, bildete sich in Rußland die proletarische Partei unter einem grausamen Absolutismus, am Vorabend einer bürgerlich-demokratischen Revolution; dabei füllten sich ihre Reihen einerseits mit bürgerlichen „legal-marxistischen" Elementen, die die Arbeiterklase für die bürgerliche Revolution ausnützen wollten, andererseits aber wurden die besten Parteikämpfer den Reihen der Partei durch die zaristische Gendarmerie entrissen, zu einer Zeit, wo das Heranwachsen einer elementar-revolutionären Bewegung das Bestehen einer festen, einheitlichen, für die konspirative Tätigkeit geschulten Kampfzelle von Revolutionären erforderte, die imstande war, die Bewegung zum Sturze des Zarismus unter ihre Führung zu bringen. Es galt nun zunächst, die Spreu von dem Weizen zu sondern, die fremden Elemente auszuschalten und dann überall im Reiche Gruppen erfahrener Revolutionäre zu bilden, ihnen ein klares Programm und eine feste Taktik zu geben, schließlich die so formierten Gruppen zu einer geschlossenen Kampforganisation von Berufsrevolutionären zu vereinigen und sie mit den nötigen Erfahrungen der konspirativen Arbeit so zu versehen, daß sie imstande waren, den Überfällen der Gendarmerie zu trotzen, und doch mit den Massen so eng verknüpft blieben, daß sie sie zur richtigen Stunde in den Kampf zu führen vermochten.

Die auf dem Standpunkt des Marxismus „liegenden" Menschewiki entschieden die Frage sehr einfach:
weil die Arbeiterparteien im Westen aus parteilosen
Gewerkschaften, die nur um die Verbesserung der ökonomischen Lage der Arbeitermassen kämpften, hervorgegangen sind, mußte auch in Rußland der gleiche Weg
eingeschlagen werden, d. h., man mußte sich vorläufig
auf den lokalen, ökonomischen Kampf der Arbeiter gegen die Unternehmer und die Regierung beschränken,
ohne eine gesamtrussische Kampforganisation zu
schaffen, und dann erst, wenn bis dahin die Gewerkschaften nicht das Licht der Welt erblicken sollten –
dann erst sollte eine unparteiische Arbeiterkonferenz
einberufen werden, die sich als Partei zu konstituieren
hatte.

Daß dieser „marxistische" Plan der Menschewiki –
eine Utopie im Hinblick auf die russischen Verhältnisse
– eine breite Agitation gegen die Parteiidee voraussetz-
te, daß er zur Vernichtung der Parteikaders geführt,
das Proletariat ohne Partei gelassen und es den Liberalen ausgeliefert hätte, das haben damals die Menschewiki und sicher auch viele Bolschewiken kaum erraten.

Das größte Verdienst Lenins um das russische
Proletariat und seine Partei war, daß er die ganze Gefahr des menschewistischen organisatorischen „Planes" schon damals erkannte, als dieser Plan noch ne-
belhaft war, als selbst seine Verfasser sich kaum über
ihn im klaren waren; er durchschaute ihn, begann sofort einen wütenden Kampf gegen die organisatorische
Zerfahrenheit der Menschewiki und konzentrierte die
Aufmerksamkeit aller praktisch wirkenden Genossen
auf diese Frage, denn es stand die Existenz der Partei,
ihr Leben oder Tod auf dem Spiele.

Eine gesamtrussische politische Zeitung als Tum-
melplatz der vorhandenen Parteikräfte, straffe Partei-

kaders als „reguläre Parteitruppen", ihre Sammlung mit Hilfe der Zeitung, ihre enge Verbindung und Zusammenfassung zu einem gesamtrussischen Kampfkörper mit scharf umrissenen Grenzen, ein klares Programm, eine feste Taktik, ein „einheitlicher Wille" – diesen Plan entwickelte Lenin in seinen glänzenden Arbeiten „Was tun?" und „Ein Schritt vorwärts, zwei Schritte zurück". Die Vorzüge seines Planes waren vor allem, daß er der russischen Wirklichkeit angepaßt war und die organisatorischen, im praktischen Wirken der tüchtigsten Genossen gesammelten Erfahrungen auswertete. Die Mehrheit der praktisch tätigen russischen Genossen stellte sich in dem Kampfe um diesen Plan auf die Seite Lenins und schrak selbst nicht vor der Spaltung zurück. Der Sieg des Leninschen Planes legte auch den Grundstein jener einheitlichen, geschlossenen und straffen russischen Kommunistischen Partei, wie sie sonst nirgends in der Welt zu finden ist.

Lenin wurde nicht selten von unseren Genossen (nicht nur von den Menschewiki) einer übertriebenen Neigung zur Polemik und zur Spaltung beschuldigt; auch sein unversöhnlicher, rücksichtsloser Kampf gegen jegliche Kompromißlerei wurde ihm vorgeworfen. Zweifellos, das eine wie das andere kam vor; aber es liegt auf der Hand, daß unsere Partei ihre Schwäche und Zerfahrenheit nicht überwunden und nie ihre gegenwärtige Kraft und Strammheit gewonnen haben würde, wenn sie nicht die unproletarischen, opportunistischen Elemente aus ihrer Mitte verjagt hätte. In der Epoche der bürgerlichen Herrschaft kann eine proletarische Partei nur in dem Maße wachsen und erstarken, wie sie die opportunistischen, antirevolutionären und parteifeindlichen Elemente sowohl in ihrer Mitte als auch in der Arbeiterklasse bekämpft. Mit vollem Recht sagte Lassalle: „Indem sie sich reinigt, kräftigt sich die

Partei". Gewöhnlich beriefen sich die Ankläger auf die deutsche Partei, in der angeblich die „Einheit" herrschte. Aber erstens ist bei weitem nicht jede Einheit ein Zeichen von Stärke, zweitens genügt nur ein Blick auf die ehemalige, gegenwärtig in drei Parteien zerrissene deutsche Partei, um die Scheinbarkeit und Falschheit der Einheit zwischen Scheidemann-Noske und Liebknecht-Luxemburg zu erkennen. Und wer vermag zu sagen, ob es für das deutsche Proletariat nicht besser gewesen wäre, wenn die revolutionären Elemente der deutschen Partei mit ihren antirevolutionären Elementen rechtzeitig gebrochen hätten. Lenin hatte Recht, tausendmal Recht, als er die Partei auf den Weg des unversöhnlichen Kampfes gegen die parteifeindlichen und antirevolutionären Elemente führte. Nur infolge dieser Organisationspolitik erreichte die Partei jene seltene Einheit und erstaunliche Geschlossenheit, und sie war imstande, die Julikrise in der Kerenski-Periode zu überwinden, der alleinige Träger der Oktoberrevolution zu werden, die Gefahren der Brest-Litowsk-Periode zu bannen, die Entente zu besiegen und schließlich jene seltene Elastizität zu erlangen, die sie befähigt, jederzeit eine Umgruppierung ihrer Reihen ohne irgendwelche Verwirrung vorzunehmen und Hunderttausende ihrer Mitglieder rasch auf ein bestimmtes Arbeitsgebiet zu konzentrieren.

Lenin als Führer der Kommunistischen Partei Rußlands

Aber nicht nur ihren organisatorischen Vorzügen verdankt die Kommunistische Partei Rußlands ihre Erfolge. Die Partei hätte sich bei weitem nicht so schnell entwickeln, so kräftigen und so rasch wachsen können, wenn nicht der politische Gehalt ihres Wirkens, ihr Programm und ihre Taktik, der russischen Wirklichkeit angepaßt gewesen wäre, wenn nicht ihre großen Parolen die Arbeitermassen mitgerissen und die revolutionäre Bewegung vorwärtsgetrieben hätten. Wenden wir uns jetzt dieser Frage zu.

Die bürgerlich-demokratische Revolution in Rußland (1905) ging vor sich unter Bedingungen, die sehr stark abwichen von denen, die die revolutionären Umwälzungen im Westen Europas begleiteten. Die Revolution in Frankreich und Deutschland ging vor sich in der Periode der manufakturellen Produktion, in einer Zeit, wo das Proletariat noch schwach und zahlenmäßig gering, ohne eigene Partei war, die seine Forderungen hätte formulieren können, während die Bourgeoisie noch genügend revolutionär war, um das Vertrauen der Arbeiter und Bauern zu gewinnen und sie zum Kampf gegen die Aristokratie zu führen. Die russische Revolution hingegen begann in der Ära der Maschine und des modernen Klassenkampfes, mit einem schon verhältnismäßig zahlreichen und geschlossenen Proletariat, das bereits eine Reihe von Kämpfen mit der Bourgeoisie hinter sich hatte und eine Partei besaß, die, stärker als die bürgerlichen, eigene Klassenforderungen aufstellte, während gleichzeitig die russische Bourgeoisie, durch den Revolutionismus der Arbeiterklasse eingeschüchtert, sich mit der Regierung und den Großgrundbesitzern gegen die Arbeiter und Bauern zu verbünden bereit war. Die Tatsache, daß die russische Revolution infolge der Niederlage auf den Feldern der Mandschurei zum Ausbruch kam, beschleunigte nur die Ereignisse, ohne sie wesentlich zu ändern.

Angesichts dieser Lage der Dinge war es nur den russischen Verhältnissen entsprechend, wenn das Proletariat sich an die Spitze der Revolution stellte, die Massen des Bauerntums mit sich verband und im Namen der vollen Demokratisierung des Landes und seiner eigenen Parteiinteressen einen entschlossenen Kampf sowohl gegen den Zarismus als auch gegen die Bourgeoisie führte.

Aber die auf dem Standpunkt des Marxismus liegenden Menschewiki entschieden die Frage nach ihrer Fasson: Die russische Revolution sei eine bürgerliche, und eine bürgerliche Revolution könne nur von Vertretern der Bourgeoisie geführt werden (siehe die Geschichte der französischen und der deutschen Revolution). Das Proletariat sei nicht in der Lage, die Führung der russischen Revolution zu übernehmen. Die Leitung müsse also der verräterischen russischen Bourgeoisie überlassen und das Bauerntum ihrer Vormundschaft anvertraut werden. Das Proletariat aber habe die Plicht, sich auf die Stellung einer äußersten Linken zurückzuziehen.

Diese niederträchtigen Schwätzereien elender Liberaler wurden von den Menschewiki als das letzte Wort des „wahren Marxismus" verkündet!

Lenins größtes Verdienst um die russische Revolution ist, daß er die Nichtigkeit der historischen Parallele der Menschewiki bis auf ihren Grund aufgedeckt, die Gefahr des menschewistischen „Revolutionsschemas", das die Arbeitersache der Bourgeoisie auslieferte, erkannt hat. Die revolutionär-demokratische Diktatur des Proletariats und des Bauerntums anstelle der Diktatur der Bourgeoisie, der Boykott der Bulyginschen Duma (sie zeichnete sich dadurch aus, daß sie den Deputierten nur *Beratungsrecht* einräumte. Anm. d. Übers.) und der bewaffnete Aufstand anstelle der Anteilnahme an ihren Arbeiten, die Idee des „linken Blocks", nachdem die Reichsduma doch zustande gekommen war, und die Ausnutzung dieser Parlamentstribüne für den außerparlamentarischen Kampf; statt

eines kadettischen Ministeriums und der reaktionären
Erhaltung der Duma Kampf gegen die Kadetten-Partei
als einer gegenrevolutionären Kraft und kein Block mit
ihr: diesen taktischen Plan entwickelte Lenin in seinen
berühmten Broschüren „Zwei Taktiken" und „Der Sieg
der Kadetten". Die Vorzüge dieses Planes bestehen darin, daß er klipp und klar die Klassenforderungen des
Proletariats in der Epoche der bürgerlich-demokratischen Revolution in Rußland formulierte, den Übergang zur sozialistischen Revolution erleichterte und die
Idee der proletarischen Diktatur bereits im Keime in
sich barg.

Die Mehrheit der praktisch tätigen Genossen
folgte Lenin in dem Kampfe um seinen taktischen
Plan. Der Sieg dieses Planes legte den Grundstein für
jene revolutionäre Taktik, mit deren Hilfe unsere Partei heute die Grundlagen des Weltimperialimus erschüttert.

Die weitere Entwicklung der Ereignisse, der vier-
jährige imperialistische Krieg, die Erschütterung der
gesamten Volkswirtschaft, die Februarrevolution und
die berühmte Doppelregierung – die Provisorische Regierung als Herd der bürgerlichen Konterrevolution
und der Petrograder Sowjet als Keim der proletarischen Diktatur –, der Umsturz und die Auflösung der
Konstituante, die Beseitigung des bürgerlichen Demokratismus und die Proklamierung der Räterepublik, die
Verwandlung des imperialistischen Krieges in einen
Bürgerkrieg, der Vormarsch des Weltimperialismus im
Gefolge der Scheinmarxisten gegen die proletarische
Revolution, schließlich die klägliche Lage der Menschewiki, die sich an die Konstituante klammerten, vom
Proletariat aber über Bord geworfen und von den Flu-
ten der Revolution an die Ufer des Kapitalismus ge-
schleudert wurden, alles das bestätigte nur die Richtig-

keit der Grundlagen der von Lenin in „Zwei Taktiken" formulierten revolutionären Taktik. Eine Partei mit solcher Erbschaft kann furchtlos vorwärts segeln und jeder Gefahr ins Auge sehen.

In unserer Epoche der proletarischen Revolution, in der jede Parole der Partei, jedes einzelne Wort des Führers sofort durch das Leben einer Prüfung unterzogen wird, stellt das Proletariat an seine Führer ganz besondere Forderungen.

Die Geschichte kennt proletarische Führer, Führer in stürmischen Zeiten, selbstverleugnend und unerschrocken, aber theoretisch unbedeutend. Die Massen vergessen solche Führer nicht leicht, aber die Gesamtbewegung kann nicht von bloßen Reminiszenzen leben; sie braucht ein klares Ziel (ein Programm), eine feste Linie (die Taktik). Solche Führer waren z. B. Lassalle in Deutschland und Blanqui in Frankreich.

Es gibt auch eine andere Art Führer, Führer für Friedenszeiten, große Theoretiker, aber schlechte Organisatoren und unbedeutend in der Praxis. Solche Führer sind nur in den obersten Schichten des Proletariats populär, und auch dies bloß bis zu einem bestimmten Zeitpunkte. Sobald die Ära der Revolution hereinbricht und von solchen Führern praktische revolutionäre Losungen gefordert werden, verlassen sie die Bühne, um neuen Leuten Platz zu machen. Zu solchen Führern zählten beispielsweise Plechanow in Rußland, Kautsky in Deutschland.

Um den Posten eines Führers der proletarischen Revolution und der proletarischen Partei ausfüllen zu können, ist es notwendig, theoretische Schärfe mit praktischen organisatorischen Erfahrungen der proletarischen Bewegung zu vereinigen. Als er noch Marxist war, schrieb P. Axelrod über Lenin (siehe Axelrods Vorrede zu Lenins Broschüre „Die Aufgaben der russischen Sozialdemokratie"), er vereinige in sich glücklich die Erfahrungen eines praktischen Kämpfers mit umfassender theoretischer Bildung und einem weiten politischen Horizont. Was Axelrod, der Ideologe des „kulturellen" Kapitalismus, über Lenin heute zu sagen hätte, ist nicht schwer zu erraten. Wir aber, die Lenin aus nächster Nähe kennen und in der Lage sind, über ihn objektiv zu urteilen, wir wissen, daß Lenin seine alte Eigenschaft in vollem Ausmaße behalten hat. Hierin ist auch die Erklärung dafür zu finden, daß Lenin, gerade er und kein anderer, an der Spitze der stärksten und zähesten Arbeiterpartei der Welt steht.

Karl Radek

Wladimir Iljitsch Lenin

Wie alles in der Natur, ist gewiß auch Lenin geboren worden, er entwickelte sich und wuchs heran.

Als Wladimir Iljitsch gelegentlich bemerkte, daß ich in dem eben erschienenen Band seiner Aufsätze aus dem Jahre 1903 blätterte, überflog sein Gesicht ein schlaues Lächeln, und er sagte spöttisch: „Es ist sehr interessant, jetzt zu lesen, wie dumm wir damals waren." Ich habe hier nicht die Absicht, Lenins Schädelform aus der Zeit, als er 10, 20 oder 30 Jahre alt war, mit jener Schädelform zu vergleichen, die in den Sitzungen des Zentralkomitees der Partei oder des Rats der Volkskommissare leuchtet. Nicht von der *Entwicklung* Lenins, des Führers, ist hier die Rede, ich spreche hier von Lenin, so wie er jetzt ist. Pawel Borissowitsch Axelrod, der Vater des russischen Menschewismus, der Lenin aus ganzer Seele haßt (man kann an diesem Manne sehr gut beobachten, wie Liebe in Haß übergeht), hielt mir einmal eine lange, wütende Rede, mit der er mich von der Schädlichkeit des Bolschewismus im allgemeinen und Lenins im besonderen zu überzeugen versuchte. Bei dieser Gelegenheit erzählte er mir aus der Zeit, da Lenin zum ersten Mal ins Ausland kam, und wie sie damals zusammen baden gingen. „Ich fühlte schon damals", sagte Axelrod, „daß ich es mit einem Manne zu tun hatte, der zu einem Führer der russischen Revolution berufen war. Er war nicht nur ein gebildeter Marxist – deren gab es damals sehr viele –, aber er wußte auch, was er tun wollte und wie er es tun wollte. Er roch nach russischer Erde." Pawel Borissowitsch Axelrod ist ein sehr schlechter Politiker und riecht nicht nach Er-

de. Er ist ein Theoretiker, dessen ganze Lebenstragödie
darin bestand, daß er zu einer Zeit, als es noch keine
russische Arbeiterbewegung gab, sich Systeme darüber
ausdachte, wie sich diese Bewegung entwickeln sollte,
und als diese endlich kam, und zwar anders kam, als er
wollte, darüber furchtbar gekränkt war, so sehr, daß er
sich noch heute über dieses ungezogene Kind ärgert.
Aber der Mensch bemerkt sehr leicht in dem andern,
was ihm selbst fehlt. Und Axelrod hat in seinen Worten
über Lenin die besten Eigenschaften Lenins als Führer
unerhört scharf erfaßt.

Ein Führer der Arbeiterklasse ist unmöglich, ohne
daß er die ganze Geschichte seiner Klasse beherrscht.
Ein Führer der Arbeiterklasse muß die Geschichte der
Arbeiterbewegung gut kennen; ohne eine solche Kenntnis kann ein Führer nicht bestehen, ebensowenig wie
es einen Feldherrn geben kann, der, ohne die Geschichte der Strategie zu kennen, mit geringsten Aufwendun-
gen zu siegen vermöchte. Die Geschichte der Strategie
ist nicht eine Sammlung von Rezepten über die beste
Art, einen Krieg zu gewinnen, denn die geschilderten
Verhältnisse wiederholen sich niemals. Aber ein detail-
liertes Studium der Geschichte der Strategie bildet den
Intellekt des Feldherrn, macht ihn elastisch und gestat-
tet ihm, Gefahren und Möglichkeiten zu erkennen, die
der Feldherr-Empiriker nicht sieht. Die Geschichte der
Arbeiterbewegung sagt uns nicht, was man tun muß,
aber sie gibt uns die Möglichkeit, unsere Lage mit den
Situationen in anderen entscheidenden Augenblicken
zu vergleichen, unsere Aufgabe zu erkennen und Gefahren zu sehen. Man kann die Geschichte der Arbeiterbewegung nicht beherrschen, ohne eine eingehende
Kenntnis der Geschichte des Kapitalismus, der Mecha-
nik aller seiner Erscheinungen, sowohl ökonomischer

als auch politischer Art, das heißt ohne Kenntnis der Theorie des Kapitalismus. Lenin kennt die Theorie des Kapitalismus wie nur wenige Schüler von Marx. Es ist nicht die Kenntnis des Textes – Gen. Rjasanow übertrifft ihn ganz gewiß darin –, Lenin hat die marxistische Theorie wie kein anderer durchdacht. Man nehme seine kleine Broschüre, die geschrieben war aus Anlaß unserer Debatten über die Gewerkschaftsbewegung, in der er Nikolai Iwanowitsch Bucharin des Syndikalismus, des Eklektizismus und anderer furchtbarer Sünden anklagt. (Wenn Wladimir Iljitsch gegen jemand losschlägt, so findet er in ihm alle Krankheiten, die in einem gewissen bei ihm in hohen Ansehen stehenden alten medizinischen Buche verzeichnet sind.) Diese polemische Broschüre enthält eine kleine Seite, die dem Unterschied zwischen Dialektik und Eklektik gewidmet ist, eine Seite, die in keinem Buch über den historischen Materialismus zitiert wird, die aber über ihn mehr aussagt, als ganze Kapitel aus gewichtigen Bänden. Lenin hat die marxistische Theorie wie kein anderer selbständig durchdacht – ich sage, wie kein anderer –, weil er sie zu eben demselben Zwecke studiert hat, zu dem Marx sie geschaffen hat. Der alte Mehring schrieb einmal eine Rezension über ein Buch über Feuerbach, das von einem Russen verfaßt war, dessen Namen ich vergessen habe. In dieser Rezension stellte er die Frage – warum denn ein Deutscher ein solches Buch nicht schreiben könne? Und Mehring beantwortete seine Frage folgendermaßen: Die Deutschen stellen sich nicht die Aufgabe, die gesamte soziale und politische Ordnung in Deutschland umzugestalten, und deshalb haben sie Instinkt und Verständnis für philosophische Systeme verloren, die das Streben nach einer solchen Umgestaltung zum Ausdruck bringen. In Rußland dagegen ist die Frage einer solchen radikalen Umgestaltung ak-

tuell. Lenin trat in die Bewegung als eine Personifika-
tion des Willens zur Revolution, und er studierte den
Marxismus und prüfte die Entwicklung des Kapitalismus und Sozialismus unter dem Gesichtspunkt ihrer
revolutionären Bedeutung. Plechanow war ein Revolutionär, aber Plechanow war kein Willensmensch, und
trotz seiner ungeheuren Bedeutung als Lehrer der russischen Revolution vermochte er dieser nur eine Algebra und keine Arithmetik beizubringen. Wie die Geschichte gezeigt hat, verstrickte er sich selbst in die
vier arithmetischen Spezies der russischen Revolution,
und daher war seine Algebra der Revolution eher ein
Unterrichtssystem von fertigen Lehren als ein selbständiger Gedankenkampf. In diesem Punkt liegt der Übergang von Lenin, dem Theoretiker, zu Lenin, dem Politiker.

Der Marxismus verband Lenin mit der allgemeinen Strategie der Arbeiterbewegung, aber gleichzeitig
damit stellte er ihn auf die konkreteste Weise vor jene
strategische Aufgabe, die die russische Arbeiterklasse
zu lösen hatte. Man könnte sagen, daß Lenin in der
Akademie des Generalstabs nicht nur die Clausewitz,
Jominis und Moltkes studierte, sondern er erforschte
auch, wie kein anderer in Rußland, den Schauplatz des
künftigen Krieges des russischen Proletariats. In diesem unerhört intensiven, intimen Kontakt liegt Lenins
ganzes Genie. Ich werde an anderer Stelle die Frage
untersuchen müssen, warum ein so großer Geist wie
Rosa Luxemburg nicht imstande war, die Richtigkeit
der Leninschen Auffassung zur Zeit des Entstehens des
Bolschewismus einzusehen. Hier kann ich nur den Er-
gebnissen dieser Untersuchung vorgreifen. Rosa Luxemburg vermochte nicht konkret zu begreifen, wodurch sich die wirtschaftliche und politische Lage bei
dem Kampfe des russischen Proletariates von der

Kampflage des polnischen und westeuropäischen Proletariats unterschied. Daher sank sie im Jahre 1904 bis zum Menschewismus hinab. Der Menschewismus war, historisch betrachtet, eine Politik der kleinbürgerlichen Intellektuellen und der kleinbürgerlichen Schichten des Proletariats. Methodologisch war der Menschewismus ein Versuch der Übertragung der Taktik der westeuropäischen Arbeiterbewegung nach Rußland. Wenn man die Arbeiten Axelrods oder Martows über die Selbständigkeit der Arbeiterbewegung liest und darüber, wie sie lernen müsse, auf eigenen Füßen zu stehen, so bestechen alle diese Ideen jeden, der unter den Verhältnissen der westeuropäischen Arbeiterbewegung aufgewachsen ist. Und ich erinnere mich, wie ich beim Studium der Polemik der russischen Sozialdemokraten zur Zeit der ersten Revolution – ohne eine konkrete Kenntnis der russischen Wirklichkeit – nicht begreifen konnte, wie man diese selbstverständlichsten Wahrheiten leugnen könne. Aber es fehlten die Bedingungen für die Anwendung dieser Taktik, und es ist jetzt historisch bewiesen, wie alles Gerede der Menschewisten über die Selbständigkeit der Arbeiterbewegung in Wirklichkeit nur ein Gerede darüber war, wie man die russische Arbeiterbewegung der Bourgeoisie unterwerfen könnte. Es ist außerordentlich interessant, jetzt die Auseinandersetzungen über den berühmten ersten Paragraphen der Parteisatzungen zu lesen, der dazu geführt hat, daß die russische Sozialdemokratie sich in Menschewisten und Bolschewisten spaltete. Wie sektiererisch erschien damals Lenins Forderung, daß als Parteimitglied nur Mitglieder illegaler Organisationen gelten sollten! Um was handelte es sich dabei? Lenin kämpfte dagegen, daß die Politik der Arbeiterpartei von dem schlappen Brei der Intellektuellen bestimmt werde. Vor der ersten Revolution pflegte jeder unzufriedene Arzt und Rechts-

anwalt in Marx zu blättern und sich für einen Sozialdemokraten zu halten, während er in Wirklichkeit nur ein Liberaler war. Selbst bei dem Eintritt in eine illegale Organisation und sogar noch nach dem Bruch mit ihrer kleinbürgerlichen Umgebung blieben viele Intellektuelle, wie die Geschichte später gezeigt hat, in der Tiefe ihres Herzens nur Liberale. Aber die Zusammenziehung des Parteirahmens auf jenen Menschenkreis, der das Risiko der Teilnahme an einer illegalen Organisation auf sich nahm, verminderte sehr wesentlich die Gefahr der Verbürgerlichung der Arbeiterpartei und gab dem revolutionären Strom der Arbeiterklasse die Möglichkeit, durch das Sieb der Parteiorganisation zu dringen, die auch ohnehin im wesentlichen intellektuell blieb. Aber um das zu verstehen, um dieser Frage willen die Partei zu spalten, dazu mußte man mit der gesamten russischen Wirklichkeit so eng verknüpft sein, wie es Lenin als russischer Marxist und russischer Revolutionär mit seinem ganzen Innern war. Wenn dies vielen guten Marxisten 1903/04 noch unklar war, so wurde es von dem Augenblick an verständlich, als P. B. Axelrod begann, den Klassenkampf des Proletariats gegen die russische Bourgeoisie mit dem sogenannten „Semstwo-Feldzug" zu verfälschen, d. h. mit der Beschickung von liberalen Banketts mit Arbeitern zu einem doppelten Zweck: einerseits, um die Arbeiter mit dem Bourgeois in Verbindung zu bringen, mit dem er sonst wenig in Berührung kam, und um den Arbeiter mit dem Haß gegen diese Klasse zu erfüllen; andererseits, um den Kapitalisten ein Verständnis für die Notwendigkeit des Kampfes um die allgemeinen nationalen Interessen beizubringen.

Aber auch darin, *wie* Lenin die russische Wirklichkeit kennt, unterscheidet er sich von allen, die Anspruch darauf erheben, die Gedanken des russischen

Proletariats zu kennen. Er kennt nicht allein die russische Wirklichkeit, er sieht und fühlt sie. Bei allen Wendepunkten der Parteigeschichte, besonders in dem Augenblick, als wir die Macht in die Hand nahmen und das Schicksal von 150 Millionen von den Beschlüssen der Partei abhing, immer verblüfft mich an Lenin das, was die Engländer common sense – gesunden Menschenverstand nennen. Man wird einwenden, es sei ein schlechtes Kompliment, jemandem, von dem man überzeugt sei, daß er zu denen gehört, die nur einmal in hundert Jahren geboren werden, gesunden Menschenverstand zuzubilligen. Aber Lenins Größe als Politiker liegt zweifellos gerade darin. Wenn Lenin eine große Frage löst, dann denkt er nicht in abstrakten historischen Kategorien, er denkt nicht an Bodenrente, Mehrwert, Absolutismus und Liberalismus. Er denkt an die konkreten Menschen, an Ssobakewitsch, an Hessen, an den Bauer Ssidor auf Twerj und an den Arbeiter des Putilow-Werks oder an einen Schutzmann auf der Straße, und er stellt sich vor, wie die betreffende Maßnahme auf den Bauer Ssidor und auf den Arbeiter Onufry – auf diese Träger der Revolution – wirken wird.

Ich werde niemals mein Gespräch mit Iljitsch vor dem Abschluß des Friedens von Brest-Litowsk vergessen. Alle Einwände, die wir gegen die Unterzeichnung dieses Friedens erhoben, prallten an ihm ab wie Erbsen von der Wand. Seine Argumentation war außerordentlich einfach: eine Partei von guten Revolutionären, die ihre eigene Bourgeoisie an der Kehle gepackt hat, ist nicht imstande, Krieg zu führen. Den Krieg muß der Bauer führen. „Seht Ihr denn nicht, daß der Bauer gegen den Krieg gestimmt hat“, fragte mich Lenin. „Erlauben Sie, wieso hat der abgestimmt?“ „Mit seinen Beinen hat er abgestimmt, er läuft ja von der Front weg.“ Und damit war es für ihn eine beschlossene Sache. Daß wir uns mit dem deutschen Imperialismus nicht vertragen würden, das wußte Lenin nicht nur ebensogut wie alle anderen, sondern er sprach den Massen gegenüber offen davon, welches Elend uns dieser Friede bringen könne. Aber schlimmer als eine sofortige Vernichtung der russischen Revolution konnte dieser Friede nicht sein, – er gab uns wenigstens den Schatten einer Hoffnung, eine Ruhepause, wenigstens auf einige Monate. Und das war entscheidend. Man mußte es ermöglichen, daß der Bauer den ihm von der Revolution gegebenen Boden mit seinen Händen berührte, daß er sich der Gefahr bewußt ward, diesen Boden zu verlieren, damit er ihn zu verteidigen sich bereit fand.

Nehmen wir ein anderes Beispiel. Es war im Augenblick unserer Niederlage im polnischen Kriege, als die Verhandlungen in Riga begannen. Ich reiste damals ins Ausland und ging vorher zu Iljitsch, um mit ihm über die sich bemerkbar machenden Meinungsverschiedenheiten über die Gewerkschaftsfrage zu sprechen. Ebenso wie bei der Friedensfrage, wo Lenin mit seinem geistigen Auge einen Bauern aus Rjasan vor sich sah und sofort wußte, daß dieser Bauer bei dem militärischen Drama die entscheidende Person war, daß man sich also nach ihm richten mußte, so richtete er sich im Augenblick des Übergangs vom Bürgerkrieg zum wirtschaftlichen Wiederaufbau Rußlands nach dem Durchschnittsarbeiter, ohne den die Wirtschaft nicht aufgebaut werden konnte. Worin bestand bei ihm der Kern der Frage? In Parteiversammlungen sprach man von der Rolle der Gewerkschaftsverbände in der Wirtschaft, von dem Zusammenschweißen der Gewerkschafts- mit den Wirtschaftsorganisationen und kam so zu Streitigkeiten über Syndikalismus und Eklektizismus. Lenin dagegen sah vor sich den zerfetzten Arbeiter, der Unerhörtes, nie Dagewesenes erlebt hatte, und der jetzt die Wirtschaft wieder aufbauen sollte. Daß man die Wirtschaft sofort herstellen müsse, daß man sich aufraffen müsse, daß wir das Recht hatten, die Arbeitermasse dazu heranzuziehen, das stand auch für ihn fest. Aber können wir diese Arbeitermasse etwa in der Weise heranziehen, daß wir tausend unserer besten Kampfgenossen, die das Kommandieren gewöhnt sind, in die Fabriken schicken? Dieses Kommandieren wird der Produktion nicht nützen. Man muß ihnen eine Ruhepause gönnen, sie sind unerhört erschöpft. Und das war für Lenin das entscheidende Argument. Er sah mit seinen eigenen Augen den russischen Arbeiter, so wie er im Winter 1921 war, und er fühlte mit seinem ganzen Wesen, was möglich war und was nicht.

In der Einleitung zur „Kritik der politischen Ökonomie" sagt Marx, daß die Geschichte nur lösbare Aufgaben stelle. Das bedeutet mit anderen Worten, daß nur der die Geschichte vorantreibt, der begreift, welche Aufgaben im gegebenen historischen Augenblick gelöst werden können, und der nicht um das Wünschenswerte, sondern um das Mögliche kämpft. Lenins Größe besteht darin, daß eine gestern aufgestellte Formel ihn nie hindern wird, die sich ändernde Wirklichkeit zu erkennen, und daß er immer den Mut hat, eine von ihm selbst noch gestern aufgestellte Formel beiseite zu werfen, wenn sie ihn heute hindert, diese Wirklichkeit zu erfassen. Bevor wir die Macht übernahmen, gaben wir als revolutionäre Internationalisten die Parole aus: Friede der Völker, gegen den Frieden der Regierungen! Und auf einmal verwandelten wir uns in eine Arbeiterregierung, während die verehrlichen Völker ihre kapitalistischen Regierungen noch nicht abgeworfen hatten. „Wie kann es möglich sein, daß wir mit der Regierung der Hohenzollern Frieden schließen?", fragten viele Genossen. Lenin antwortete wütend: „Ihr seid

schlimmer als Hühner. Ein Huhn kann sich nicht ent-
schließen, über einen Kreidestrich zu treten, aber es
kann zu seiner Rechtfertigung immerhin sagen, daß
dieser Kreis von einer fremden Hand gezeichnet wurde. Ihr aber habt Euch Euren Kreis selbst gezogen, und
nun starrt Ihr diesen Kreidestrich an, anstatt die Wirklichkeit zu sehen. Unsere Formel des Friedens unter
den Völkern sollte die Massen zu dem Kampfe gegen
ihre militärischen und kapitalistischen Regierungen erheben. Jetzt wollt Ihr, daß wir zu Grunde gehen, und
daß die kapitalistischen Regierungen siegen, weil es
unsere revolutionäre Formel erfordert."

Lenins Größe liegt darin, daß er sich Ziele setzte,
die aus der Wirklichkeit hervorwuchsen. Er wählt sich
in dieser Wirklichkeit ein starkes Pferd aus, das den
Weg seines Zieles geht, und vertraut sich ihm an. Er
setzt sich niemals auf die Schaukel seiner Träume.
Aber damit nicht genug. Sein Genie hat noch eine Ei-
gentümlichkeit: nachdem er sich ein Ziel gesetzt hat,
sucht er in der Wirklichkeit nach Mitteln, die diesem
Ziel entsprechen; er begnügt sich nicht damit, daß er
das Ziel gefunden hat, er denkt ganz konkret darüber
nach, was man tun müsse, damit dieses Ziel erreicht
werde. Er arbeitet nicht nur den Feldzugsplan aus, sondern auch die Organisation dieses Feldzugs. Unsere
Nur-Organisatoren lachten Iljitsch oft aus, weil sie
meinten, er sei kein Organisator.

Wenn man mit ansieht, wie Iljitsch in seinem Kabinett, im Rat der Volkskommissare, arbeitet, so könnte es scheinen, daß man unmöglich ein schlechterer Organisator sein könne. Er hat nicht nur keinen Stab von
Sekretären, die ihm das Material vorbereiten, sondern
er hat bis heute noch nicht gelernt, einer Stenotypistin
zu diktieren, und sogar einen Füllfederhalter sieht er
beinahe mit denselben Augen an, wie der Bauer vom

Dorf zum ersten Mal in seinem Leben ein Auto betrachtet. Aber man zeige mir einen Mann in unserer Partei, der imstande gewesen wäre, uns diese Zentralidee der Reform unseres bürokratischen Apparates zu geben, einer Reform, die unbedingt notwendig ist, wenn wir nicht wollen, daß der von den Beamten betrogene Bauer aufheult. Wir alle kennen unseren bürokratischen Apparat, wir alle heulen und lärmen aus Anlaß der „kleinen Mängel des Sowjet-Mechanismus". Wer von den Parteiführern wäre imstande gewesen zu sagen: die neue ökonomische Politik hat eine neue Basis für den Bund des Proletariats mit der Bauernschaft geschaffen – wie bringt man es eben fertig, daß die Bürokratie diesen Bund nicht zerstört? Der große Politiker des russischen Proletariats dachte auf seinem Krankenbett, von den Kleinigkeiten des Tages losgerissen, unausgesetzt über die Zentralfrage unserer staatlichen Organisation nach und arbeitete einen Plan aus für den Kampf auf Jahrzehnte hinaus. Es ist nur der erste Entwurf, die Details werden bei der praktischen Anwendung geändert werden. Aber je mehr man sich in diesen flüchtigen Entwurf vertieft, desto mehr wird einem klar, daß er den Nagel wieder auf den Kopf getroffen hat, daß er uns wieder bewiesen hat, daß sich in ihm der große Politiker mit einem großen politischen Organisator verbindet.

Wie sich das bei ihm alles verbunden hat – das weiß der liebe Gott. (Ich bitte den Genossen Stepanow und die Kommission für die Bekämpfung der Religiosität, mich zu entschuldigen!) Die Geschichte schafft sich ihre Geister in eigenen, urgeheimsten Werkstätten, hat sozusagen ihre eigenen „Spiritusbrennereien", denen keine Tscheka auf die Spur kommt. Die deutsche Bourgeoisie war nicht imstande, Deutschland zu einigen, aber irgendwo, in einem kleinen Gutshause schuf ein

Gott oder ein Teufel, will sagen, die Molekular-Arbeit der Geschichte, jenen Bismarck, der diese Aufgabe löste. Wenn man seine ersten Berichte liest, wenn man die Entwicklung seiner Politik Schritt für Schritt verfolgt, dann schlägt man die Hände über den Kopf zusammen und fragt sich: Woher dieses überwältigende Erfassen der europäischen Wirklichkeit bei einem preußischen Junker? Derselbe Gedanke kommt einem immer, wenn man an die Geschichte unserer Partei, an die Geschichte der Revolution und an Iljitsch denkt. Fünfzehn Jahre lang schien es, als hätte man nur einen Menschen vor sich, der sich um jedes Komma einer Resolution herumstreiten konnte, und der im Laufe von 25 Jahren mit wilder Wut jeden Ismus bekämpfte. Ein jeder solcher Ismus war für Lenin die Ausgeburt und die Erfindung eines der Arbeiterklasse feindlichen Geistes. Und diesen Iismen auf die Spur kommend, streckte sein Geist die Fühlhörner in die Wirklichkeit aus, erforschte und durchdachte diese, bis eines Tages das Wunder da war: ein illegal lebender Mann, ein obdachloser Emigrant, hatte die tiefsten Wurzeln der russischen Wirklichkeit erfaßt. Die Geschichte kennt kein einziges Beispiel eines solchen Überganges eines illegalen Revolutionärs zu einem Staatsmann. Diese Verbindung der Eigenschaften eines leitenden Theoretikers, Politikers und Organisators machte Lenin zum Führer der russischen Revolution. Aber damit dieser Führer dieser einzigartige, von allen anerkannte Führer wurde, gehörte noch etwas Menschliches dazu, was Lenin zu dem am meisten geliebten Menschen der russischen Revolution macht.

Ibsen versucht uns zu überzeugen, daß der Mensch die Wahrheit absolut nötig habe. Für viele Menschen ist die Wahrheit etwas Tödliches, sie kann sogar für viele Klassen tödlich sein. Wenn die Bourgeoi-

sie die Wahrheit über sich selbst erfassen, wenn sie
sich diese Wahrheit innerlich aneignen würde, dann
wäre sie schon heute geschlagen, denn wie sollst du
kämpfen, wenn die Wahrheit der Geschichte dir sagt,
daß du zum Tode verurteilt bist, und daß man deinen
Leichnam in die Kloake werfen wird? Die Bourgeoisie
schützt sich mit Taubheit und Blindheit. Aber die revolutionäre Klasse braucht die Wahrheit, denn Wahrheit
ist Kenntnis der Wirklichkeit, und man kann nicht über
diese Wirklichkeit siegen, wenn man sie nicht kennt.
Ein Teil dieser Wirklichkeit sind wir, die Arbeiterklasse, die Kommunistische Partei. Und nur, wenn wir unsere Kräfte und unsere Schwächen kennen, sind wir
imstande, die für den endgültigen Sieg erforderlichen
Maßnahmen zu treffen. Lenin sagt dem Proletariat die
Wahrheit und nur die Wahrheit, wie traurig sie auch
aussehen mag. Wenn die Arbeiter ihn hören, dann wissen sie, daß es in seiner Rede keine einzige Phrase gibt.
Er hilft uns, uns in der Wirklichkeit zu orientieren. Ich
habe in Davos mit einem an Schwindsucht sterbenden
bolschewistischen Arbeiter gelebt. Man sprach damals
viel von der Selbstbestimmung der Nationalitäten, und
auf diesem Gebiete kämpften wir polnischen Kommunisten gegen Lenins Ansichten. Der Genosse, von dem
hier die Rede ist, sagte mir beim Lesen meiner gegen
Lenin gerichteten Thesen: „Das, was Sie hier schreiben,
scheint mir vollkommen überzeugend, aber so oft ich
gegen Iljitsch war, so oft stellte es sich heraus, daß ich
unrecht hatte." So denken die führenden Parteileute,
und das schafft Lenins Autorität in der Partei. Aber die
Masse der Arbeiter denkt nicht so. Sie verbindet mit
Lenin nicht jenen Umstand, daß er tausendmal recht
hatte, sondern, daß, wenn er nicht recht hatte, wenn unter seiner Leitung ein Fehler gemacht wurde, er dann
offen zugestand: Wir haben einen Fehler gemacht, wir

sind geschlagen worden, man muß diesen Fehler so und so gutmachen. Viele fragten: Wozu redet er immer von Fehlern, das wäre ja gar nicht nötig?! Ich weiß nicht, warum es Lenin tat, aber die Folgen sind vollständig klar. Der Arbeiter ist viel zu reif geworden, um an Helden und Retter zu glauben. Wenn Lenin von Fehlern spricht, dann führt er den Arbeiter in sein Gedankenlaboratorium ein, er gibt ihm die Möglichkeit, an den gefaßten Entschlüssen teilzunehmen, und die Arbeiter erblicken in ihm einen Führer, der dadurch, daß er ihr Gedankenlaboratorium ist, zur Verkörperung des Kampfes ihrer Klasse wird. Die große Klasse, die die Wahrheit über sich selbst haben will, liebt ihren Führer, der ein wahrhaftiger Mensch ist, von ganzem Herzen. Und die Wahrheit aus dem Munde eines solchen Führers erträgt der Arbeiter auch dann, wenn es eine schwere Wahrheit ist. Der Mensch glaubt an seine Kräfte nur dann, wenn er sich über seine Kräfte im klaren ist, wenn er seine schwersten Möglichkeiten erkennt, und wenn er trotzdem sagen kann: Und doch! ... Lenin verhilft der Arbeiterklasse zur Kenntnis aller ihrer Schwächen, aller ihrer Fehler, und trotzdem macht er es ihr möglich, stolz auszurufen: Ich bin Sr. Majestät das Proletariat, der künftige Beherrscher und Schöpfer des Lebens. Und hierin liegt Lenins größte Bedeutung.

Am Tage des 25jährigen Bestehens der Partei, die auf ihren Schultern nicht nur die Verantwortung für das Schicksal des sechsten Teiles des Erdballes trägt, sondern die auch der Haupthebel für den Sieg *des Weltproletariats* ist, an diesem Tage werden die russischen Kommunisten, wird alles, was es im Weltproletariat Revolutionäres gibt, nur den einen Gedanken, nur diesen einen heißen Wunsch haben, daß dieser Moses, der Sklaven aus dem Lande der Unfreiheit hinausgeführt hat, mit uns in das gelobte Land eintreten möge.

E. Preobrashenski

Von ihm

In diesen Tagen der Trauer, da unsere verwaiste Partei und die verwaiste Arbeiterklasse die ganze Schwere des unersetzlichen Verlustes fühlen, da wir alle nur denken an das, was wir verloren haben, in dieser Zeit ist es gut, an etwas anderes zu erinnern: an das, was wir von Lenin und warum wir es von Lenin erhalten haben. Seinen Freund tröstend, der einen Sohn verloren hatte, sagte einst ein griechischer Philosoph: Weine nicht darüber, daß er gestorben ist, freue Dich, daß er gelebt hat! So wollen auch wir möglichst oft denken. Und nicht nur, weil uns davon leichter wird ...

Der Tod eines Genies ist ein Prozeß im Gehirn, in den Lungen, im Herzen. Aber das Auftauchen eines Genies, richtiger – sein In-die-Erscheinung-treten ist, wie seine ganze Arbeit, auch ein Prozeß, jedoch ein besonders bedingter Prozeß, bei dem es im Wichtigsten und Grundlegendsten nichts Zufälliges gibt. Wladimir Iljitschs Genie ist ein Produkt der historischen Notwendigkeit, ein Produkt der internationalen Arbeiterbewegung in der Periode des Zerfalls des Kapitalismus, ein Produkt, das auf dem russischen Sektor dieser Bewegung zustande kam. Es trägt alle Züge seiner russischen Abstammung; aber gleichzeitig damit erhebt es sich hoch über das Niveau der russischen Bewegung. Lenin wurde ein Führer der Internationale in derselben Weise, wie unsere proletarische Revolution ein neuer Akt der Arbeiter-Revolution wurde, wie unsere Sowjetmacht zu der ersten Festung der Diktatur des Weltproletariats geworden ist.

Unser Bund der Sowjetrepubliken liegt an der Grenze von Europa und Asien. Er ist weder Europa noch Asien. Die Vorhut unserer Arbeiterklasse ist ein Produkt des europäischen Kapitalismus, der in das junge, kapitalistisch noch unentwickelte Land eingedrungen war und der in kürzester Zeit Hunderte von Großbetrieben nach den letzten Errungenschaften der westlichen Technik errichtet hatte. Unsere Arbeiterklasse ist ein junger, kraftstrotzender Barbar, von der Zivilisation des kapitalistischen Roms noch nicht verdorben, noch nicht gewohnt, die kleinbürgerliche Behaglichkeit zu schätzen, den Brocken von der Tafel der kolonialen Ausbeuter, ein Barbar, den das bürgerliche Recht und die kapitalistische Ordnung noch nicht gezähmt hatten. Seine Ahnen sind Bauern, die die Häuser der Gutsbesitzer niederbrannten; seine Großväter wurden in den Pferdeställen ihrer Herren mit Ruten gepeitscht, man jagte sie in Ketten die großen Heerstraßen nach den Bergwerken des Urals und Sibiriens entlang. In seinen Adern rollt ein gut Teil Rebellenblut, das Blut jener Aufständischen, die zur Zeit Stenjka Rasins und Pugatschjows die Grundfesten der Herrschaft der Moskauer Kaiser und Kaiserinnen erschütterten.

Unsere Arbeiterklasse hat begonnen, das Kapital zu hassen und es zu bekämpfen, noch bevor sie vom Gefühl der Achtung vor ihm als dem Organisator eines neuen Wirtschaftstypus erfaßt wurde; sie begann, das Kapital zu verachten, ehe sie vom Baume der Erkenntnis der bürgerlichen Kultur genossen hatte. Sie war nicht, wie die Proletarier des Westens, die durch zwei Jahrhunderte der Manufaktur und der kapitalistischen Industrie gedrillt sind, und auch nicht wie das Halbproletariat Indiens oder Chinas. Sie ist ein ganz besonderer Typus der Arbeiterklasse. Wer ihre Eigenarten nicht versteht, versteht nichts von jenen wunderbaren

Dingen, die sie in die Geschichte der Menschheit hineingetragen hat, der versteht das Wesen jenes soziologischen Phänomens nicht, das sich die *K.P.R.* nennt, der versteht auch nicht den Führer, der unsere Arbeiterklasse erzogen hat, erzogen durch dreißig Jahre ihres politischen Kampfes. Er wird sie nicht verstehen, weil unsere Partei auch eine besondere Partei ist, und weil ihr Führer und Organisator auch ein besonderer, einzig dastehender Führer ist, für den es keine Analogien und keine zweite Auflagen gibt.

Unsere Arbeiterklasse vereinigt in sich den revolutionären Geist und die Unmittelbarkeit der proletarischen Klassenjugend und Frische mit jener Disziplin, die die um den Arbeitsprozeß der Maschinen vereinigten Millionen zusammenschweißt. Hierzu kam der doppelte Druck des zaristischen Absolutismus und der halbasiatischen kapitalistischen Klasse. Die historische Aufgabe des Genossen Lenin bestand darin, auf dieser Klassengrundlage eine Partei aufzubauen, die alle revolutionären Vorzüge eines an der Grenze zwischen Europa und Asien stehenden Proletariats mit allen Errungenschaften des westeuropäischen proletarischen Denkens im Geiste des Marxismus in sich vereinigt; die den Geist einer unbezwingbaren revolutionären Kraft des russischen Arbeiters mit der proletarischen Disziplin und mit der im Laufe der Jahrhunderte im Kampfe gegen den Kapitalismus angehäuften Klassenerfahrung verbindet.

Lenins Genie hat diese Aufgabe vollauf gelöst.

Er ist auch mit einer Reihe anderer Aufgaben fertig geworden, vor die sich unsere Arbeiterklasse während der drei Revolutionen gestellt sah. Bei der Lösung dieser Aufgaben entfaltet sich Lenins gewaltiges Genie in seinem hellsten Glanze, denn das Genie ist nicht nur ein Produkt der historischen Notwendigkeit, sondern im gegebenen Falle diese Notwendigkeit selbst, die sich sowohl in der Bewegung als auch in der Führung der Bewegung von Millionenmassen offenbart.

Die Geschichte hat unseren Arbeitern eine unerhört schwere Last aufgebürdet. Sie mußten die erste Bresche in die Mauern des durch den Krieg geschwächten Kapitalismus schlagen; sie mußten in einem Lande mit einer Bauernbevölkerung von hundert Millionen den ersten sozialistischen Staat errichten; sie mußten mit der Bauernarmee, gegen die ganze bourgeoise Welt kämpfend, diesen Staat verteidigen. Diese Aufgabe wurde gelöst sowohl dank jenem außerordentlich günstigen Umstande, daß unsere proletarische Revolution sich mit dem Bauernaufstand gegen die Agrarier vereinigte, als auch dank der genialen Führung des Genossen Lenin.

Lenins Genie wies der Partei den einzig richtigen Weg: sich bei dem Angriff gegen den Kapitalismus auf das Bündnis der Arbeiterklasse mit der Bauernschaft stützen und der heroischen, revolutionären, aber nicht zahlreichen Arbeiterklasse durch eine weise Politik die Unterstützung der Bauernreserven gewährleisten.

Unter Lenins Führung drang die Partei und die Arbeiterklasse, getragen von der agrarischen Bauernrevolution, in den Oktobertagen in den Winterpalast und in den Kreml ein. Unter seiner Führung zog sich die Partei auf die Position des Friedens von Brest zurück und bremste so das automatische Fortschreiten der Oktoberrevolution, um den Kontakt mit ihrer Infantrie nicht zu verlieren, die zu ihrem Pfluge zurückkehren und nicht mehr kämpfen wollte. Unter seiner Führung orientierte sich die Partei, nach der Einstellung auf die Komitees der Dorfarmut, auf der VIII. Parteikonferenz in der Richtung auf die Mittelbauern, auf diese grundlegende Masse unserer Roten Armee. Unter seiner Führung machte unsere Partei, nachdem sie mit dem Feldzuge gegen Warschau dem europäischen Kapitalismus gründlich auf den Zahn gefühlt, eine scharfe Wendung vom Kriegskommunismus nur „NÖP" (Neue Ökonomische Politik) hin, und zwar zu demselben Zweck: die Verbindung mit den Reserven des Dorfes nicht zu verlieren und die politische Führung des Proletariats gegenüber der Bauernschaft zu erhalten.

Worin zeigte sich Iljitschs organisatorisches Genie? Darin, daß er eine Organisationsform der Partei schuf, bei der das zahlenmäßig schwache und kulturell unterentwickelte Proletariat die größten Chancen hatte, in einem Bauernlande mit der geringsten Kraftaufwendung zu siegen.

Worin zeigte sich Lenins taktisches Genie? Darin, daß er die proletarische Revolution, die nach objektiver Schätzung höchstens zehn Prozent Siegeschancen hatte, auf ihrem engen, gewundenen Wege zu diesem Siege führte.

Lenins taktisches Genie stand im direkten Verhältnis zu jenen Gefahren, die die Revolution bedrohten, die sein Gehirn anspannten und alle seine schöpferischen Kräfte, seinen ganzen Scharfblick, seine Geistesgegenwart und Schlauheit gegen die Feinde der Arbeiterklasse richteten. Genosse Lenin wurde, von den ersten Schritten der Arbeiterbewegung in Rußland an, von den Vorläufern der Revolution von 1905, in den Vordergrund gestellt; in der Periode des Weltkrieges und der drei Revolutionen hat er sich zu einem genialen Führer entfaltet; er war geboren und erzogen an der Grenzscheide zwischen Ost und West und zur Zeit des historischen Übergangs der bürgerlichen Revolutionen in proletarische. Er hat sein ganzes Genie dem revolutionären Prozeß gewidmet. Und die proletarische Revolution, die seine genialen Kräfte erschloß und ihn als Genie sozial hervorbrachte, sie war es auch, die ihn getötet hat, nachdem sie alle Säfte seines Gehirns erbarmungslos für ihre historischen Aufgaben aufgebraucht.

In seinem unserer Partei hinterlassenen geistigen Vermächtnis, in seinen Abhandlungen über die Arbeiter- und Bauerninternationale, stellt Lenin unsere Partei vor eine noch gewaltigere Aufgabe als jene, die sie bereits gelöst hat. Diese Aufgabe ist: das Bündnis mit unserer Bauernschaft in dieser Periode der internationalen Atempause in jeder Weise zu wahren und dabei die Beziehung zu den unterdrückten Völkern Asiens und anderer Kolonien zu pflegen und diese aus allen menschlichen Rassen bestehende Infanterie dazu vorbereiten, von den Wellen der gegen den Imperialismus sich erhebenden *Mehrheit der Menschheit* getragen, organisiert in die Festen des Weltkapitalismus einzubrechen.

Wir müssen alles Menschenmögliche und Übermenschliches leisten, um Lenins geistiges Vermächtnis zu erfüllen. Indem jeder von uns seine Pflicht erfüllt und jeder von der Partei aufgetragenen Aufgabe gerecht wird, dürfen wir keinen Augenblick die große historische Verantwortung außer acht lassen, die wir, Mitglieder der K.P.R., der regierenden Partei des Sowjetbundes, gegenüber den unterdrückten Massen der ganzen Welt haben. Wir müssen unsere Jugend in der richtigen Auffassung dieser ungeheuren Aufgabe erziehen, zu deren Durchführung sowohl ein gewaltiger Siegeswille als auch eine eiserne Hartnäckigkeit bei möglichen Mißerfolgen und schwierigen Wendungen erforderlich sind; es wird kaltes Blut und Ausdauer nötig sein, wir werden Heroismus und Enthusiasmus aufbringen müssen, ohne die in der Geschichte nichts Großes geschieht: mit einem Wort, es wird alles das nötig sein, von dem Lenin die lebendige Verkörperung war.

Wladimir Iljitsch ist nicht mehr unter uns. Aber Teilchen von ihm, die in jedem von uns sind, bilden zusammengenommen das Kollektiv der K.P.R., das seine Sache fortführen und sein geistiges Vermächtnis voll und ganz verwirklichen muß.

Wladimir Iljitsch ist nicht mehr. Unsere Feinde frohlocken. Die dümmsten unter ihnen neigten schon seit langem dazu, Lenins Gesundheitsbulletins mit dem Zustande der proletarischen Diktatur in unserem Lande zu identifizieren. „Gründliche" Kenner unserer Revolution, unserer Arbeiterklasse und ihrer Partei, die sich in den Bars von Paris, Berlin oder Prag herumtreiben und durch unsere allzulangen Diskussionen wieder guten Muts geworden sind, werden jetzt mit verdoppeltem Eifer neue Pläne für den gegenrevolutionären Umsturz in Rußland konstruieren, – in dem Rußland ohne Lenin.

Diese Herrschaften studieren jetzt fleißig die Geschichte der französischen Revolution und zumal die Periode des Thermidors. Und je mehr sie sich in diese vertiefen, desto weniger begreifen sie den Sinn unserer proletarischen Revolution und die Ursachen für ihre wachsende, organisierte Machtstellung.

Wenn sie bisher schon von dem Kampfe um die Macht innerhalb der Kommunistischen Partei, von dem Kreuzen der Degen am Sterbelager Lenins zu berichten wußten, so kann man sich lebhaft vorstellen, wie freudig sie jetzt aufheulen werden! Auch die bürgerlichen Diplomaten, die zu uns herüberblicken, suchen nach „Präzedenzfällen", die ihnen helfen könnten, im siebenten Jahr der proletarischen Diktatur zu erkennen, mit wem sie es zu tun haben, um den Fehler der „Anerkennung" nicht vorzeitig zu begehen. Wladimir Iljitschs Tod wird ihre Nachdenklichkeit vergrößern.

Aber die Geschichte wird den weißgardistischen Illusionen noch wenige Wochen gönnen, und die europäischen Diplomaten, die die Anerkennung des V.S.S.R. bis zur „Aufklärung der Situation" aufschieben, werden sich beeilen müssen. In dem Augenblick, wo unsere Feinde von uns die größten Meinungsverschiedenheiten und Streitigkeiten erwarten, da werden wir die größte Einigkeit, Geschlossenheit und eine eiserne, bewußte Disziplin zeigen. Das alles ist jedem Kommunisten vollkommen klar, und es versteht sich von selbst, daß man darüber keine Worte zu verlieren braucht. Wenn der Körper des großen Führers der größten Revolution der Welt auf dem Roten Platz zu Grabe getragen wird, dann wird unsere ganze Partei wie ein Mann schweigend den Schwur leisten – ihre Geschlossenheit stahlhart zu machen und ihre kollektiven, kameradschaftlichen, brüderlichen Anstrengungen im Kampfe um den Kommunismus zu verzehnfachen.

Und wenn man diese Einigkeit der Partei, die in der Vergangenheit auf die größten Taten zurückblickt und noch größeren Aufgaben in der Zukunft entgegensieht, mit den degenerierten, hoffnungslos banalen und kleinbürgerlich-stumpfsinnigen weißgardistischen Hoffnungen vergleicht, so wird es verständlich, warum diese Herrschaften eine Niederlage erlitten haben. Seit jener Zeit, da die Genien der bürgerlichen Revolutionen sich in gegenrevolutionäre Esel verwandelt haben, schickt die Geschichte diese Esel nach Maßstab der Ausbreitung der proletarischen Revolution in den endgültigen Urlaub. Der Anfang ist schon gemacht. Diese Menschen sind nicht berufen, die Welt des zwanzigsten Jahrhunderts zu regieren. In dieser Welt wird Lenins

Geist herrschen, die Welt wird den Leninisten, den Führern der neuen Klasse auf dem Wege zur Beherrschung der Erde gehören.

Es macht nichts, wenn der Sämann nicht erntet,
Es genügt, wenn die Ernte reift.

(Lebon)

A. I. Rykow

Der Führer der Massen

Heute wird Wladimir Iljitsch beerdigt. Die ganze Bevölkerung Rußlands, die ganze Welt trägt ihn zu Grabe. Hunderte und Millionen Arbeiter und Bauern folgen seinem Sarge mit dem Schwur, das von Wladimir Iljitsch begonnene Werk zu Ende zu führen und keinen Schritt breit von seiner Lehre und seinen Vermächtnissen zu weichen. Auch die Feinde gehen mit – die einen mit der Hoffnung, daß der Tod Wladimir Iljitschs die Kraft und Klarheit der revolutionären Bewegung schwächen möchte, an deren Spitze er stand, die anderen mit der Furcht, daß der tote Wladimir Iljitsch seine Gefolgschaft noch mehr zusammenschließen, seine Idee und seine Lehre noch populärer machen wird.

Wladimir Iljitsch beschloß sein Leben als unumstrittener Beherrscher des Denkens aller Werktätigen und Unterdrückten. Seine Bedeutung wuchs in den breiten Volksmassen im Laufe vieler Jahre mehr und mehr.

Schon in der Periode des illegalen Bestehens unserer Partei war Genosse Lenin jedem Arbeiter, der sich am Kampf beteiligte, als der einzige Führer der Bolschewiki bekannt. Uns alle – seine Anhänger – nannte man bereits damals Leninisten. Der Einfluß Lenins nahm mit ungeheurer Geschwindigkeit immer dann zu, wenn die Partei aus ihrem unterirdischen Dasein hervortrat. Wladimir Iljitsch wuchs in diesen Momenten sofort zum gigantischen Führer der Volksmassen, der mit allen ihren Nöten engvertraut, in den persönlichen Beziehungen intim-einfach und ein unerbittlicher Gigant im politischen Kampfe war. So war es 1905, so war es auch nach der Februarrevolution.

Die Februarrevolution gab den fast zur Verzweiflung gebrachten, durch den Krieg und den Zarismus erschöpften Massen die Möglichkeit des offenen revolutionären Kampfes und der Massenorganisation. Wladimir Iljitsch wurde im Laufe kurzer Zeit zum Repräsentanten der in der Welt einzig dastehenden revolutionären Massenbewegung und führte die Arbeiter, die Bauern und die Armee zum Oktobersieg.

Es bedurfte seines Herzens, seines Masseninstinktes, um jene Verschiebungen, die in den Tiefen des Bewußtseins des Volkes vor sich gingen, in sich aufzunehmen und fast physisch zu empfinden; es bedurfte der ungeheuren Bildung, des genialen Verstandes und der vollen Beherrschung der Theorie des Marxismus, um diese Bewegung zu einer organisierten Bewegung der Arbeiter und Bauern gegen die bürgerliche Ordnung und für den Sozialismus zu formen. Zwischen Wladimir Iljitsch und den revolutionären Massen ist eine so innige Einheit entstanden, daß es unmöglich ist, sie voneinander zu trennen. Wladimir Iljitsch war das Laboratorium des revolutionären Denkens für Millionen aufständischer Arbeiter und Bauern, er war der geniale Kopf, dem sowohl die intimsten Gedanken der Arbeiter und Bauern als auch die höchsten Gipfel der Wissenschaft verständlich waren.

Wladimir Iljitsch war besonders groß als Führer von Aufständen, nicht weniger groß aber war er auch als Organisator des neuen Staates. Die ganze Masse der Staatsfragen hatte er stets vor Augen, und er wählte mühelos und ohne sich zu irren das Wesentliche für den gegebenen Moment und nahm mit seiner ganzen unerhörten Energie die Verwirklichung der nächstliegenden Aufgabe in Angriff. Sein ganz außerordentliches Wissen und Wirklichkeitsgefühl half ihn stets jene Wege wählen, die den Kräften des Landes und der Partei entsprachen, und seine Menschenkenntnis war ihm behilflich, die laufenden Losungen in Ausdrücken abzufassen, die für jeden verständlich und zugänglich waren. Darum war er jedem Arbeiter und Bauern nahe und verwandt. Wladimir Iljitsch versenkte sich restlos in die Lösung jeder nächstliegenden Aufgabe, indem er jeden Schritt an der Erfahrung und durch persönliche Gespräche mit einzelnen, oftmals ganz einfachen Arbeitern nachprüfte. Besondere Bedeutung maß er der Erklärung jeder Maßnahme für die breiten Volksmassen bei, wie die Frage, wie dieses oder jenes Gesetz oder diese oder jene Verfügung der Regierung vom Durchschnittsarbeiter und Bauern aufgenommen wird.

Ich entsinne mich noch heute, wie Wladimir Iljitsch den Genossen Zjurupa – damals Volkskommissar für das Verpflegungswesen – veranlaßte, einige ganz einfache Bauern nach Moskau kommen zu lassen, um mit ihnen ganz offen zu sprechen und unverbrämt das Denken und Hoffen der Bauernmassen in Erfahrung zu bringen.

Wladimir Iljitsch verfügte über die außerordentliche Begabung, den Staat der Werktätigen aus jenem Material und jenen Kräften zu formen, die gegeben waren, und sie durch seine stürmische und unermüdliche Arbeit für die Lösung immer schwierigerer Aufgaben vorzubereiten.

Er ist gestorben, nachdem er die Arbeiter- und Bauernmasse auf der Grundlage des glühenden Hasses gegen den Adel und die Bourgeoisie und der restlosen Liebe für den Staat der Werktätigen – die Republik der Sowjets – zusammengeschlossen hat.

Er hat seinen Anhängern ein reiches Erbe hinterlassen. Durch sein Leben hat er ein unerhörtes Beispiel revolutionärer Aktivität und Genialität, der Voraussicht und der hartnäckigen systematischen Beharrlichkeit gegeben.

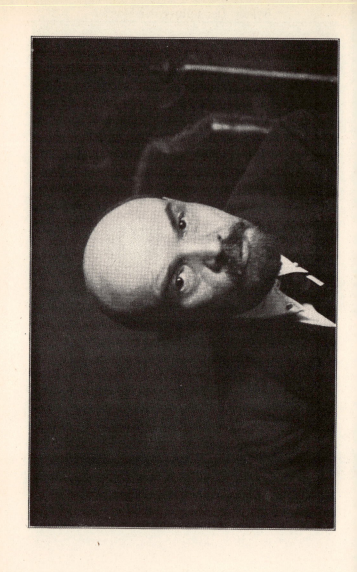

N. Bucharin

Der Theoretiker der Revolution

Jetzt weiß es schon die ganze Welt, daß Lenin, der größte Führer der Massen, ein genialer Taktiker und Stratege der Revolution ist. Dies wissen nicht nur die breiten Arbeitermassen; selbst die politischen Gegner, die berufenen Führer des Weltimperialismus, die mit Wonne den Führer des Proletariats tot sehen würden, erkennen Lenins gewaltige Bedeutung an. Verhältnismäßig wenige kennen dagegen Lenin als den glänzendsten Theoretiker, der er ist, kennen seinen feinen analytischen Geist, wissen, welch ein unvergleichlicher Meister er auf dem Gebiet der Sozialwissenschaft ist. Dabei sind wir uns darüber klar, das der sich abspielende politische Kampf eine so komplizierte Sache ist, daß eine richtige Taktik auf der genauen Abwägung der Kräfte, auf einem tiefen Eindringen in den Stand der vorhandenen Konjunktur, auf der Fähigkeit beruhen muß, die Zukunft vorauszubestimmen. Diese Möglichkeit hat die durch den Genius von Marx erzeugte Methode geschaffen. Die marxistische Methode wurde die beste Waffe in den Händen der Arbeiterklasse. Aber niemand von den Marxisten beherrschte und beherrscht diese Methode mit einer solchen Meisterschaft wie Wladimir Iljitsch. „Die Philosophen haben die Welt nur verschieden *interpretiert;* es kommt darauf an, sie zu *verändern.*" Durch diese Worte kennzeichnete Marx die ganze Tiefe seiner Methode und seines eigenen Wesens. Der Marxismus ist die Praxis in der Theorie und die Theorie in der Praxis, die die Welt um-

gestaltet. Lenin verkörpert wie kein zweiter dieses Wesen des revolutionären Marxismus. Die Theorie als ver-
allgemeinerte Praxis, die Praxis als angewandte Theorie – das ist die Synthese des theoretischen und praktischen Kampfes. Ihr revolutionäres „Einssein" tritt au-
ßergewöhnlich plastisch in der gesamten Tätigkeit Wladimir Iljitschs zutage. Er hat sich *ständig*, auch während des tobenden Klassenkampfes, mit theoretischen
Fragen beschäftigt, hat diese theoretischen Fragen jedoch *nie* von der Praxis losgelöst betrachtet. Seine Praxis ist die Praxis eines Revolutionärs. Das Gleiche gilt
von seiner Theorie.

Schon in der Morgenröte der marxistischen Bewegung, als die Frage über „das Schicksal des Kapitalismus in Rußland" zur Debatte stand, nahm Genosse Lenin unter den russischen Volkswirtschaftlern eine hervorragende Stellung ein. Seinem klaren Verstande ent-
ging nicht der ganze Widersinn der Entwicklung, der
ganze revolutionäre Gehalt dieser Entwicklung. Die Narodniki sahen in der Bauernschaft eine werktätige,
ideale, harmonische Feste, auf der die Kirche der Zukunft gebaut wird. Lenin verspottete grausam die
Kämpfe für diese zurechtgestutzte Wirklichkeit. Ist es
denn wirklich so, daß die Bauern eine einzige Klasse
bilden? Sondern sich vielmehr nicht die durch Lohnar-
beit bestellten Großbauernwirtschaften ab, wächst
nicht vielmehr die Zahl der landlosen Bauern? Dies war
die Frage, die Lenin aufwarf, und in einer Reihe glänzender Schriften („Kritik der wirtschaftlichen Roman-
tik" u. a. Aufsätze, die später in der Sammlung „Die
Agrarfrage" veröffentlicht wurden, „Die Entwicklung
des Kapitalismus in Rußland" u. a. m.) zeigte er, wie in
Rußland der Kapitalismus sich entwickelt, wie die
Kluft sich erweitert, die den Großbauern vom Dorfarmen trennt, wie der Großbauer, der Wucherer, der Ka-

pitalist an die Oberfläche gelangen. Dem „beschaulichen Leben" der Narodniki, der Lehre, daß alles in Ruhe und Frieden wäre, daß alle Bauern gleich wären, daß es einen Kapitalismus in Rußland nie geben würde, machte Lenin den Garaus als albernes Geschwätz von Leuten, die den Gegensatz zwischen Wucherer und Landproletarier verwischen wollen und dabei die Interessen des Wucherers *gegen* die Interessen der Dorfarmen verfechten.

Das Buch, das Lenin in der Verbannung schrieb, haben einige Marxisten als glänzend, aber trocken und zu gelehrt bezeichnet. Daß es ein sehr gelehrtes Werk war, das jeder auch nur einigermaßen intelligente Professor seinen Studenten zum Studium empfehlen müßte, läßt sich nicht bestreiten. Lenin zeigte sich hier als einzig in seiner Art dastehender Dialektiker und einer der größten Analytiker. Unwahr ist jedoch, daß das Buch trocken, die darin entwickelten Gedanken blutleer wären. Viel mehr im Recht war unser früherer Mitstreiter und jetziger Gegner, G. Wasarow, der da schrieb, daß jede Zahl bei Lenin revolutionären Haß gegen die bürgerlichen Klassen atmet.

Nicht nur die revolutionären Marxisten traten den Narodniki entgegen. In der Marxschen Schule erscheinen auch spätere Denikinsche Minister, Ritter des russischen Kapitalismus, künftige Helfershelfer der Rjabuschinski und Putilow (Vertreter der Großindustrie und des Großkapitals). Professoren, Privatdozenten, Gelehrte: die Herren Struwe, Tugan-Baranowski, Bulgakow u. a. m. Struwe verfaßte sogar das erste russische sozialdemokratische Manifest. Lenin erkannte jedoch in dem gelehrten Fuchs Struwe den Verräter und Lügner. Struwe bezeichnete sich gleichfalls als Marxist. Auch er predigte gegen die Lehren der Narodniki. Aber sein Marxismus war nicht die Marxsche Lehre

von dem Sturz des Kapitalismus, sondern eine eingehende Analyse der „guten Eigenschaften" des Kapitalismus, seiner *Fortschrittlichkeit, Wohlanständigkeit,
Notwendigkeit* usw., keine Analyse der Verschärfung
der Gegensätze, die zur Erhebung des Proletariats führen. Hierin besteht aber gerade die *Seele* des Marxismus. Wladimir Iljitsch zog in den Kampf mit offenem
Visier. Der gehegte, bürgerlich verfälschte Marxismus
Struwes, dessen Hauptlosung lautete: „In die Lehre
zum Kapitalismus!" wurde vom Genossen Lenin durch
die theoretischen Waffen des wahren revolutionären
Marxismus glatt in den Sand gestreckt. In allen theoretischen Fragen, ob es nun Fragen des Marktes, der Dif-
ferenzierungen innerhalb der Bauernschaft, Fragen
des Gemeindebesitzes oder solche über die russische
Industrie und deren Zukunft waren – mit einer erstaunlichen Treffsicherheit vermerkte Lenin alles das, was
den anderen entgangen war, alle Erscheinungen, alle
Kräfte, die vorwärts treiben, zum Erstarken des Proletariats, zu seinem Zusammenschluß, seiner Erhebung,
seinem Siege führen.

Als in der deutschen Sozialdemokratie der Revisio-
nismus auftauchte, der den Marxismus kritisierte und
dessen Lehre von der Unvermeidlichkeit der proletarischen Revolution und den Grundsatz vom friedlichen
Charakter der kapitalistischen Entwicklung aufstellte,
trat Lenin erneut mit einer Reihe Arbeiten hervor. Mit
besonderer Vorliebe beschäftigte er sich hierbei mit der
Agrarfrage. Die trockenste theoretische Frage (wie z. B.
der Streit über das Gesetz von der Verringerung der
Fruchtbarkeit des Bodens, über die Rententheorie usw.)
wurden vom Genossen Lenin so eingehend, so klar, so
revolutionär analysiert, daß seine Arbeiten als Muster
dienen können (so beispielsweise seine kurze Arbeit:
„Die Agrarfrage und die Kritiker von Marx").

Das tiefgründige theoretische Erfassen der Entwicklung bereitete die klare taktische Stellung vor, die unsere Partei in der Revolution von 1905 einnahm.

Da kommt die Periode der Gegenrevolution. Es beginnt das Studium der Ergebnisse der durchlebten Zeit und das Forschen nach neuen Wegen. Bei einem Teil der Sozialdemokraten machen sich Anzeichen einer Abirrung von der materialistischen Philosophie bemerkbar. Wladimir Iljitsch stürzt sich auch an dieser Front in den Kampf. Er veröffentlicht einen dicken Band „Randbemerkungen zu einer reaktionären Philosophie", die eine scharfe Kritik an der unmaterialistischen Erkenntnistheorie darstellt. In einem „ernst zu nehmenden" bürgerlichen Blatt schrieb der Verfasser einer Besprechung des Buches, der die Klarheit der darin entwickelten Gedanken anerkennen mußte, daß es noch kein Buch gegeben hätte, in dem die abstraktesten philosophischen Begriffe mit solchen Schimpfworten abwechselten wie in dieser Arbeit. Aber der bescheidene und weise Kritiker ahnte nicht, daß Lenin auch hier einen Kampf zu führen hatte, der dem Gegner, falls er Verurteilung verdiente, keine Schonung angedeihen lassen konnte, denn auch in der Philosophie handelte es sich für Lenin nicht um eine Selbstbefriedigung durch tiefsinnige Betrachtungen, sondern um einen gründlichen Kampf. Die Morgenröte des neuen Aufstiegs bringt den Ausbruch des Krieges. Die in Verwirrung gebrachte Erkenntnis der Arbeiterklasse sieht sich vor eine Reihe der wichtigsten Entscheidungen gestellt.

Die Wurzeln des Krieges, sein Sinn und seine Bedeutung, müssen in erster Linie erfaßt sein. Die schamlosesten Schänder des Marxismus treten unter marxisticher Flagge auf. Wladimir Iljitsch macht sich an das Studium der Frage des Imperialismus und deckt in einer Reihe neuer Arbeiten die ganze Falschheit der Kautskyschen Therorien auf. Widerspruchsvoller Charakter der Entwicklung, Unvermeidlichkeit der Katastrophe – das ist es, was Lenin zunächst hervorhebt. „Das Finanzkapital kann friedlich sein", erklärt Kautsky, „alles was geschieht, ist gerechtfertigt", schrieb Cunow, der eine und der andere pfiffen auf Marx. Lenin nahm dagegen trockene Zahlen zur Hand und untersuchte die kapitalistische Entwicklung der letzten Jahre und schleuderte den Feinden der Revolution die mit der Genauigkeit eines Astronomen ausgesprochene unbedingte, mannhafte, wissenschaftlich begründete Voraussagung des nahenden revolutionären Unwetters ins Gesicht.

Das Leben hat der Theorie Lenins recht gegeben, weil diese Theorie die tiefschürfende Theorie der gesellschaftlichen Entwicklung war, eine für Jahre vorausschauende Theorie, da sie eine *revolutionäre* Theorie war. Doch vielleicht die genialste theoretische Darlegung Lenins war seine Lehre von der Diktatur des Proletariats, von deren Rolle, Form, Bedeutung. Hier hat Lenin nicht nur die Lehre von Marx verarbeitet, sondern eine ganz neue *theoretische Schule* geschaffen. Marx vermochte die schärfsten Konturen zu ziehen: Lenin vollbrachte das Werk. Die Lehre von der Diktatur des Proletariats und der Rätemacht bildet das Evangelium der modernen proletarischen Bewegung, das Lenin mit größter theoretischer Kühnheit zum ersten Mal in seinen berühmten „Thesen" auf der Konferenz im April 1917 niedergelegt hat. Marx schrieb einmal, daß das Wesen seiner Lehre nicht die Theorie des Klassenkampfes bilde, denn diese sei vor ihm entdeckt worden, sondern die Erkenntnis, daß die Entwicklung des Kapitalismus unvermeidlich zur Diktatur des Proletariats führe. Die Lehre Lenins bezieht sich nur auf die nächstfolgende Stufe der geschichtlichen Entwicklung, und da Lenin nicht nur ein genialer Theoretiker, ein Soziologe, sondern auch ein populärer Tagesschriftsteller ist, so wird seine Theorie zu einer Macht, denn die Massen werden von ihr erfaßt.

Die liberalen bürgerlichen Professoren hatten gegen den Vater des wissenschaftlichen Kommunismus, Marx, wegen dessen „Herzlosigkeit", wegen seines „Pathos des Hasses" u. a. m. gehetzt. Marx war ein glühender Revolutionär, der allerdings das Sklavenregime, unter dem ein Häuflein „zivilisierter Barbaren Millionen von Sklaven knechtete", von ganzer Seele haßte. Allen aber war die gigantische Größe dieses riesengroßen Denkers offenbar.

Jetzt, wo alle Karten der Klassenbeziehungen offen daliegen, beginnen die bürgerlichen Ideologen anzuerkennen, daß der Bolschewismus der wahre Marxismus ist. So äußert sich Professor Sombart in seinem neuen Werk „Die Grundlagen des Sozialismus", so läßt sich Struwe vernehmen. Aber schreckerfüllt blicken sie auf den Bolschewismus und dessen Weltführer, denn „Das rote Gespenst des Kommunismus" wird in Schweiß und Blut aufgepflanzt, versieht sich mit den scharfen Waffen der Kritik und stürzt den verhaßten Kapitalismus durch die Kritik der Waffen.

Und die lebendige Verkörperung der theoretischen und praktischen Vernunft der Arbeiterklasse, Lenin, leitet diesen Kampf.

J. Jaroslawski

Der Theoretiker und Praktiker des bewaffneten Aufstandes

In den letzten Jahrzehnten hat in unserer marxistischen Literatur niemand so viel Aufmerksamkeit den Fragen des bewaffneten Aufstandes zugewandt wie Lenin. Er hat diese Fragen nicht nur mit der größten Aufmerksamkeit geprüft, er war auch bestrebt, aus diesem Studium der einzelnen Momente des bewaffneten Kampfes der Arbeiterklasse präzise Schlußfolgerungen und genaue Hinweise zu gewinnen, was für den Erfolg eines bewaffneten Aufstandes getan werden muß. Lenin hat uns viel früher und tiefer als irgendein anderer gelehrt, daß die Revolution eine Kunst sei, die man beherrschen und studieren müsse. Den Fragen der Vorbereitung eines bewaffneten Aufstandes maß Genosse Lenin stets die größte Bedeutung bei, er interessierte sich lebhaft für alle Einzelheiten der Gestaltung unserer militärischen Arbeit, unserer Propaganda und Agitation im Heere, für die Schaffung von militärischen und Kampforganisationen. Seine Reden und Schriften über dieses Thema pflegten ein banales Gekicher auf seiten der Menschewisten hervorzurufen, die uns – Leninisten – wegen unserer Auffassung des bewaffneten Aufstandes Verschwörer, Jakobiner, Blanquisten und Anarchisten nannten. Wieviel banales Geschwätz gaben sie nicht damals zum besten anläßlich unserer „Fünfer- und Dreiergruppen", die als Intiativgruppen für den bewaffneten Massenkampf auf Lenins Anregung organisiert werden sollten. Lenin lehrte uns, welche Schlußfolgerungen wir aus den bei der ersten Revolution gemachten Fehlern zu ziehen hatten.

Nach der Niederlage des Septemberaufstandes begann unter den Menschewisten eine systematische Diskreditierung der Taktik des bewaffneten Kampfes, ein Rückzug von den Kampfmethoden des revolutionären Kampfes. Plechanow schrieb in seinem „Tagebuch eines Sozialdemokraten": „Man hätte den bewaffneten Kampf nicht anfangen sollen". Lenin antwortete darauf mit einem glänzenden Aufsatz: „Die Lehren des Moskauer Aufstandes" („Proletarier", Nr. 2 vom 29. August 1906.

„Es gibt nichts Kurzsichtigeres als die von allen aufgenommene opportunistische Ansicht Plechanows, der da meint, daß man den unzeitgemäßen Streik nicht hätte beginnen, daß man ‚nicht zu den Waffen hätte greifen' sollen. Im Gegenteil, *man hätte viel entschlossener, energischer und aggressiver zu den Waffen greifen sollen, man hätte den Massen die Unmöglichkeit klar machen sollen, nur mit dem friedlichen Streik auszukommen, und die Notwendigkeit eines unerschrockenen und unerbittlichen bewaffneten Kampfes beweisen müssen.* Und jetzt müssen wir endlich offen erklären, daß politische Streiks ungenügend sind, wir müssen in den breitesten Massen für einen bewaffneten Aufstand agieren, ohne diese Frage mit ‚Vorstufen' zu bemänteln und zu verschleiern. *Vor den Massen die Notwendigkeit eines verzweifelten, blutigen Zerstörungskrieges, als der unmittelbaren Aufgabe bei der künftigen Aktion, verbergen – hieße, sich selbst und das Volk betrügen.*"[1]

1 Anm. EMB, 1989: S. Lenin, Werke, Bd.11, S.157f.

Das ist im Jahre 1906 geschrieben. Und wenn man jetzt darüber nachdenkt, auf welchen qualvollen Wegen, unter welchen schweren Opfern und Fehlern die Arbeiterklasse der anderen Länder zu diesen Schlüssen gelangt, dann möchte man den westeuropäischen Genossen zurufen: Lest aufmerksam Lenins Schriften! Die Fragen des bewaffneten Kampfes, der Massenaufstände stehen vor Euch. Ihr werdet bei Lenin die beste Analyse der proletarischen Revolution finden, die genauesten und einwandfreiesten Schlußfolgerungen für Euch selbst. Natürlich muß die Besonderheit der Verhältnisse in Betracht gezogen werden. Lenin selbst war ein unversöhnlicher Gegner aller starren, ein für allemal gegebenen Formeln. In seiner Arbeit „Der Partisanenkrieg", in der er im September 1906 die Einwände gegen den Partisanenkrieg untersucht („Proletarier" Nr. 5, 30. September 1906, warnt Lenin vor diesen abstrakten Formeln:

„Allen abstrakten Formeln und doktrinären Rezepten unbedingt feindlich, fordert der Marxismus eine aufmerksame Stellungnahme zu dem Verlauf des Massenkampfes, der mit der Entwicklung der Bewegung, mit der Vertiefung des Bewußtseins bei den Massen, mit der Verschärfung der ökonomischen und politischen Krisen immer wieder zu neuen und verschiedenartigen Methoden der Verteidigung und des Angriffs führt. Deshalb *akzeptiert der Marxismus grundsätzlich jede Kampfform. Der Marxismus beschränkt sich keinesfalls auf die nur im gegebenen Augenblick möglichen Kampfformen, sondern anerkennt die Unvermeidlichkeit neuer, den Führern einer gegebenen Periode unbekannter Kampfformen, die mit der Änderung der jeweiligen sozialen Konjunktur neue Gestalt annehmen.* Der Marxismus lernt in dieser Hinsicht, er verzichtet auf die Prätention, den Massen die am Schreib-

tisch ausgedacht ‚systematischen' Kampfformen bei-
bringen zu wollen."[2]

Lenin selbst war am allerwenigsten ein solcher
Schreibtischsystematiker. Er war ganz die lebendige
Verkörperung der Revolution. In einer Zeit, in der viele
in Panik gerieten und bereit waren, zum Rückzug zu
blasen, prüfte er aufmerksam die zurückgelegte Etappe
des Kampfes und die gemachten Fehler und lehrte uns,
diese Fehler gutzumachen. Die Menschewisten (nicht
nur bei uns, sondern auch die westeuropäischen aus
der Zweiten und Zweieinhalb-Internationale) behaupteten, daß das Proletariat in einem offenen, bewaffneten
Kampfe nur unter großen Opfern oder auch gar nicht
siegen könne, wenn die herrschende Regierung über
ein modernes Heer mit seiner komplizierten und reichen Technik verfügt. Und bei dieser Frage verweilte
Lenin, als bei der zweiten wichtigen Schlußfolgerung
und Lehre aus dem Moskauer Aufstand. Im gleichen
Aufsatz über die Lehren des Aufstandes schrieb er:

„Die sehr einseitige Auffassung dieses Übertritts
(der Truppen) ist bei uns, d. h. dem rechten Flügel der
Partei, außerordentlich verbreitet. Man könne nicht,
pflegt man zu sagen, gegen die modernen Truppen
kämpfen, man müsse erreichen, das Heer zu revolutio-
nieren. *Es versteht sich von selbst, daß, wenn die Revolution nicht in die Massen gedrungen ist und das Heer
nicht erfaßt hat, von einem ernsthaften Kampf keine Rede sein kann. Es ist klar: die Arbeit im Heer ist durchaus
notwendig. Aber man kann sich diesen Übertritt des
Heeres nicht in der Form einer einfachen, einmaligen
Aktion vorstellen, die ein Ergebnis der Agitation einerseits und des Klassenbewußtseins andererseits ist.*"[3]

2 Anm. EMB, 1989: S. Lenin, Werke, Bd. 11. S. 202 f.
3 Anm. EMB. 1989: S. Lenin, Werke, Bd. 11. S. 157 f.

Es waren gerade die Menschewisten, die damals jene idealistische Auffassung verbreiteten, daß alles lediglich Sache der Propaganda und Agitation unter den Truppen, Sache der Überzeugung sei. Wir Bolschewisten-Leninisten haben die Notwendigkeit einer solchen Arbeit niemals unterschätzt. Keine Partei hatte die Herausgabe einer Soldatenzeitung so gut organisiert wie wir Bolschewisten. Im März/April wurde die Zeitung „Kaserne" in einer der größten Druckereien Petersburgs in einer Auflage von 10 000 bis 12 000 Exemplaren gedruckt; sie war das Organ der Moskauer, Petersburger, Kronstädter und Finnländischen militärischen Organisationen und der des Urals. In Moskau, gleich nach dem Dezember-Aufstand, als wir die Notwendigkeit eben dieses „Kampfes um das Heer" erkannt hatten, gaben wir die Zeitung „Soldatenleben" heraus. Ferner haben wir den damals populären „Katechismus der Soldaten" in einer ungeheuren Menge von Exemplaren verbreitet, so daß er fast in jedem Truppenteil gelesen wurde. Aber niemand hat unsere Aufgabe des ideellen Kampfes um das Heer so präzis formuliert wie Lenin:

„Das bei jeder echten Volksbewegung unvermeidliche Schwanken der Truppen führt bei verschärftem, revolutionärem Kampfe zu einem wahren Kampfe um das Heer. Der Moskauer Aufstand zeigt uns gerade den verzweifeltsten, wildesten Kampf der Reaktion und der Revolution um das Heer." ... „Und man muß den Mut haben, gerade und offen einzugestehen, daß wir in dieser Hinsicht hinter der Regierung zurückgeblieben sind; wir haben es nicht verstanden, die uns zur Verfügung stehenden Kräfte für einen ebenso aktiven, mutigen, unternehmenden und aggressiven Kampf um das schwankende Heer zu verwerten, wie es die Regierung getan hat. *Wir haben die ideelle ,Bearbeitung' des Hee-*

res vorbereitet und werden sie in Zukunft noch hart-
näckiger durchführen. Aber wir werden elende Pedan-
ten sein, wenn wir vergessen, daß im Augenblick des
Aufstandes auch der physische Kampf um das Heer
notwendig ist."[4]

Im Jahre 1917 haben wir diese Erkenntnis in vollem Maße angewandt.

Niemand hat die Propaganda unter den Truppen
so gut organisiert wie die Bolschewisten, und wir verstanden es auch, den physischen Kampf um das Heer
auf die erforderliche Höhe zu bringen. Im Verlaufe unseres Kampfes kamen wir häufig zu der Einsicht, daß
ohne die Niederlage von 1905 der Sieg von 1917 unmöglich gewesen wäre. Eine der Lehren dieser Niederlage
bei der ersten Revolution erblickte Lenin in der durch
die Erfahrung bewiesenen Notwendigkeit eines „verzweifelt mutigen, entschlossenen" Angriffs. Er schrieb
damals:

„Der Dezember hat noch einen tiefen und von den
Opportunisten vergessenen Grundsatz von Marx bestä-
tigt, der besagte, daß der Aufstand eine Kunst sei, und
daß die Hauptregel dieser Kunst – ein verzweifelt küh-
ner, endgültig entschlossener Angriff sei. Wir haben
uns diese Wahrheit ungenügend angeeignet. Wir haben
diese Kunst, diese Regel – Angriff um jeden Preis – zu
wenig geübt und sie auch den Massen ungenügend beigebracht. Wir müssen das Versäumte jetzt mit aller
Energie nachholen. *Die Gruppierung nach politischen*
Programmen genügt nicht, es ist auch eine Gruppie-
rung vom Standpunkte der Frage des bewaffneten Auf-
standes notwendig. Wer gegen diesen ist, wer sich auf
ihn nicht vorbereitet, der muß unerbittlich aus den Rei-
hen der Anhänger der Revolution hinausgeworfen wer-

4 Anm. EMB, 1989: Ebd.

den, hinausgeworfen in das Lager ihrer Gegner – zu den Verrätern oder Feiglingen –, denn der Tag nähert sich, an dem die Gewalt der Ereignisse und die Verhältnisse des Kampfes uns zwingen werden, Freund und Feind nach diesem Merkmal zu scheiden. Nicht die Passivität müssen wir predigen, nicht das einfache ‚Warten' auf jeden Augenblick, wo das Heer zu uns ‚übertritt', – nein, wir müssen die Notwendigkeit eines kühnen Angriffs mit den Waffen in der Hand laut hinausrufen, die Notwendigkeit der Vernichtung des militärischen Kommandos und des energischsten Kampfes um das schwankende Heer."[5]

Und in vielen seiner Schriften und Reden kam Lenin damals auf diese Frage zurück und lehrte uns die Kunst des Aufstandes. Er richtete unsere Aufmerksamkeit auf das Studium der Taktik und der Organisation der Kräfte für den Aufstand, ohne sich dabei auf das einfache Wiederkäuen solcher Wahrheiten zu beschränken, wie die, daß die Kriegstaktik von dem Niveau der Kriegstechnik abhänge. Er untersuchte, welche Taktik des Massenkampfes jetzt, bei der gegenwärtigen Kriegstechnik und unter den obwaltenden Verhältnissen des Straßenkampfes in Frage komme. Er vertrat und verteidigte mit der größten Energie die Taktik des Guerillakrieges, oder, wie es Kautsky, der damals noch Revolutionär war, bezeichnete, die „neue Barrikadentaktik". Mit Verachtung sprach er von jenen Sozialdemokraten, die das nicht verstehen wollten, die schon damals die Arbeiterklasse hinderten, ihre Kräfte für den bewaffneten Kampf zu organisieren, gerade so wie die heutigen Sozialdemokraten in Deutschland, die die Verwirklichung dieser Aufgabe hier in noch größerem Maße verhindern. „Man kann bei uns jetzt häufig So-

5 Anm. EMB, 1989: Ebd.

zialdemokraten begegnen", schrieb Lenin, „die zu kichern beginnen, wenn die Rede auf die ‚Fünfer- und
Dreier-Gruppen' kommt. Aber dieses Kichern ist nur eine billige Art, die Augen gegenüber der neuen Frage
der Taktik der Organisation zu verschließen, die bei der
modernen Kriegstechnik durch den Straßenkampf gestellt wird."[6]

Die Menschewisten bekämpften auf allen unseren
Kongressen und Konferenzen gerade diese Ansichten.
Sie behaupteten, daß der Guerillakrieg unsere Partei
desorganisiere und demoralisiere, und sie verstiegen
sich bei dieser Bekämpfung der Partisanen-Aktionen
mehr als einmal bis zu Äußerungen von der Schädlichkeit des Bürgerkrieges. Natürlich wurde in den Jahren
1905/06 die Frage des Bürgerkrieges ein wenig anders
gestellt als jetzt. Aber schon damals finden wir gerade
bei Lenin eine durchaus präzise Formulierung dieses
Problems. In einem besonderen, dem Guerillakrieg gewidmeten Aufsatze beweist er, daß „nicht die Guerilla-
Aktionen die Bewegung desorganisieren, sondern die
Schwäche der Partei, die die Aktion nicht in ihre Hände
zu nehmen weiß … Nicht der Guerillakrieg demorali-
siert, sondern die mangelnde Organisation, die unsyste-
matische Art und die Parteilosigkeit der Guerillaaktio-
nen".[7] Sowohl bei dem Stockholmer Kongreß von 1906
als auch auf dem Londoner im Jahre 1907 griffen uns
die Menschewisten wegen unserer Propaganda des
Guerillakrieges, wegen unserer ganzen Kampftaktik
heftig an.

Ich erinnere mich, wie in dem Augenblick, da wir
noch hofften, einen Kongreß in Kopenhagen zustande
bringen zu können und die diesbezüglichen Verhand-

6 Anm. EMB, 1989: Ebd.
7 Anm. EMB, 1989: S. Lenin, Werke, Bd. 11, S. 202 f.

damals Lenin uns ein besonderes Referat vorlas im Hinblick auf die bevorstehenden Debatten auf dem Parteikongreß über die Frage des bewaffneten Aufstandes, des Guerillakrieges, der Expropriationen. (Leider wurde dieses Referat nirgends veröffentlicht, man müßte es nach dem Gedächtnis rekonstruieren.) Lenin sagte damals, daß der Standpunkt der Menschewisten in dieser Frage faktisch auf das Predigen des sozialen Friedens hinauslaufe und auf den bourgeoisen Moralstandpunkt hinabsinke; daß wir die Expropriationen der Gutsbesitzer, Kapitalisten und der Regierungsinstitutionen in der Epoche des Bürgerkrieges prinzipiell nicht verbieten könnten, wenn die expropriierten Mittel von der Partei dazu verwendet würden, die Arbeiterklasse zu bewaffnen und ihr zu helfen, die Herrschaft der Kapitalisten und Gutsbesitzer zu stürzen. In der Abhandlung „Der Guerillakrieg" drückte Lenin denselben Gedanken folgendermaßen aus:

„Der Marxist steht auf dem Boden des Klassenkampfes und nicht des sozialen Friedens. In gewissen Perioden der zugespitzten ökonomischen und politischen Krisen steigert sich der Klassenkampf bis zum offenen Bürgerkriege, daß heißt bis zum bewaffneten Kampfe zwischen zwei Volksteilen. In solchen Perioden ist der Marxismus verpflichtet, auf dem Standpunkte des Bürgerkrieges zu stehen. Jede moralische Verurteilung (des Bürgerkrieges) ist vom Standpunkte des Marxismus durchaus unzulässig."[8]

Natürlich können wir unseren deutschen Genossen nicht sagen, daß sie *alle unsere* Etappen des Kampfes unbedingt wiederholen müssen. Aber sie müssen diese Formen kennenlernen, um zu verstehen, sie zu lenken und zu leiten.

8 Anm. EMB, 1989: Ebd.

Die richtige Auffassung der Formen des Bürgerkrieges ist eine der Hauptaufgaben, die sich die Partei des Proletariats stellen muß. Lenin lehrte uns, unsere Partei so umzubauen, daß sie imstande war, den bewaffneten Kampf der Masse zu leiten und diese Massen für den bewaffneten Kampf und für den Sieg vorzubereiten.

„Unsere Partei", schrieb er, „muß ihre Organisationen erziehen und vorbereiten, daß sie tatsächlich als *kämpfende Parteien* auftreten und keine Gelegenheit vorübergehen lassen, den Kräften des Gegners zu schaden." Sie muß „es als ihre Aufgabe betrachten, solche Organisationen zu schaffen, die im größtmöglichen Maße geeignet sind, die Massen zu leiten, sowohl in großen Schlachten als auch nach Möglichkeit in kleinen Scharmützeln..." Sie muß „es als ihre Aufgabe betrachten, an diesem Bürgerkriege nicht nur teilzunehmen, sondern auch in ihm eine führende Rolle zu spielen..." „Diese Aufgabe ist zweifellos schwierig, man kann sie nicht auf einmal lösen. Wie das gesamte Volk im Verlaufe des Bürgerkrieges umerzogen wird und lernt, so müssen auch unsere Organisationen auf Grund der Ergebnisse der Erfahrung erzogen und umorganisiert werden, um dieser Aufgabe gerecht zu werden."[9]

Ende 1906 entstand bei uns, den Teilnehmern der Kampforganisationen unserer Partei, der Gedanke, eine Konferenz der militärischen und Kampforganisationen einzuberufen und eine Vereinigung all dieser Kampforganisationen zu schaffen, die ihre Methoden für die Arbeit festlegen sollte. Wir hatten einen umfangreichen Plan für die Ausbreitung unserer Kampftätigkeit, für die Schaffung eines ganzen Netzes von militärischen und Kampforganisationen mit einem Zentrum,

9 Anm. EMB, 1989: Ebd.

das mit dem Zentralkomitee unserer Partei auf das
engste verbunden sein und von diesem unmittelbare
Direktiven empfangen sollte. Wir stellten uns die Aufgabe, unseren militärischen Verlag zu entfalten, popu-
läre Literatur für das Heer zu schaffen, Instruktoren-
schulen zu organisieren, in denen die fortschrittlichen
Arbeiter die Technik des Kriegshandwerks erlernen
könnten (etwa kurzfristige Kurse für die Ausbildung
des Kommandobestandes). Einiges dieser Pläne brachten wir zur Ausführung. In Finnland, in Kuokkala,
schufen wir eine solche Instruktorenschule, und Ende
1906 beriefen wir in Tammerfors eine Konferenz der
militärischen und Kampforganisationen ein. Auf dieser
Konferenz schufen wir ein provisorisches Büro der militärischen und Kampforganisationen (die noch lebenden Teilnehmer dieser Konferenz sind: M. Trilisser, W.
Bustrem, E. Kadomzew, F. Lokazkow, D. Gonzscharo-
wa, G. Gimmer u. a. Ich nahm an dieser Konferenz unter dem Namen „Iljiana" teil). Wir wandten uns damals
an den in Finnland lebenden Lenin mit der Bitte, an
dieser Konferenz teilzunehmen. Er nahm diesen Gedanken sehr warm auf, erkundigte sich eingehend über
unsere Absichten und schickte uns dann einen Brief, in
dem er uns mitteilte, daß er eine solche Konferenz für
sehr wichtig und zeitgemäß halte; aber da er selbst an
ihr nicht teilnehmen könne, schickte er den Genossen
Ljubitsch (den verstorbenen Samer) zu dieser Konferenz. Diese Konferenz erweckte auf seiten des menschewistischen Zentralkomitees eine wilde Entrüstung;
in der Zeitung „Narodnaja Duma" vom 3. April 1907
wandte es sich an alle Parteiorganisationen mit einem
Brief, in dem er darauf hinwies, daß diese „Konferenz
von Vertretern einiger militärischen und Kampforganisationen nicht nur ohne Zustimmung, sondern sogar
entgegen dem entschiedenen Protest des Zentralko-

mitees einberufen worden sei und daß es jede Art Vereinigung von Kampforganisationen für unzulässig halte". Lenin hob in einem besonderen Aufsatze im „Proletarier", Nr. 16, vom 2. Mai 1907, anläßlich der Konferenz (siehe Lenin, Gesammelte Werke, Bd. VII, S. 370/378, russ.) die positiven Seiten dieser Zusammenkunft hervor, er nahm sie in Schutz, wies auf die vollkommene Richtigkeit ihrer Beschlüsse hin und unterstrich besonders eine der Hauptaufgaben der Kampforganisationen, die wir uns damals stellten. Es war dies vor allem die Verbreitung der richtigen Auffassung vom bewaffneten Aufstand. In der Resolution über die Rolle der militärischen und Kampforganisationen in einem bewaffneten Aufstand formulierten wir diese Aufgabe folgendermaßen: „Die Rolle der Kampforganisationen besteht in der Entwicklung der richtigen Auffassung vom bewaffneten Aufstand in den Volksmassen." Ich bin der Ansicht, daß auch jetzt vieles von dem, worüber wir damals stritten, zum Gegenstand des Studiums unserer westeuropäischen Genossen werden muß.

Lenin war 1906 der Meinung, daß der neue Aufschwung der Revolution nahe bevorstehe. Wenn er, wie auch unsere ganze Partei, sich darin irrte, so können wir doch sagen, daß wir die Zeit nicht verloren haben. Wir haben sie dazu verwandt, die Massen der Arbeiter und Bauern auf diesen Kampf vorzubereiten. Und das ist auch die Aufgabe unserer westeuropäischen Genossen. Die Worte, die Lenin 1906 geschrieben hat, werden für sie vielleicht das beste Vermächtnis sein:

„Wir wollen dessen eingedenk sein, daß der große Massenkampf nahe bevorsteht. Das wird ein bewaffneter Aufstand sein. Er muß möglichst gleichzeitig stattfinden, die Massen müssen wissen, daß sie in einen bewaffneten, blutigen, verzweifelten Kampf ziehen. Die Verachtung des Todes muß sich in den Massen verbreiten und den Sieg gewährleisten. Der Angriff auf den Feind muß so energisch wie möglich sein; die Organisation des Kampfes wird sich beweglich und elastisch gestalten: die schwankenden Elemente werden in den aktiven Kampf hineingezogen werden. Die Partei des klassenbewußten Proletariats muß in diesem großen Kampfe ihre Pflicht erfüllen."[10]

---

10 Anm. EMB, 1989: S. Lenin, Werke, Bd.11. S.157f.

L. Trotzki

Lenin als nationaler Typus

Der Internationalismus Lenins bedarf keiner besonderen Empfehlung. Er ist am besten gekennzeichnet durch den unversöhnlichen Bruch in den ersten Tagen des Weltkrieges mit jener Nachahmung des Internationalismus, der in der Zweiten Internationale herrschte. Die offiziellen Führer des „Sozialismus" brachten auf der Tribüne des Parlamentes die Interessen des Vaterlandes mit den Interessen der Menschheit durch abstrakte Ausführung im Geiste der alten Kosmopoliten in Einklang. In der Praxis führte das, wie wir wissen, zu einer Unterstützung des raubgierigen Vaterlandes durch das Proletariat.

Der Internationalismus Lenins ist durchaus keine Formel einer Ineinklangbringung des Nationalen und Internationalen in Worten, sondern die Formel eines internationalen revolutionären Handelns. Das von der sogenannten zivilisierten Menschheit bewohnte Territorium der Welt wird als ein einziges zusammenhängendes Kampffeld betrachtet, auf dem die einzelnen Völker und deren Klassen einen gigantischen Kampf miteinander führen. Keine einzige Frage von Bedeutung läßt sich in den nationalen Rahmen zwängen. Sichtbare und unsichtbare Fäden verbinden diese Frage wirksam mit Dutzenden von Erscheinungen in allen Enden der Welt. Bei der Bewertung internationaler Faktoren und Kräfte ist er mehr denn sonst jemand von nationalen Voreingenommenheiten frei.

Marx war der Ansicht, daß die Philosophen die

Welt genügend erklärt hätten, und erblickte seine Aufgabe darin, diese Welt umzugestalten. Selbst hat er, der geniale Verkünder, das nicht erlebt. Die Umgestaltung der alten Welt ist gegenwärtig in vollem Gange, und der erste, der auf diesem Gebiet tätig ist, ist Lenin. Sein Internationalismus ist eine praktische Bewertung der geschichtlichen Ereignisse und ein praktischer Eingriff in deren Gang in einem die ganze Welt umfassenden Maßstab und zu Zwecken, die die ganze Welt berühren. Rußland und sein Schicksal bedeuten nur ein Element in diesem gewaltigen historischen Ringen, von dessen Ausgang das Schicksal der Menschheit abhängt.

Der Internationalismus Lenins bedarf keiner besonderen Empfehlung. Dabei ist Lenin selbst in hohem Maße national. Er wurzelt tief in der neuen russischen Geschichte, nimmt sie in sich auf, gibt ihr den prägnantesten Ausdruck und erreicht gerade auf diesem Wege den Gipfel internationalen Wirkens und internationalen Einfluß.

Im ersten Augenblick mag die Charakteristik Lenins als „national" unerwartet erscheinen, und doch ist sie im Grunde genommen etwas ganz Selbstverständliches. Um eine solche in der Geschichte der Völker noch nie dagewesene Umwälzung wie die in Rußland vor sich gehende führen zu können, bedarf es offensichtlich einer unlöslichen organischen Verbindung mit den Grundkräften des Volkslebens, einer Verbindung, die den Tiefen der Wurzeln entstammt.

Lenin verkörpert in sich das russische Proletariat, die junge Klasse, die politisch vielleicht nicht älter ist als Lenin selbst, eine tiefnationale Klasse, denn in ihr findet sich die ganze vorangegangene Entwicklung Rußlands zusammengefaßt, in ihr liegt Rußlands ganze Zukunft, mit ihr lebt und fällt die russische Nation. Das Fehlen von Routine und Schablone, von Falschheit und

Konvention, Entschiedenheit im Denken, Wagemut im Handeln, ein Wagemut, der nie in Unverstand ausartet, kennzeichnet das russische Proletariat und zugleich auch Lenin.

Die Natur des russischen Proletariats, die es gegenwärtig zu der bedeutendsten Kraft in der internationalen Revolution gemacht hat, ist durch den Gang der russischen nationalen Geschichte vorbereitet worden, durch die barbarische Grausamkeit des absoluten Staates, die Bedeutungslosigkeit der bevorzugten Klassen, die fieberhafte Entwicklung des Kapitalismus auf der Hefe der Weltbörse, die Entartung der russischen Bourgeoisie und ihrer Ideologie, die Minderwertigkeit ihrer Politik. Unser „dritter Stand" kannte weder eine Reformation noch eine große Revolution und konnte sie auch nicht kennen. Einen um so umfassenderen Charakter gewannen die revolutionären Aufgaben des Proletariats. Unsere Geschichte hat in der Vergangenheit weder einen Luther, noch einen Thomas Müntzer, weder einen Mirabeau, noch einen Danton oder Robespierre gehabt. Gerade deshalb hat auch das russische Proletariat seinen Lenin. Was an Traditionen gefehlt hat, wurde an revolutionärem Schwung gewonnen.

Lenin spiegelt in sich die russische Arbeiterklasse nicht nur in deren proletarischer Gegenwart, sondern auch in ihrer noch so frischen bäuerlichen Vergangenheit. Dieser Mann, dessen Führerschaft im Proletariat am wenigsten bestritten wird, sieht nicht nur äußerlich einem Bauern ähnlich, sondern hat auch etwas stark Bäuerliches in sich. Vor dem Smolnyinstitut steht das Denkmal eines anderen großen Mannes des Weltproletariats, *Marx*, im schwarzen Gehrock, auf einem Stein. Gewiß ist dies eine Kleinigkeit, aber nicht einmal in Gedanken kann man sich Lenin in einem schwarzen Gehrock vorstellen. Auf einigen Bildern ist Marx in einem breiten, gestärkten Vorhemd abgebildet, auf dem so etwas von der Art eines Monokels baumelt. Daß Marx nicht zur Koketterie neigte, ist allen denen klar, die einen Begriff vom Marxschen Geiste haben. Aber Marx ist auf einem anderen Boden nationaler Kultur aufgewachsen, hat in einer anderen Atmosphäre gelebt, wie auch die führenden Persönlichkeiten der deutschen Arbeiterklasse mit ihren Wurzeln nicht in das Dorf zurückreichen, sondern in das Handwerk und die komplizierte städtische Kultur des Mittelalters.

Auch der Stil von Marx, der reich und schön ist, in dem Kraft und Biegsamkeit, Zorn und Ironie, Rauheit und Eleganz miteinander gepaart sind, verrät die literarischen und ethischen Schichtungen der ganzen vorangegangenen sozialpolitischen deutschen Literatur seit der Reformation und noch weiter zurückreichend. Der literarische und oratorische Stil Lenins ist furchtbar einfach, asketisch wie sein ganzes Wesen. Aber dieses machtvolle Asketentum hat auch nicht den Schatten einer Moralpredigt an sich. Es ist dies kein Prinzip, kein erdachtes System und gewiß schon keine Ziererei, sondern einfach der äußere Ausdruck einer verinnerlichten *Konzentrierung der Kräfte für die Tat.*

Es ist dies eine wirtschaftliche, den Bauern eigentümliche Sachlichkeit, allerdings in einem Riesenmaßstab.

Der ganze Marx ist im „Kommunistischen Manifest", im Vorwort zu seiner „Kritik", im „Kapital" enthalten. Auch wenn er nicht der Gründer der Ersten Internationale gewesen wäre, würde er stets das geblieben sein, was er ist. Lenin dagegen geht ganz in der revolutionären Tat auf. Seine wissenschaftlichen Arbeiten bedeuten nur eine Vorbereitung zur Tat. Hätte er in der Vergangenheit auch nicht ein einziges Buch veröffentlicht, so würde er in der Geschichte dennoch als das erscheinen, was er jetzt ist, als Führer der proletarischen Revolution, als Begründer der Kommunistischen Internationale.

Ein klares, wissenschaftliches System – die materialistische Dialektik – ist notwendig, um Taten von einem solchen historischen Ausmaß verrichten zu können, wie sie zu verrichten Lenin zugefallen sind. Diese materialistische Dialektik ist notwendig, aber nicht genügend. Hier ist noch jene geheime schöpferische Kraft erforderlich, die wir Intuition nennen: die Fähigkeit, Erscheinungen sofort richtig zu erfassen, das Wesentliche und Wichtige vom Unwesentlichen und Unbedeutenden zu trennen, die fehlenden Teile des Bildes sich vorstellen zu können, Gedanken für andere und in erster Linie für die Feinde zu Ende zu denken, dies alles zu einem einheitlichen Ganzen zusammenzufassen und in dem Augenblick, wo die „Stoßformel" in seinem Hirn entsteht, den Schlag zu führen. Es ist dies *die Intuition zur Tat*. Auf der einen Seite fällt sie mit dem zusammen, was wir mit Scharfsinn bezeichnen.

Wenn Lenin, das linke Auge zusammengekniffen, einen Funkspruch entgegennimmt, in dem die Parlamentsrede eines Lenkers der imperialistischen Geschichte oder die fällige diplomatische Note mitgeteilt wird – die Mischung blutgieriger Hinterhältigkeit und polierter Heuchelei –, sieht er einem verteufelt klugen Bauern ähnlich, der sich durch keine Worte irremachen, durch keine Phrasen betören läßt. Es ist dies eine hochpotenzierte, bis zur Genialität gesteigerte Bauernschlauheit, ausgerüstet mit dem letzten Wort des wissenschaftlichen Gedankens.

Das junge russische Proletariat vermochte das zu vollbringen, was nur die Bauernschaft zu vollbringen vermag, die die schwere, unberührte Erdscholle urbar macht. Unsere ganze nationale Vergangenheit hat der

Während einer Sitzung des III. Weltkongresses der
Komintern

Vorbereitung dieser Tatsache gedient. Aber gerade weil das Proletariat durch den Gang der Ereignisse zur Macht gelangte, hat unsere Revolution mit einem Male und radikal die nationale Beschränktheit und provinziale Rückständigkeit der früheren russischen Geschichte zu überwinden vermocht. Sowjetrußland ist nicht nur der Zufluchtsort der Kommunistischen Internationale, sondern auch die lebendige Verkörperung ihres Programms und ihrer Methoden.

Auf den unbekannten, von der Wissenschaft noch nicht erforschten Wegen, auf denen die Persönlichkeit des Menschen ihre Gestaltung erhält, hat Lenin dem Nationalen alles das entnommen, was er für die in der Geschichte der Menschheit gewaltigste revolutionäre Handlung benötigte. Gerade weil die soziale Revolution, die schon lange ihren internationalen theoretischen Ausdruck hat, in Lenin zum ersten Mal ihre nationale Verkörperung findet, wurde er im wahren Sinne des Wortes zum revolutionären Führer des Weltproletariats.

T. Rotstein

Der Schöpfer des Sowjetstaates

Einen hohen Berg kann man nur aus einer gewissen Entfernung mit dem Blick erfassen, und nicht die Zeitgenossen, sondern die Nachkommen sind imstande, die Tiefe eines großen Genies zu begreifen. Das, was Lenin uns vermacht hat, das werden erst die künftigen Generationen seiner ganzen Bedeutung nach einschätzen können. Sowohl sie als auch wir werden noch lange und viel in den Bergwerken seiner Taten und Vermächtnisse graben müssen, und nur langsam wird sich uns ihr großer unerschöpflicher Reichtum erschließen. Jetzt, unmittelbar nach der Stillegung dieser erstaunlichen Tätigkeit des großen Intellekts, des großen Willens und des großen Herzens, können wir, seine bescheidenen Mitkämpfer, nur ahnen, daß mit ihm etwas Gewaltiges, etwas ganz Außerordentliches in der Geschichte dahingegangen ist, etwas, das, für uns nur in allgemeinen groben Zügen erkennbar, voll tiefsten Sinnes ist, dessen wahre Bedeutung nur nach Ablauf einer Reihe von Generationen entziffert werden wird.

Aber sogar in diesen allgemeinen und groben Umrissen erkennen wir etwas Riesenhaftes, Monumentales, das sich bereits vor unseren Augen in der gegenwärtigen Geschichte der Menschheit zu breiten Schichten abgelagert hat, die den Anfang einer neuen Formation bilden. Diese Formation könnte man die Formation der neuen Staatlichkeit, der neuen Form der staatlichen Organisation, einer neuen Gestaltung der staatlichen Gemeinschaft nennen. Ich spreche von der Formation der Sowjetordnung. Alle anderen Leistungen des ungeheuren Intellekts und Willens von Lenin stützen sich auf die Forschungen und Entdeckungen anderer. Größer als die anderen als Revolutionär, größer als alle anderen als praktischer Kommentator der Theorie und Praxis des Marxismus, gehörte er ungeachtet aller seiner Originalität dennoch zu den Nachfolgern der revolutionären und marxistischen Führer; ein Nachfolger, der nur in der historischen Perspektive als eine Erscheinung begriffen werden kann, zu der die vorangegangene Kette von großen und kleinen Geistern geführt hat und führen mußte. Wie Darwin, wie Marx, wie viele andere Schöpfer des Gedankens hatte auch Lenin seine Vorläufer auf dem Gebiete, das ich – Verständnis und Deutung der sozialen Dynamik nennen würde; und sogar auf dem Gebiete der revolutionären Aktion hat er, ungeachtet seiner Überlegenheit und seiner Vorzüge, zweifellos seine Vorgänger gehabt. Aber worin Lenin absolut selbständig ist, worin er durchaus keine Vorläufer hat, und worin also die Originalität seines Denkens und die Gewalt seines Willens in der intensivsten Weise zum Ausdruck kamen, das ist die Schöpfung und die Idee des Sowjetstaates. Wo, bei welchem politischen Denker und Führer finden wir vor ihm diese Idee? Wer hatte auch nur eine Ahnung dieser Idee vor jenem bedeutungsvollen Tage gehabt, der dem Tage seiner Rückkehr nach Rußland im „plombierten" Waggon folgte, und an dem er diese Idee seinen erstaunten Genossen entwickelte? Man hätte wahrlich sagen können, daß dieser Eisenbahnwagen einen Cäsar und eine ungewöhnliche, epochemachende Idee nach Rußland gebracht hat. Auf diesem Gebiete hatte Lenin in der ganzen Geschichte der Menschheit keinen Lehrer gehabt. Dieses Geheimnis hat er unmittelbar der Geschichte und dem Leben abgelauscht. Die Andeutung der Pariser Kommune in Verbindung mit der flüchtigen Episode des Petersburger Arbeiterdeputierten-Sowjets von 1905 lieferte jenes Material, aus dem Lenin seine Idee des Sowjets, als eines Organs des Staates bei der Diktatur des Proletariats, schöpfte und auf den Adlerschwingen seines Genies emporhob. Hatte jemand von uns früher daran gedacht? Haben wir nicht alle, wenn wir uns den Staat der Zukunft vorstellen, an eine Art Parlament gedacht, an ein zentrales gesetzgebendes Organ, das vielleicht „demokratischer", vielleicht vom Referendum unterstützt, vielleicht nur auf die Fragen der „Sachverwaltung" konzentriert sein mochte, das aber dennoch nichts weiter als ein Parlament nach dem Typus und im Geiste der bürgerlichen Parlamente unserer bürgerlichen Epoche war? Mit beispielloser Kraft des politischen Scharfblicks, wie ihn die Geschichte nicht kennt, schuf Lenin in seinem Kopfe den Typus eines anderen Staates, der nicht demokratisch-parlamentarisch, sondern nach dem Sowjetprinzip aufgebaut war, und – dies ist weit wichtiger, denn an Erfindern von staatlichen Systemen hat es seit Platos Zeiten nie gefehlt – er hat diesen Typus eines Staates im Leben realisiert, eines der gewaltigsten Länder der Welt nach diesem Typus umgebaut. Und der Umstand, daß diese Verwirklichung seiner Idee ihm tatsächlich gelungen ist, ist der beste Beweis für die Größe seiner Idee, denn sie erwies sich dadurch nicht als eine utopische Phantasie, als ein abstraktes Schema, sondern als eine, den realen Verhältnissen, den Bedürfnissen Rußlands und den Bedingungen der proletarischen Revolution und der von dieser errichteten proletarischen Diktatur durchaus adäquate Staatsform. Was sage ich: Rußlands? Es genügte, daß die proletarische Revolution ihr Antlitz auch nur einen kurzen Augenblick lang in anderen Ländern enthüllte, damit die Sowjets, als die organisatorischen Träger dieser Revolution, auch dort ins Sein traten. Ich denke hierbei nicht einmal an Sowjetungarn und Sowjetbayern. Selbst die Scheidemannsche Novemberrevolution in Deutschland schien in ihren ersten Stadien, als die Macht in die Hände der Arbeiterklasse gelangte, bereit, die Form der proletarischen Diktatur annehmen und die Organisation des Sowjetsystems verwirklichen zu wollen, wobei sogar die „Unabhängigen" dieses in ihr offizielles Programm aufnahmen. Ja, wir können berichten, daß sogar in England, wo es bis zu einer Revolution überhaupt nicht kam, wo aber die Stimmung der Arbeiterklasse in den ersten Monaten der Demobilisierung sich stellenweise bis zu revolutionären Spannungen steigerte, daß sogar dort die Parole des Sowjets nicht nur als ein Kampfruf ausgegeben wurde, sondern daß es auch nicht an seiner Verwirklichung in gewissen rudimentären Formen (so z. B. in Limerick) fehlte.

Leider hat sich das revolutionäre Element seit jener Zeit beruhigt, es ebbte ab wie nach einer stürmischen Flut, und in ganz Europa sind wir die einzigen geblieben, die eine Sowjetordnung haben. Aber das, was gewesen ist, zeigt uns, daß diese Staatsform nicht etwas ist, das nur für unsere, auf dem Territorium des gegenwärtigen Sowjetbundes lebenden Völker geeignet ist: sie ist jeder *Arbeiterklasse*, unabhängig vom Territorium, eigentümlich, wo diese Klasse in Bewegung kommt, die Macht ergreift und ihre Diktatur errichtet. Es läßt sich schwer sagen, was gewesen wäre, auf welche Weise das zur Herrschaftsstellung gelangte Proletariat die Sowjetidee als eine Form seiner Staatlichkeit gefunden haben würde, wenn Lenin sie nicht in seinem Geiste geschaffen und nicht mit seinen Händen verwirklicht hätte. Angesichts der Lebensfähigkeit dieser Idee läßt sich kaum annehmen, daß sie letzten Endes nicht doch gefunden worden wäre. Das eine unterliegt aber schon jetzt nicht dem geringsten Zweifel: wo und wann die Arbeiterklasse auch die Macht erringen mag – sie wird nicht mehr unherirren, nicht mehr versuchen, das bourgeoise Parlament ihren Zwecken anzupassen, sondern sie wird direkt mit der Verwirklichung der Sowjets beginnen. Somit hat Lenin etwas geschaffen, das nicht nur national, sondern das universell ist: mit einer in der ganzen Geschichte der Menschheit unerhörten Tollkühnheit und Kraft packte er den ganzen Erdball, brachte ihn in eine neue Bahn und gab ihm eine Bewegung in der Richtung zur Sowjetordnung. Was auf dem Gebiete des Wechsels der typischen Staatsformen bisher nur von blinden, im Laufe von Jahrhunderten wirkenden Elementarkräften geschaffen wurde – wir können doch sicher nicht die parlamentarische Staatsform z. B. Simon de Montfort zuschreiben, der im 13. Jahrhundert dem englischen König Johann ohne Land den Rat der Vertreter der Stände aufzwang –, das geschah jetzt vor unseren Augen und war das Werk eines Menschen, der mit schier übernatürlichem, fast erschreckendem Scharfblick den geheimsten Gedanken der Geschichte erfaßt und ihn in lebendiges Fleisch und Blut verwandelte, ehe die Menschheit Zeit gefunden hatte, sich von ihrem Staunen und Schrecken zu erholen. Einen solchen Menschen, einen Demiurg im buchstäblichen Sinne des Wortes, einen Schöpfer einer neuen Welt, gab es, wie mir scheint, bisher nicht: Lenin ist ein ganz einzigartiger Mensch, der Größte unter den Großen.

G. Tschitscherin
Lenin und die Außenpolitik

Die Zeit ist noch nicht gekommen, die Außenpolitik von Wladimir Iljitsch in Form eines geschlossenen Systems darzustellen. Es ist schon lange von allen anerkannt, daß die Sowjetrepublik ein einheitlich ausgearbeitetes System der Außenpolitik besitzt. Und diese bedeutet eine noch weit neuere Errungenschaft als das Sowjetsystem der Innenpolitik. Vor der Oktoberrevolution ist niemals der Versuch gemacht worden, die Außenpolitik eines von kapitalistischen Staaten umgebenden sozialistischen Staates programmatisch festzulegen. Aber auch Wladimir Iljitsch selbst hat niemals die gesamte Außenpolitik der Sowjetrepublik in systematisch ausgearbeiteter Form dargestellt. Ihre Einheitlichkeit und Geschlossenheit bestand nur in seinem Kopfe. Seine Ansichten auf diesem Gebiete brachte er in zahllosen konkreten Fällen und in den Grenzen derselben zum Ausdruck. Nur einige allgemeine Prinzipien, nur einige grundlegende Konzeptionen seiner Außenpolitik hat er in allgemeiner Form dargelegt. In einer späteren Zeit erst, wenn das gesamte Material unserer Außenpolitik in der Periode, da er sie leitete, gesammelt und systematisiert sein wird und wenn eine Reihe von aktuellen Fragen unserer Tage der Geschichte angehören werden, wird es möglich sein, ein geschlossenes System der Außenpolitik der Sowjetrepublik so rekonstruieren zu können, wie sie von Wladimir Iljitsch aufgefaßt wurde.

In jener Periode, da Wladimir Iljitsch an allen Einzelheiten den aktivsten Anteil nahm, stand ich im Bereich meiner Tätigkeit in fortwährendem Kontakt mit ihm. In den ersten Jahren des Bestehens unserer Republik sprachen wir täglich einige Male telefonisch miteinander, und diese telefonischen Gespräche zogen sich oft sehr in die Länge; bei persönlichen Unterhaltungen wurden oft alle Details der laufenden diplomatischen Angelegenheiten besprochen. Das Wesen eines jeden Problems sofort erfassend und es in helles politisches Licht setzend, gab Wladimir Iljitsch in diesen Unterhaltungen stets eine glänzende Analyse der diplomatischen Lage, und seine Ratschläge (häufig entwarf er auch den Text für die Antwort an eine andere Regierung) waren ein Muster der diplomatischen Kunst und Elastizität.

Mein erster Kontakt mit ihm auf dem Gebiete der Außenpolitik fiel in die Periode der Debatten nach dem deutschen Ultimatum. Uns allen war der Übergang von der früheren, mit der illegalen Tätigkeit der revolutionären Partei verbundenen Ansichten zu dem politischen Realismus einer an der Macht stehenden Regierung außerordentlich schwierig, und im Augenblick meines ersten Gesprächs mit Wladimir Iljitsch war ich noch nicht so weit, mich der Notwendigkeit der Unterzeichnung des „gemeinen" Friedens mit den Deutschen zu fügen. Indessen vollzog ich diese Wendung doch, und ich fuhr nach Brest-Litowsk. Als wir eine der letzten Stationen vor Pskow erreichten, waren wir gezwungen, infolge der durch die zurückflutende zaristische Armee entstandenen Schwierigkeiten fast 24 Stunden zu warten. Hier erhielten wir nun von Wladimir Iljitsch ein Telegramm, dessen Inhalt ungefähr folgender war: „Sie schwanken. Das geht nicht." Wir antworteten ihm, daß wir gegen unseren Willen aufgehalten seien und daß wir bei der ersten Möglichkeit weiterreisen würden.

Wir kamen von Brest zurück im Augenblick der Abreise der Regierung von Petrograd (jetzt – Leningrad) nach Moskau. Hier in Moskau trat ich sofort mit Wladimir Iljitsch in engste Berührung und arbeitete bis zum Tage des gegen ihn verübten Attentats eigentlich immer mit ihm zusammen. Sein unvergleichlicher politischer Realismus bewahrte uns oft vor Fehlern, die andere, Eindrücken leicht unterliegende Genossen oft begingen. Nach dem Brester Frieden drangen die deutschen Truppen, ohne sich um die Demarkationslinie zu kümmern, immer weiter vor, vor allem in der Ukraine, die noch keine festgelegte Grenzen hatte, da die deutschen Truppen die Gouvernementsgrenzen nicht anerkannten. Dank des persönlichen Eingriffs Wladimir Iljitschs wurden einige Aktionen verhütet, die von der Panikstimmung oder der Verzweiflung eingegeben waren. Statt dessen wandte sich unsere Regierung, dem Rate Lenins folgend, an die deutsche mit dem Hinweis auf die entstandene unerträgliche Lage und mit dem Anerbieten neuer Verhandlungen. So wurde der Anfang gemacht zu jenen Verhandlungen, die im August mit einem Ergänzungsabkommen mit Deutschland schlossen und zu der Räumung der von den Deutschen besetzten Gebiete führten. Wladimir Iljitsch verfolgte aufmerksam den Verlauf dieser Verhandlungen, wobei er zeitweilige Zugeständnisse mit einer Festigkeit in jenen Fällen zu verbinden wußte, wo es galt, den übertriebenen Forderungen der Gegenseite ein Ende zu machen.

Der Aufenthalt des Grafen Mirbach, dieses Vertreters der siegreichen Kriegsmonarchie in Moskau, in dieser revolutionären Hauptstadt führte begreiflicherweise zu steten Schwierigkeiten und oft schier ausweglosen Situationen. Wladimir Iljitsch bewies bei der Lösung dieser steten Schwierigkeiten denselben unnach-

Lenin spricht (III. Weltkongreß der Komintern)

Während einer Sitzung des III. Weltkongresses der Komintern

ahmlichen politischen Realismus, der ihn veranlaßt hatte, den Brester Frieden zu unterschreiben. Aber der Tatsache unserer schweren Lage und der Notwendigkeit von Zugeständnissen stets Rechnung tragend, achtete Wladimir Iljitsch stets darauf, daß die Würde unseres Staates gewahrt blieb, und er verstand es, jene Grenze zu finden, wo feste Unnachgiebigkeit gezeigt werden mußte. „Diese Forderung ist unsinnig, wir brauchen sie nicht zu erfüllen", erklärte er zuweilen. Es gab unter anderem häufige Meinungsverschiedenheiten bei den Verhandlungen über den Austausch der Kriegsgefangenen. Wladimir Iljitsch beschäftigte sich persönlich mit allen Einzelheiten dieser Verhandlungen und setzte die Grenzen für unsere Nachgiebigkeit fest.

Den schwersten Augenblick brachte der Mord an den Grafen Mirbach, als man von seiten der deutschen Kriegspartei einen sofortigen Übergang zum Angriff befürchten mußte. Damals hatte ich einige lange Gespräche mit Wladimir Iljitsch. Er schätzte durchaus richtig jene Schwierigkeiten ein, die für Deutschland mit einem Angriff auf Moskau verbunden waren, und hielt es für notwendig, die Forderung der deutschen Regierung – bewaffnete Kräfte in Moskau zu stationieren – abzulehnen. Mit der größten Ruhe erwartete Wladimir Iljitsch das Ergebnis unserer Antwort. Sein Instinkt hat ihn nicht getrügt, und das erreichte Kompromiß entsprach durchaus der Auffassung, die er in Gesprächen mit mir bei der Einschätzung der Lage geäußert hat.

Als im August die Entente schon faktisch Krieg gegen uns führte, indem sie Archangelsk besetzte und von dort nach Süden vordrang, im Osten mit Hilfe der Tschechoslowaken vorstieß und im Süden die „freiwillige Armee" Alexejews dirigierte, machte Wladimir Iljitsch den Versuch, den Antagonismus der beiden kämpfenden imperialistischen Koalitionen zum Zwekke der Schwächung des Angriffs der Entente auszunützen. Nach eingehender Beratung mit Wladimir Iljitsch fuhr ich persönlich zu dem neuen deutschen Botschafter Helfferich, um mit ihm über ein gemeinsames Vorgehen gegen Alexejew im Süden und über die Möglichkeit der Entsendung eines deutschen Truppenteils gegen die Ententetruppen am Weißen Meer zu verhandeln. Die weitere Entwicklung dieses Plans wurde durch die plötzliche Abreise Helfferichs unterbrochen.

Das Hauptmittel unseres diplomatischen Vorgehens in Berlin in dieser schwierigsten Periode bestand in der Gewinnung der deutschen Handelskreise für die ökonomische Zusammenarbeit mit der Sowjetrepublik. Genosse Joffe, der diese Politik glänzend durchführte, wies die deutschen Handelskreise darauf hin, daß, wenn sie Rußland zu einer zweiten Ukraine machten, sie dieses Land in eine Wüste verwandeln und sich jener Vorteile berauben würden, die ihnen aus der ökonomischen Zusammenarbeit mit dem neu erstehenden Sowjetrußland erwachsen könnten. Im Zusammenhang damit formulierte Wladimir Iljitsch zum ersten Male konkret seine Pläne der Heranziehung des ausländischen Kapitals und der diesem zu gewährenden großen Konzessionen. Ich habe über dieses Thema eine Reihe von außerordentlich interessanten Gesprächen mit Wladimir Iljitsch gehabt. Endlich wurde der Plan der Gewährung russischer Konzessionen an das ausländische Kapital (dieser Plan wurde, glaube ich, vom Genossen Bronsky ausgearbeitet) gleichzeitig der deutschen Regierung und unserem amerikanischen Freunde, Oberst Raymond Robbins, eingehändigt; der letztgenannte nahm ihn mit nach Amerika.

Die außerordentliche Schwierigkeit unserer Lage in dieser ersten Periode hing hauptsächlich damit zu-

sammen, daß einerseits der siegreiche deutsche Imperialismus und andererseits die immer anspruchsvoller
werdende Entente auf uns drückten. Ich erinnere mich
an den Besuch der Ententevertreter anläßlich der Be-
setzung Wladiwostoks durch die Japaner. Wladimir Iljitsch empfahl mir damals auf das eingehendste eine
halb diplomatische, halb sarkastische Antwort auf die
heuchlerische Erklärung der mit ihrer Intervention be-
ginnenden Entente. Unsere Hauptsorge war damals,
die uns gewährte Atempause nach Möglichkeit zu verlängern und die zu erwartenden Schritte der Entente
gegen uns hinauszuschieben. Bei meinen fortwährenden Verständigungsversuchen mit der Entente, die sogar im Falle des Mißlingens den uns drohenden Bruch
hinausschieben konnten, gab mir Wladimir Iljitsch bei
unseren täglichen telefonischen Gesprächen die genauesten Ratschläge und bewies dabei eine erstaunliche Elastizität und die Fähigkeit, den Stößen des Gegners auszuweichen. Auch hier gelang es wieder, dank
seinem persönlichen Eingriff, die entstehenden scharfen Ecken abzurunden. Als wir nach dem bekannten In-
terview des französischen Botschafters Noulens über
die künftige Intervention dessen Abberufung forderten
und erklärten, daß wir ihn als Privatperson betrachte-
ten, unternahmen wir anfangs eine ganze Reihe von
Repressalien gegen ihn, indem wir ihm die Korrespon-
denz entzogen usw. Aber es stellte sich bald heraus,
daß wir auf diese Weise jene Ruhepause gefährdeten,
die wir auf jede Weise zu verlängern suchten. Wladimir
Iljitsch mischte sich sofort ein und veranlaßte, daß alle
überflüssigen Repressalien, die für uns von uner-
wünschten Folgen sein konnten, eingestellt wurden. Ich
hatte – wiederum nach außerordentlich interessanten
Rücksprachen mit Lenin – eine längere Zusammenkunft mit dem Chef der französischen Kriegsmission,

General Laverne, mit dem wir uns vergeblich zu verständigen suchten. Frankreich, das im verzweifelten Ringkampf mit Deutschland seine letzten Kräfte anspannte, wollte die Ostfront gegen Deutschland um jeden Preis wiederherstellen, und alle meine in Gesprächen mit Laverne und bei anderen Gelegenheiten vorgebrachten Hinweise auf die Unmöglichkeit für uns, den Kampf wieder aufzunehmen, hatten nur zur Folge, daß die Entente neue Versuche machte, die Ostfront gegen Deutschland, wenn es sein mußte, auf unsere Kosten, wiederherzustellen. Bei unseren Unterhaltungen öffnete Wladimir Iljitsch mir die Augen über die ungeheure Bedeutung Frankreichs für die kontinentale Kriegspolitik. Ich erinnere mich besonders lebhaft an das Interesse, das Wladimir Iljitsch dem Besuche des Marquis Lubersaque (dessen Verwandter im Jahre 1922 das bekannte Abkommen mit Stinnes getroffen hat) entgegenbrachte. Dieser junge französische Offizier äußerte seine Begeisterung über die von ihm gesehenen ersten Anfänge einer neuen russischen Volksarmee, d.h., der Roten Armee. Gleichzeitig damit verfolgte Wladimir Iljitsch auf die aufmerksamste Weise unsere Versuche, uns mit England durch den speziell zu diesem Zweck nach Rußland gesandten Lokhard zu verständigen. Eine Zeitlang schien eine solche Verständigung möglich, bis die Meuterei der Tschechoslowaken die englische Politik zu einer aktiven Intervention drängte. In einer Unterhaltung mit mir sagte Wladimir Iljitsch voraus, daß England sich bemühen werde, sich mit den anderen Saaten der Reihe nach gegen uns zu verständigen. Ich antwortete, daß England versuchen würde, auch mit uns eine Verständigung herzustellen. „Mit uns – zu allerletzt, nach den anderen", antwortete Wladimir Iljitsch.

Sobald die Entente anfing, uns offen anzugreifen

und ihren Angriff mit konspirativer Arbeit und mit Versuchen verband, in unserem eigenen Lande Aufstände herbeizuführen, hielt es Wladimir Iljitsch für notwendig, mit einer Reihe von energischen Schlägen darauf zu antworten. In solchen Augenblicken brauchte man keine Elastizität, sondern eine sofortige Anwendung von Gewalt. Aber auch in solchen Augenblicken der Massenverhaftungen usw. wandte Wladimir Iljitsch dort, wo es nötig war, eine elastische Behandlung der Fragen an, um unnütze Komplikationen zu verhindern. Die in Wologda sitzenden Ententebotschafter überzeugten wir von der Notwendigkeit, das Land zu verlassen, indem wir ihnen zunächst vorschlugen, nach Moskau überzusiedeln, was sie aber entschieden ablehnten. Das Ergebnis davon war, daß ihre Abreise aus Rußland auf die korrekteste Weise zustande kam, was uns den weiteren Verkehr mit ihren Staaten sehr erleichtert hat. Gerade in dieser Zeit der stärksten Spannung mit der Entente bestand Wladimir Iljitsch auf der Notwendigkeit, der Entente friedliche Vorschläge zu machen. Zum ersten Mal fragten wir in England durch den amerikanischen Konsul Poole an, was es eigentlich von uns wolle. Ferner sandten wir England ein offizielles Friedensangebot durch den uns befreundeten Sekretär der norwegischen Vertretung, Christiansen. Im Augenblick des Zusammenbruchs des Deutschen Reiches war es der erste Entschluß Wladimir Iljitschs, dem deutschen Volke zur Führung eines Volkskrieges gegen das Eindringen des ausländischen Imperialismus Hilfe anzubieten. Aber die deutsche Republik ging einen anderen Weg. Sobald ich Wladimir Iljitsch den Telegrafenstreifen meines direkten Gespräches mit Haase vorlas, sagte er: „Es kommt nichts dabei heraus, wir müssen die Sache aufgeben." Die Entente forderte damals, daß die deutschen Truppen an ihren Standorten bis zur Ankunft

Meeting

der Ententetruppen bleiben sollten, um diesen die Gewalt zu übergeben. Indem sie den Beschluß der Entente durchführte, beteiligte sich die Deutsche Republik aktiv an der Vorbereitung der Intervention gegen uns. Das war die Politik Haases und Kautskys. Die deutschen Truppen jedoch kümmerten sich nicht mehr um die Befehle ihrer Obrigkeit und zogen heimwärts.

Parallel mit dem Abzug der deutschen Truppen bildeten sich die nationalen Sowjetrepubliken. Hierbei kam das nationale Programm von Lenin zum ersten Mal zur Durchführung. Es hat einen großen Einfluß auf unsere Gegner gehabt, die von da ab zu schwanken begannen zwischen der Unterstützung eines „einheitlichen untrennbaren" weißgardistischen Rußlands und der Entwicklung der gegenrevolutionären Bewegung bei den kleinen Nationen. Dieser innere Gegensatz der Ententepolitik, zumal der französischen, war für unsere Feinde von verhängnisvollen Folgen.

Während der ganzen Periode der Intervention bestand Wladimir Iljitsch darauf, daß wir unseren Gegnern Friedensvorschläge machten. Er fürchtete durchaus nicht, dadurch den Eindruck der Schwäche hervorzurufen. Er hielt es im Gegenteil für eins der stärksten Mittel, einen Druck auf den kampflustigen Interventionsgeist in den Ländern der Entente auszuüben.

Als die ersten Nachrichten über die bevorstehende Einladung zu der Konferenz auf den Prinzeninseln eintrafen, hielt es Wladimir Iljitsch sofort für notwendig, ohne erst die Einladung abzuwarten, unsere eigenen Vorschläge an die Entente zu richten. Hierbei kam zum ersten Male sein Gedanke klar zum Ausdruck: an den ökonomischen Vorteil der Entente zu appellieren. Dieser Gedanke wurde einer der grundlegendsten in der äußeren Politik Wladimir Iljitschs, und er erfuhr nach und nach eine immer größere Entwicklung. In der Note vom 4. Februar 1919, die ein Ergebnis einer eingehenden Erörterung dieser Frage mit Wladimir Iljitsch war, erklärten wir uns zum ersten Mal bereit, unsere Schulden anzuerkennen, wobei die Art der Durchführung dieser Schuldenanerkennung aber offen blieb; in dieser Note wurde der Entente auch ein System von Konzessionen auf unsere Bodenschätze unterbreitet. Die fernere Entwicklung erfuhr dieses Programm in unseren, dem amerikanischen Emissär Bullit eingehändigten Vorschlägen. Jedes Wort dieses Programms wurde von Wladimir Iljitsch sorgfältig erwogen; es wurde auch ein Termin festgesetzt, nach dessen Ablauf diese Vorschläge außer Kraft traten. Wladimir Iljitsch sagte damals: „Wenn sie unsere Vorschläge jetzt nicht annehmen, dann werden sie später diese vorteilhaften Bedingungen nicht mehr erhalten."

Es vergingen einige Monate, und wir richteten an unsere Nachbarn, an die neugebildeten bürgerlichen baltischen Staaten neue Friedensvorschläge. Auch hieran nahm Wladimir Iljitsch den regsten Anteil. Dadurch wurde unsere Anerkennung der Sowjetregierungen dieser Nationalitäten ein Ende gemacht. Das war wiederum ein Wendepunkt unserer Außenpolitik, bei dem das unerhörte Anpassungsvermögen und der politische Realismus von Lenin in ihrer ganzen Genialität zum Ausdruck kamen. Wir mußten mit der Tatsache rechnen, daß in unserer Nachbarschaft sich bürgerliche nationale Republiken gebildet hatten. Und Wladimir Iljitsch legte fest und klar den Anfang für eine Politik des Friedens und der freundschaftlichen Beziehungen zu unseren Nachbarn. Estland war der erste Staat, der mit uns einen Waffenstillstand und dann einen Vertrag abschloß. Ich erinnere mich, mit welcher Aufmerksamkeit Wladimir Iljitsch alle Details der Verhandlungen folgte, wie er jeden unnötigen Widerstand beseitigte und einerseits wesentliche Zugeständnisse um des Friedens willen machte, andererseits aber alle übertriebenen Forderungen der Gegenseite entschieden zurückwies. So bestand er z. B. im Jahre 1920, als die anderen Genossen schwankten, auf dem Verzicht Finnlands und des Petschenga-Gebiets.

Gegen Ende 1919 beginnt die Periode, in der die Beziehungen zu den großen Staaten der Entente aufgenommen werden. Genosse Litwinow reist im November nach Kopenhagen, während Genosse Krassin Anfang 1920 nach London fährt. Aufmerksam darüber wachend, daß die Gegenseite uns keinerlei Fallen stelle, und jeden Vorschlag auf das genaueste prüfend, verfolgte Wladimir Iljitsch im großen und ganzen eine Politik des Handelsvertrages mit England. Als Genosse Krassin im Sommer 1920 mit den bekannten vier Bedingungen Lloyd Georges aus London zurückkam, bestand Wladimir Iljitsch im wesentlichen auf deren Annahme als Grundlagen für weitere Verhandlungen. Im Augenblick des Vordringens unserer Truppen gegen Warschau verhielt sich Wladimir Iljitsch sehr kühl zu dem Ultimatum Lloyd Georges, da er der Ansicht war, daß dieser nicht imstande sei, uns einen wesentlichen Schaden zuzufügen. Gerade in dieser Periode hatte ich eine Reihe außerordentlich interessanter Besprechungen mit Wladimir Iljitsch, und zwar im Zusammenhange mit dem englischen Vorschlage einer Konferenz, der dann zu einem englisch-französischen Vorschlage wurde. Frankreich nahm eine Zeitlang (bis zur plötzlichen Anerkennung Wrangels) eine recht gemäßigte Haltung uns gegenüber ein und war zu der Konferenz mit England bereit. Wladimir Iljitsch erkannte die ungeheuren Vorteile eines solchen Vorschlages für uns; indessen gab es hier ein großes „aber": diese Konferenz sollte auch die Beziehungen zwischen uns und den baltischen

Staaten erörtern. Mit anderen Worten, die Entente maß sich die Rolle des obersten Schiedsrichters auf dem Gebiete unserer Beziehungen zu unseren Nachbarn an. Es war daher vollkommen richtig, daß wir auf die englisch-französische Konferenz verzichteten. Damals verfolgte Wladimir Iljitsch mit dem größten Interesse auch die ersten Versuche, mit dem deutschen Kapital eine wirtschaftliche Zusammenarbeit zu ermöglichen.

Bei Beginn unserer Verhandlungen mit Polen war es Wladimir Iljitschs glänzender Gedanke, Polen ein größeres Territorium anzubieten, als ihm von Clemenceau und Curzon angeboten wurde. Und während der Verhandlungen in Riga erörterte Wladimir Iljitsch telefonisch alle Vorschläge, die uns gemacht wurden, und bestand schließlich auf der Unterzeichnung des Vertrages in seiner gegenwärtigen Form.

Es braucht nicht gesagt zu werden, mit welch ungeheurem Interesse Wladimir Iljitsch jeden Schritt unserer östlichen Politik verfolgte. Ich erinnere mich an seine lange Unterhaltung mit der ersten afghanistanischen außerordentlichen Mission. Ich erinnere mich ferner, mit welcher Aufmerksamkeit Wladimir Iljitsch während der Moskauer Konferenz mit der Türkei sich jeden Abend bei mir erkundigte, was im Laufe des Tages geschehen war, und mit welch lebhaftem Interesse er den Verlauf dieser Verhandlungen später verfolgt hat. Er trat entschieden für ein freundschaftliches Verhältnis zu der persischen Regierung ein.

Der Unterzeichnung unseres vorläufigen Abkommens mit England im Jahre 1921 ging eine lange Erörterung dieser Frage voraus. Wladimir Iljitsch bestand kategorisch auf der Unterzeichnung. Im Jahre 1921 wurde seine persönliche Teilnahme an den Angelegenheiten der Außenpolitik bedeutend geringer. Es trat statt dessen eine Kollektiverörterung ein, wobei Wladimir Iljitsch weit weniger als früher die Einzelheiten der Probleme verfolgte. Einen sehr lebhaften Anteil nahm er übrigens an den Verhandlungen mit der „Ara" („Amerikanischen Hungerhilfe") und mit Nansen über die Hilfsaktion zugunsten der Hungernden.

Obwohl Wladimir Iljitsch den Winter 1921/22 meist außerhalb der Stadt verbrachte, so nahm er doch an den mit der Einberufung der Genuakonferenz verbundenen Fragen lebhaften Anteil. Aus diesem Anlaß hat er eine Reihe von Instruktionen geschrieben, und der allgemeine Inhalt unseres Vorgehens in Genua entsprach durchaus diesen seinen persönlichen Instruktionen. Auf seine Initiative ist auch der Gedanke zurückzuführen, die Lösung der Schuldenfrage mit der Kreditgewährung an Rußland zu verknüpfen. Als wir vor unserer Abreise nach Genua den Text unserer Rede bei der Eröffnung der Konferenz erwogen und als dabei von mancher Seite pathetische Anklagen im Geiste unseres früheren Auftretens für den Text der Rede vorgeschlagen wurden, schrieb Wladimir Iljitsch etwa folgendes auf einen Zettel: „Nur keine schrecklichen Worte."

Nach meiner Rückkehr aus dem Auslande im Herbst 1922 verbrachte ich in Moskau sechs Wochen. Im Vordergrund stand das türkische Problem, man bereitete sich auf die Konferenz von Lausanne vor. Unter Wladimir Iljitschs lebhafter Teilnahme wurde jenes Programm erwogen und angenommen, das wir in Lausanne vertraten. Das war sein letzter großer Beitrag hinsichtlich unserer internationalen Politik. Die Erörterung der Meerengenfrage war die letzte, die ich mit Wladimir Iljitsch hatte. Es war auch mein letztes Zusammentreffen mit ihm.

■ ■ ■

W. Miljutin

Lenin auf ökonomischem Gebiet

1. Lenin als Praktiker

Lenin vereinte in seiner Person den gründlichen Theoretiker und den großen Praktiker im weitesten Sinne dieses Wortes.

In unserer schwersten Epoche, der Übergangsepoche, stand an der Spitze der Weltbewegung des Proletariats als Führer der sozialen Weltrevolution ein Mann, der wie sonst niemand über das moderne Rüstzeug der Wissenschaft verfügte, der die Methode des Marxismus vollkommen beherrschte und zugleich die Millionenmassen zu lenken und zu leiten verstand, und der jede Frage praktisch zu behandeln und zu verwirklichen, sie mit unerschütterlicher Entschlossenheit und Beharrlichkeit lebendig zu gestalten wußte.

Für ihn waren Theorie und lebendige Tätigkeit unzertrennlich miteinander verknüpft.

„Für uns", sagte er in einer seiner Reden, *„ist die Theorie die Begründung der Handlungen, die wir unternehmen."*

Dieser eine Satz beleuchtet klar den Charakter aller seiner wissenschaftlich-literarischen Arbeiten. Aus ihnen sprudelt immer die lebendige Wirklichkeit gleich einem Quell, und sie sind, was für eine Frage sie auch immer behandeln mögen – ob Agrarfrage, nationale Frage, Philosophie, internationale Probleme usw. –, stets vom revolutionären Feuer des Kampfes durchdrungen.

Daneben ist an seinen wissenschaftlichen Arbeiten die Unmenge tatsächlichen Materials erstaunlich. Durchweg sammelt er sorgfältig das detaillierteste Zahlenmaterial für die Erhärtung seiner Schlüsse und Thesen. Die Genossen, die mit Lenin zusammen arbeiteten, wissen sehr gut, mit welcher Sorgfalt er das für ihn erforderliche Material sammelte. Schon schwer leidend, bereitete er das Material zur Frage der wissenschaftlichen Organisation der Arbeit vor und verlangte die Aufstellung einer möglichst ausführlichen Liste der Bücher und Artikel, die sowohl in Rußland als auch im Auslande über diese Frage erschienen waren. Dank diesem Umstande war auch seine praktische Tätigkeit im Grunde genommen stets *außerordentlich prinzipiell und begründet.*

Er hat es verstanden, den Marxismus wirklich in der Praxis anzuwenden.

Ein *charakteristischer Zug* an ihm als Praktiker war, daß er *jede Aufgabe auf eine breite Basis stellte.* Er verstand es, hinter jeder beliebigen Einzelheit die allgemeine Gesetzmäßigkeit zu erblicken und jede beliebige Frage vom Gesichtspunkt der allgemeinen Entwicklung zu beleuchten.

In dieser Hinsicht sind sowohl seine Theorie als auch seine Praxis in den internationalen Fragen, in der Agrarfrage, der nationalen Frage und schließlich in der neuen ökonomischen Politik klassische Beispiele.

Ein *zweiter* charakteristischer Zug an ihm als Praktiker war die *sachliche Berücksichtigung der realen Wirklichkeit.* Schärfsten Spott hatte er für die „Phantasien" der Genossen, die bei ihren Vorschlägen nicht die konkreten Bedingungen berücksichtigten.

Bei der Berücksichtigung der realen Verhältnisse war ihm ein außerordentlich entwickeltes Empfinden für die *Stimmung der Massen,* für die *Bewegung von*

Millionen behilflich. Darum sprach er besonders gern mit dem Mann aus der Masse und mit dem Provinzler und verlangte, daß man sie zu ihm führe.

Ein *dritter* charakteristischer Zug war die *Entschlossenheit und Beharrlichkeit in der Verwirklichung der einmal gestellten und bewußt erkannten Aufgaben.* Schwanken, Unentschlossenheit und Nachlässigkeit konnte er nicht leiden.

In den schweren Jahren des Bürgerkrieges unterstützte er mit größter Energie und Entschlossenheit die Diktatur des Volkskommissariats für Verpflegung und bekämpfte unsere vom Obersten Volkswirtschaftsrat ausgehenden „freihändlerischen" Versuche. Umgekehrt ging er – zur Zeit der „NÖP" – ebenso energisch an die Einschränkung des Volkskommissariats für Verpflegung, an die Entwicklung der Freihandelsbeziehungen und lobte, wie ich mich erinnere, im besonderen den Genossen Badajew als den ersten erfolgreichen Petersburger Kaufmann.

Ein *vierter* charakteristischer Zug ist *die Fähigkeit, seine nächsten Mitarbeiter auszuwählen, zu organisieren und zu erziehen.* Genosse Lenin hat stets genau darauf geachtet, *wie ein jeder* seine Arbeit ausführte. Er war trotz seiner über den Durchschnitt hinausragenden Fähigkeiten und Kräfte ein richtiger kollegialer Arbeiter. Er verstand es, einen Menschen, statt gezwungen, aus sich selbst heraus arbeiten zu lassen.

Ein fünfter Zug schließlich war es, daß er sich über die geleistete Arbeit klare und mutige Rechenschaft abgab.

Er wies stets mit voller Offenheit auf die begangenen Fehler hin. So war es im Laufe all der Jahre seiner Arbeit. Zugleich aber ließ er auch die Erfolge und Resultate nicht aus dem Auge und berücksichtigte sie genau. Ihm fehlte jeder blinde Optimismus, aber er ver-

143

fiel bei Mißerfolgen auch nicht in ausweglosen Pessimismus.

Das sind die Hauptzüge Lenins in seiner Eigenschaft als Praktiker. Es sind natürlich lange nicht alle. Doch erscheinen sie uns als die für ihn charakteristischsten.

Diese Züge traten mit voller Deutlichkeit auf dem Gebiete zutage, das uns am nächsten steht – auf dem ökonomischen Gebiet und im besonderen auf dem Gebiete der Organisation und Verwaltung unserer Industrie.

Über die Tätigkeit des Genossen Lenin auf dem ökonomischen Gebiet schreiben heißt von der gegenwärtigen Ökonomik sowohl auf dem Gebiete der Theorie als auch auf dem Gebiete der Praxis schreiben. Sowohl hier wie dort hat er neue Wege gebahnt und ungeheure Arbeit geleistet, deren volle Bedeutung im Laufe der Zeit immer stärker zu Tage treten wird.

2. Lenin als Leiter der ökonomischen Politik

Auf dem Gebiet der ökonomischen Politik hatte Lenin eine feste Richtung, die er einhielt, unter geschickter Berücksichtigung der komplizierten Verflechtungen der gegebenen Verhältnisse.

Manche meinen, daß Lenin die neue ökonomische Politik nicht vorausgesehen habe und zu ihr durch die schweren Verhältnisse, die im Jahre 1921 eintraten, gezwungen worden sei.

Wenn man aber die Artikel und Reden Lenins von 1917 bis 1923 studiert, so sieht man, daß er mit der ihm eigenen Konsequenz eine bestimmte ökonomische Politik betrieb, die durch die Verhältnisse der Ökonomik der Übergangszeit, über die er sich in seinen Artikeln und Reden der Jahre 1917–1918 ganz genau und klar geäußert hat und sich auch später noch mehrfach äußerte, bestimmt war.

Lenin ging von der Bewertung der allgemeinen Lage auf dem Gebiet der ökonomischen Verhältnisse in der Übergangsepoche aus, indem er eine konkrete ökonomische Politik aufbaute und sie durch die Praxis und durch das Studium dieser Praxis nachprüfte.

„Wir müssen arbeiten lernen und werden es lernen", das ist das Motiv, das viele Male in seinen Reden und Gesprächen ertönt.

„Die Ökonomik Rußlands", sagte er noch 1919, „in der Epoche der Diktatur des Proletariats stellt die ersten Schritte des Kampfes des im Einheitsmaßstab kommunistisch geeinigten Arbeitsstaates gegen die Kleinproduktion von Waren dar, während zugleich auf der Basis desselben der Kapitalismus erhalten geblieben ist und sich erneuert.

Die Arbeit ist in Rußland insofern kommunistisch geeinigt, als erstens das Privateigentum an Produktionsmitteln aufgehoben ist und als zweitens die proletarische Staatsmacht die Großproduktion auch in den Staatsunternehmen im gesamtnationalen Maßstab organisiert, die Arbeitskräfte auf die verschiedenen Wirtschaftszweige und Unternehmen verteilt und die großen Mengen der dem Staat gehörenden Konsumartikel unter die Werktätigen verteilt."

Wir sprechen von den „ersten Schritten" des Kommunismus in Rußland (wie hiervon auch unser Parteiprogramm spricht, das im März 1919 angenommen wurde), denn all diese Bedingungen sind bei uns nur teilweise verwirklicht oder, mit anderen Worten, „die Verwirklichung dieser Bedingungen befindet sich erst im Anfangsstadium".

Die Hauptformen der gesellschaftlichen Wirtschaft in der Übergangsepoche sind der Kapitalismus, die Kleinproduktion von Waren und der Kommunismus, während die Hauptkräfte die Bourgeoisie, die Kleinbourgeoisie und im besonderen die Bauernschaft und das Proletariat sind.

Indem Lenin diese Verschiedenartigkeit der Formen der gesellschaftlichen Wirtschaft in der Übergangsepoche und das Wechselverhältnis der Hauptkräfte berücksichtigte, bestimmte er die ökonomische Politik sowohl in der Epoche des Kriegskommunismus als auch in der Epoche der neuen ökonomischen Politik.

In der Epoche des Kriegskommunismus – Nationalisierung der Produktionsmittel, Registrierung, Kontrolle, Konzentration der Nahrungsmittelvorräte in den Händen des Staates als Hauptaufgaben.

In der Epoche der neuen ökonomischen Politik – Zusammenschluß der nationalisierten Industrie mit der Landwirtschaft, Entfaltung des Marktes, Zusammenschluß der Arbeiter mit der Bauernmasse, Entfaltung der Kooperation als Hauptpunkte dieser Periode.

Das gemeinsame Ziel war: Festigung der Macht der Arbeiter und Bauern, Aufschwung des Wirtschaftslebens und Aufbau des Sozialismus.

Auf dem dritten Sowjetkongreß im Januar 1918 sagte er:

„Wir kennen nur den einen Weg für die proletarische Revolution: nach Besitzergreifung der Position des Feindes durch die Praxis an den eigenen Fehlern regieren lernen. Wir unterschätzen durchaus nicht die Schwierigkeiten unseres Weges, aber das Wichtigste ist von uns schon getan ... Als man uns beschuldigte, daß wir durch die Einführung der Arbeiterkontrolle die Produktion in einzelne große Zünfte zertrennen, beachteten wir diesen Unsinn nicht. Als wir die Arbeiterkontrolle einführten, wußten wir, daß nicht wenig Zeit verstreichen wird, bis sie sich auf ganz Rußland erstreckt, doch wollten wir zeigen, daß wir nur einen Weg anerkennen, den der Umgestaltung von unten herauf, bei denen die Arbeiter selbst von unten herauf die neuen Grundlagen der ökonomischen Bedingungen wählen. Um dies durchzuführen, wird nicht wenig Zeit erforderlich sein.

Von der Arbeiterkontrolle schritten wir zur Schaffung des Obersten Volkswirtschaftsrates. Nur diese Maßnahme zusammen mit der Nationalisierung der Banken und Eisenbahnen, die in den nächsten Tagen durchgeführt werden wird, wird es uns ermöglichen, den Aufbau der neuen sozialistischen Wirtschaft in Angriff zu nehmen. Wir kennen sehr gut die Schwierigkeit unserer Arbeit, aber wir behaupten, daß nur der in Wirklichkeit ein Sozialist ist, der diese Aufgabe auf sich nimmt, indem er sich auf die Erfahrung und den Instinkt der werktätigen Massen verläßt."

Durch diese Worte war tatsächlich das Programm der ökonomischen Tätigkeit skizziert.

Es wurde der Weg für den Aufbau der Basis der neuen Ordnung gewiesen. Diesen Weg schlug unsere ökonomische Tätigkeit ein: seit Mitte 1918 beginnt die Nationalisierung der Unternehmen sich im beschleunigten Tempo zu entwickeln, seit 1919 erweitert sich allmählich der Kreis der staatlichen Monopole. Der Sowjetapparat konnte diesem Entwicklungsprozeß nicht schnell genug nachfolgen, und Lenin wies als erster auf seine Mängel und Unvollkommenheiten hin, indem er stets schärfste Kritik übte.

Die Jahre 1918, 1919 und 1920 sind Jahre der äußerst schwierigen Verpflegungslage der Städte und vor allem der Arbeiterklasse.

Da lenkt Lenin den Kurs auf die Zentralisierung des Verpflegungswesens im Kampfe um das Brot und hält diesen Kurs ein.

„Es erhebt sich jetzt vor uns", sagt er im Juni 1918, „die grundlegendste Aufgabe jeglichen menschlichen Gemeinschaftslebens – die Überwindung des Hungers, die sofortige Milderung zum mindesten der unmittelbaren qualvollen Hungersnot, die sich der zwei Hauptstädte und Dutzender von Bezirken des ackerbautreibenden Rußland bemächtigt hat. Und diese Aufgabe muß unter den Verhältnissen des Bürgerkrieges, des wütendsten, verzweifeltsten Widerstandes der Exploiteure aller Gattungen, Schattierungen und Orientierungen und des ganzen politischen Bündnisses gegen die Revolution gelöst werden." Darum „müssen wir alle Getreideüberschüsse sammeln und es durchsetzen, daß alle Vorräte dahin gebracht werden, wo man ihrer bedarf, und daß sie gleichmäßig verteilt werden."

Das sind die wichtigsten Orientierungspunkte, die von Lenin für diese schweren Jahre des Bürgerkrieges festgesetzt wurden.

Im Rahmen dieser allgemeinen Aufgaben skizziert er auch unsere Politik auf dem Gebiete der unmittelbaren Leitung des Wirtschaftslebens, der Hinzuziehung der Arbeitermassen, der Ausnützung von Fachleuten, der Einführung des Prämiensystems usw. usw. Keine einzige einigermaßen große Maßnahme verläuft ohne seine Beteiligung.

Das Jahr 1921 wurde in der Entwicklung Sowjetrußlands zu einem Jahr des Umschwungs. Wir siegten an den Kriegsfronten, und es kam zu einem Umschwung auf ökonomischem Gebiet.

Lenin näherte sich, seiner Gewohnheit gemäß, diesem Wendepunkt in unserer Geschichte anfangs mit der größten Vorsicht. Ich entsinne mich an den ersten Meinungsaustausch aus diesem Anlaß, zu dem er mich zu sich kommen ließ. Es war nur von der Zulassung des „örtlichen Marktes", des örtlichen Warenumlaufes die

Rede. Zweifellos war das aber nur ein Probeschritt. Später entrollte dann Lenin, seiner Gewohnheit gemäß, die Frage in ihrem ganzen Umfange.

Die Begründung der neuen ökonomischen Politik wurde von ihm in der bekannten Broschüre „Über die Naturalsteuer" und in seiner Rede auf dem XI. Kongreß der KPR gegeben.

„Der Aufbau dessen", sagt er, „was wir von dem von uns skizzierten Programm des kommunistischen Gemeinschaftswesens sofort verwirklichen konnten, verlief bis zu einem gewissen Grade abseits von dem, was in der breitesten Bauernmasse vorging, der wir sehr schwere Leistungspflichten auferlegten, wobei wir dies damit rechtfertigten, daß der Krieg in dieser Hinsicht keinerlei Zaudern zuläßt. Diese Rechtfertigung wurde, wenn man sie in ihrem ganzen Umfang nimmt, von der Bauernschaft angenommen." Das war die erste Etappe. Aber es entstand eine neue Situation: der Krieg war beendet, „aber einen Kontakt zwischen der Ökonomik, die in den nationalisierten, sozialisierten Fabriken, Werken und Sowjetwirtschaften in Entstehung begriffen war, und der bäuerlichen Ökonomik bestand nicht … Wir sahen klar, daß es in der Partei keinerlei Unsicherheit in der Frage gab, daß die neue ökonomische Politik unvermeidlich sei."

Und Lenin zeichnet außerordentlich plastisch den Inhalt der neuen ökonomischen Politik:

„Wir bauen unsere Ökonomik im Zusammenhang mit der Bauernschaft auf. Wir müssen sie mehrfach umändern und sie so gestalten, daß ein Kontakt zwischen unserer sozialistischen Arbeit und jener Arbeit bestehe, mit der jeder Bauer beschäftigt ist … Unser Ziel ist die Wiederherstellung des Kontaktes, wir wollen dem Bauern durch Taten beweisen, daß wir bei dem beginnen, was für ihn verständlich, ihm bekannt und gegenwärtig bei seiner Armut zugänglich ist, nicht aber bei irgendetwas Fernliegendem und vom Gesichtspunkt des Bauern Phantastischem ... Hierin liegt die Bedeutung der neuen ökonomischen Politik, hierin besteht die Grundlage unserer ganzen Politik ...“

Lenin hat unsere ökonomische Politik für viele Jahre im voraus abgesteckt. Sein geistiger Flug reichte so weit, er sah so weit in die Zukunft, daß dank seinem genialen Fernblick unsere ökonomische Politik auf fester praktischer und theoretischer Basis steht.

Die Bilanz, die Praxis unseres ökonomischen Lebens selbst des letzten Jahres bestätigt in vollem Umfange, was Lenin auf diesem Gebiete umrissen hat.

Wir müssen sie nur noch konkretisieren, nachprüfen, unsere Fehler nach Möglichkeit ausmerzen und arbeiten, organisieren und bauen lernen und immer wieder lernen ... In dieser Hinsicht muß einem jeden von uns ständig das Vorbild Lenins vor Augen schweben.

3. Lenin als Organisator der Wirtschaftsverwaltung

Die neuen ökonomischen Verhältnisse, die nach der Umwälzung entstanden, führten unvermeidlich einerseits zur Zerstörung des alten kapitalistischen Apparats der Wirtschaftsverwaltung, andererseits riefen sie eine kolossale Sabotage nicht nur von seiten der Kapitalisten – das ist ganz selbstverständlich –, sondern auch von seiten des technischen Personals hervor. Der neuen Aufbauarbeit stand die wütende Sabotage der obersten Schichten der Ingenieure, Techniker, Direktoren, Besitzer von Unternehmen usw. im Wege. An dieser Front entfaltete sich ein heftiger Kampf. Und die Resultate dieses Kampfes standen selbstverständlich im engen Zusammenhange mit den Bedingungen des Kampfes zwischen den Gruppen der ehemaligen Eigentümer und des sich an sie anschließenden technischen Personals einerseits und jenen Millionen von Werktätigen andererseits, die zur Verwaltung herangezogen und in der Praxis zu den Führern des Wirtschaftslebens werden mußten.

Auf dem II. Allrussischen Gewerkschaftskongreß im Januar 1919 bringt Lenin dieses Problem zur Sprache. Er sagt, daß „zu Schöpfern der neuen Gesellschaft nur die Millionenmassen werden können; wie Hunderte zu Schöpfern in der Epoche der Leibeigenschaft wurden, wie Tausende und Zehntausende in der Epoche des Kapitalismus am Staatsaufbau mitwirkten, so kann jetzt der sozialistische Umsturz nur unter aktiver unmittelbarer praktischer Beteiligung von Dutzenden von Millionen an der Staatsverwaltung zustande gebracht werden. Wir haben uns diesem Stadium genähert, aber wir haben es noch nicht erreicht." Die Aktivität von Dutzenden von Millionen hervorzurufen – das war die Aufgabe des Moments.

Es ist ganz natürlich, daß die Verwaltung des Landes und der Verwaltungsapparat bei den ersten Schritten nicht nur auf dem Wege der durchdachten zentralisierten Methode entstehen konnten – der Prozeß des Aufbaus verlief hauptsächlich von unten herauf. Aber gerade hierin bestand der Wert des Apparats. Bei den ersten Schritten litt die Wirtschaft zweifellos in geschäftlicher Hinsicht, sie hatte die größten Mängel, sie war schwerfällig, unvollkommen und konnte auf Schritt und Tritt die sich vor ihr erhebenden Aufgaben nicht erfüllen. Aber wie Genosse Lenin mehrfach betonte, es wurde hier noch zum ersten Mal der Apparat der staatlichen Macht durch die Hände der Arbeiter und Bauern geschaffen.

Indem Lenin den Plan der wirtschaftlichen Verwaltung entwarf, *sprach er den Gewerkschaften ungeheure, ja vorherrschende Bedeutung zu.*

In unserem Artikel können wir selbstverständlich nicht Schritt für Schritt diese Entwicklung und Veränderung der Formen der wirtschaftlichen Verwaltung verfolgen, doch wurden alle wichtigsten Etappen derselben von Lenin bestimmt.

Die Hinzuziehung der Fabrik- und Werkkomitees zur Verwaltung der Unternehmen und die Hinzuziehung der Gewerkschaften veränderte sich hinsichtlich der Formen der Beteiligung mehrfach im Laufe dieser sechs Jahre. Die gemeinsame Aufgabe wurde von Lenin in folgender Weise definiert: „Die Gewerkschaften", sagt er auf dem VIII. Sowjetkongreß, „sind die Organisation der regierenden, herrschenden, machthabenden Klasse, der Klasse, die die Diktatur, den Staatszwang, verwirklicht. Sie sind nicht eine staatliche Organisation, sie sind nicht eine Organisation des Zwanges, sie sind eine erzieherische Organisation, eine Organisation der Heranziehung zur Ausbildung, sie sind eine Schule der Verwaltung, des Wirtschaftens, eine Schule des Kommunismus. Das ist ein ganz außergewöhnlicher Typus von Schule; wir haben es nicht mit Lehrern und Schülern zu tun, sondern mit einer eigenartigen Kombination dessen, was vom Kapitalismus übriggeblieben ist und übrigbleiben mußte, mit dem, was die Revolution aus ihrer Mitte hervorbringt, dem revolutionären Vortrupp, der sogenannten revolutionären Avantgarde des Proletariats. Und hierin", sagt er, „liegt die Rolle der Gewerkschaften ... Die Gewerkschaften standen, wenn man sich so ausdrücken will, ihrem Platz im System der Diktatur des Proletariats nach zwischen Partei und Staatsmacht. Beim Übergang zum Sozialismus ist die Diktatur des Proletariats unvermeidlich, aber die durchgehende

Organisierung der Industriearbeiter wird durch diese Diktatur nicht verwirklicht ... Es ergibt sich, daß die Partei sozusagen die Avantgarde des Proletariats in sich aufsaugt, und diese Avantgarde verwirklicht die Diktatur des Proletariats; und wenn man kein solches Fundament wie die Gewerkschaften hat, die die Diktatur verwirklichen, so kann man die staatlichen Funktionen nicht verwirklichen. Sie müssen durch eine Reihe besonderer Institutionen wiederum eines neuen Typs verwirklicht werden, und zwar – durch den Sowjetapparat."

Die Aufgabe ist also folgende: die Methode der Inangriffnahme der Organisation der Verwaltung des Wirtschaftslebens des Landes besteht in der Hinzuziehung der Millionenmassen der Arbeiter. Auf dieser Basis der Aktivität der Millionen wurde die Frage der Organisation des Sowjetapparats und im besonderen des Apparats der wirtschaftlichen Verwaltung des Landes gestellt.

Genosse Lenin maß *diesem Apparat ungeheure Bedeutung bei.* Er wies darauf hin, daß vom wirtschaftlichen Standpunkt betrachtet das Land sich ohne einen guten Apparat überhaupt nicht verwalten läßt. Indem er unseren Apparat kritisierte und angriff, erkannte er nichtsdestoweniger seine ungeheure Bedeutung voll und ganz und achtete aufmerksam darauf, *wie ein jeder in diesem Apparat arbeitet,* indem er bemüht war, *die fähigsten, aktivsten Arbeiter und Bauern auf die führenden Posten in diesem Apparat zu stellen.*

Wie jeder Apparat, so neigt sowohl der staatliche als auch der wirtschaftliche zur Verknöcherung, Papierhaftigkeit und zum Bürokratismus. Mit seiner ganzen Energie und Entschlossenheit bekämpfte Lenin den Bürokratismus in unserem Apparat und erklärte ihn zu seinem schlimmsten Feind. Aber er schüttete natürlich nicht das Kind mit dem Bade aus.

Indem er dem Aufbau des Apparats der wirtschaftlichen Verwaltung ungeheure Bedeutung beimaß, arbeitete er in der ersten Zeit in nächster, unmittelbarster Weise in dem Obersten Volkswirtschaftsrat mit, während er sich später an die Spitze des Sowjets für Arbeit und Verteidigung stellte, der die ganze Wirtschaftsfähigkeit auf dem Gebiete der Verwaltung des Landes in sich vereinigte. Und hier, in der Bestimmung der Formen der wirtschaftlichen Verwaltung sehen wir in Lenin einen sachlichen Praktiker, der klarer als die gewerkschaftlichen Organisatoren die Mängel sowohl in den Methoden der Verwaltung als auch in der Tätigkeit des Apparats selbst sah und mit Beharrlichkeit auf die Notwendigkeit ihrer sofortigen Behebung hinwies. In der Epoche des sogenannten „Glawkismus" stellte er die Diagnose der Krankheit, auf Grund deren später die Heilmethode in Form der Einführung der Individualverwaltungsmethode und der persönlichen Verantwortung angewandt wurde.

Auf dem II. Allrussischen Kongreß der Sowjets für Volkswirtschaft im Jahre 1918 sagte er bereits: „Von den Sowjets für Volkswirtschaft, von den Hauptausschüssen und den Zentren werden wir unbedingt fordern, daß das kollegiale Verwaltungssystem nicht nur in Geschwätz, im Verfassen von Resolutionen, im Aufstellen von Plänen und im Gebietspartikularismus zum Ausdruck komme. Das kann es nicht geben. Wir werden unerschütterlich fordern, daß jeder Arbeiter des Volkswirtschaftssowjets, jedes Mitglied eines Hauptausschusses wisse, für welchen Wirtschaftszweig im engeren Sinne er verantwortlich ist ... Es muß verlangt werden, daß jedes Mitglied eines Kollegiums, jedes Mitglied einer verantwortlichen Institution die Sache selbst in die Hand nehme und voll und ganz für sie verantwortlich sei. Es ist unbedingt notwendig, daß jeder,

der eine bestimmte Aufgabe übernommen hat, für alles verantwortlich ist – für Produktion und für Verteidigung ..."

So behandelte Lenin die Frage des volkswirtschaftlichen Apparats noch im Jahre 1918. Im Laufe der letzten Jahre kommt er mehrfach auf diese Frage zurück, und sein Eingreifen (gelegentlich der Frage der Arbeiter- und Bauern-Inspektion) bereits im Jahre 1923, das mit zu seinen letzten gehört, ist der Frage der Verbesserung des Wirtschaftsapparats gewidmet.

„Mit den Angelegenheiten des Staatsapparats", schreibt er, „steht es bei uns derart traurig, um nicht zu sagen abscheulich, daß wir eingehend darüber nachdenken müssen, wie weit wir seine Mängel bekämpfen können, indem wir dessen eingedenk bleiben, daß diese Mängel ihre Wurzeln in der Vergangenheit haben, die nun umgestürzt, aber noch nicht überwunden, noch nicht in das Gebiet einer bereits der Vergangenheit angehörenden Kultur gerückt ist."

Ich sagte schon weiter oben, daß Lenin stets über die außerordentliche Fähigkeit verfügte, seine Umgebung zur Arbeit zu veranlassen und alles für die Verwirklichung bestimmter gesetzter Ziele auszunützen. Er begriff, daß bei dem Fehlen von Erfahrung in der Verwaltung, an dem sowohl die Gewerkschaften als auch die Kommunistische Partei litt, bei dem Fehlen der notwendigen Spezialkenntnisse, die eine Reihe von Zweigen der wirtschaftlichen Verwaltung forderten, es unmöglich ist, ohne Fachleute auszukommen. Diese Frage rückte Genosse Lenin ganz zu Anfang in den Vordergrund. Auf dem II. Kongreß der Sowjets für Volkswirtschaft erklärte er: „Es ist an der Zeit, daß wir von den früheren Vorurteilen abkommen und alle erforderlichen Fachleute zu unserer Arbeit heranziehen." Und er weist später darauf hin, daß es eine offenkundig utopische Aufgabe gewesen wäre, die neue Ordnung nur mit den Händen der Kommunisten ohne Hinzuziehung von Fachleuten aufbauen zu wollen. Darum fanden seine besondere Sorgfalt und Aufmerksamkeit alle Versuche der Heranziehung von Fachleuten in die Reihen der Arbeiter der wirtschaftlichen Verwaltung. Die Genossen wissen, mit welcher Aufmerksamkeit Genosse Lenin die Möglichkeit prüfte, sowohl aus Sowjetrußland selbst als auch aus dem Auslande einigermaßen bedeutende Fachleute zur Aufbauarbeit heranzuziehen, und mit welcher Bereitwilligkeit er derartige Möglichkeiten und Vorschläge aufgriff. Es kam sehr oft vor, daß Lenin sich von seinen wichtigsten Geschäften losriß, um sich mit diesem oder jenem Fachmann persönlich zu besprechen. Wir alle, die wir im Präsidium des Obersten Volkswirtschaftsrates tätig waren, hatten Gelegenheit, während der Empfangszeit bei Lenin zugegen zu sein und auf Verlangen diese oder jene Fachleute zu ihm zu bringen, mit denen er persönlich sprach.

Als eine der wichtigsten Fragen schließlich behandelte Lenin die Frage, wie der Verwaltungsapparat unser Staatsbudget belastet und ferner, in welchem Grade die Kompliziertheit des Apparates die Arbeit behindert. Der Klarstellung dieser Fragen und der Fragen, die mit der Vereinfachung und Verbilligung des Apparates verknüpft waren, wurden viele Sitzungen gewidmet.

Lenin stellte also auf dem Gebiet der Organisation der Verwaltung und auf dem Gebiete der Organisation des Apparats der Verwaltung als Grundprinzip die Beteiligung der Massen und der Massenarbeiter (Arbeiter aus den Massen) in der Verwaltung selbst und in der Organisation des arbeitsfähigen elastischen Apparats auf, unter Hinzuziehung aller notwendigen Fachleute zu der Arbeit desselben, in dem Bestreben, diesen Apparat unter die Typen der auf wissenschaftlicher

Grundlage errichteten Organisationstypen einzureihen,
oder besser gesagt, ihnen anzunähern. Darum maß er
der wissenschaftlichen Organisation der Arbeit und der
Arbeitsdisziplin so ungeheure Bedeutung bei. Das waren also die Prinzipien auf dem Gebiet der wirtschaftlichen Verwaltung, die ihr von Lenin zugrunde gelegt
wurden.

4. Lenin in der praktischen Wirtschaftsarbeit

Lenin lenkte und leitete nicht nur die ökonomische Politik, er begründete nicht nur in großem Maßstabe die Verwaltung des Wirtschaftslebens des Landes
und den Aufbau des Apparats, sondern *er nahm auch
unmittelbar teil an der praktischen Arbeit auf diesem
Gebiet, die auf Schritt und Tritt Kleinarbeit ist.* Nur
dank seiner schier übermenschlichen Arbeitsfähigkeit
konnte er all die vielseitige Arbeit aushalten, die er ausführte. Er war Vorsitzender des Sowjets der Volkskommissare, Vorsitzender des Sowjets für Arbeit und Verteidigung, er war beständig mit Fragen der internationalen Bewegung, der internationalen Politik, der inneren Politik beschäftigt und verstand es zugleich, der Arbeit auf dem Gebiete der unmittelbaren, eng praktischen Tätigkeit eine Menge Aufmerksamkeit und Kräfte zu widmen. Bei dieser Arbeit war an ihm am er-
staunlichsten das Fehlen jeglichen Bürokratismus.
Aber er war nicht nur sozusagen ein geistiger Gegner
des Bürokratismus, sondern er war selbst in seiner Arbeit das Vorbild eines Arbeiters, dem jegliche bürokratischen Züge fehlten. Für ihn stand das praktische Resultat, die unmittelbare Wirkung stets im Vordergrund,
und er verstand es mit aller Energie, diese Resultate
anzustreben, indem er es den ihn umgebenden Genos-

sen abgewöhnte, sich nur mit papiernen Verfügungen und Beschlüssen zufrieden zu geben. Ein telefonischer Anruf des Genossen Lenin bedeutete stets die Einholung einer Auskunft darüber, wie es mit der Verwirklichung dieses oder jenes angenommenen Beschlusses steht. Er begab sich stets selbst dorthin, wo eine Kontrolle vorgenommen werden mußte, wie dieser oder jener Beschluß verwirklicht wird, indem er hierbei das Prinzip befolgte, daß das eigene Auge am besten sieht.

Ich wies bereits darauf hin, daß es 1918 eine Periode gegeben hat, in der nach der Abreise des Genossen Ossinksi, der der Vorsitzende des Obersten Volkswirtschaftsrates war, Lenin sich in unmittelbarster Weise an den Arbeiten des Präsidiums des Obersten Volkswirtschaftsrates beteiligte, und daß dieses mehr als einmal zusammentrat, um mit ihm die laufenden Fragen zu entscheiden. Als Lenin später mit Arbeit überhäuft war, trat er von der unmittelbaren Teilnahme an den Arbeiten des Obersten Volkswirtschaftsrates zurück, obwohl er den Verlauf seiner Tätigkeit stets aufmerksam verfolgte. Dann aber, nach dem Übergang der wirtschaftlichen Funktionen der Verwaltung an den Sowjet für Arbeit und Verteidigung, greift Lenin von neuem in die praktischen Fragen der wirtschaftlichen Verwaltung des Landes ein und gibt diese Arbeit bis zu den letzten Tagen nicht mehr auf.

Es muß hervorgehoben werden, daß Lenin auf dem Gebiet der praktischen wirtschaftlichen Arbeit der Entwicklung der Technik und den technischen Verbesserungen ungeheure Bedeutung beimaß. Mit Feuereifer nahm er das Problem der Elektrifizierung in Angriff und wurde zu einem leidenschaftlichen Elektrifikator, indem er die Aufmerksamkeit der Arbeiter auf dieses Gebiet lenkte und indem er für diese Idee agierte und sie propagierte, denn er wußte, daß ohne technische

Vervollkommnung, ohne energischen Nachdruck auf diesem Gebiet wir lange Zeit ein Land bleiben würden, das sich der ökonomischen Abhängigkeit von den fortgeschrittensten kapitalistischen Ländern nicht entziehen könnte.

Nicht weniger aufmerksam stand er den Fragen und Problemen der Rohstoff- und Heizmittelversorgung und der Verbesserung unseres Transportwesens gegenüber. Der verstorbene Markow mußte stundenlang am Telefon stehen und ihm über die Bewegung der Züge und die Zustellung von Frachten nach diesem oder jenem Punkt Mitteilung machen. In der Sitzung über die Frage der Melioration Turkestans (nach dem Referat des Ingenieurs Rosenkampf) kam Lenin selbst in das zweite Sowjethaus, um die von dem Referenten vorgelegten Pläne kennen zu lernen. Ebenso kam er zu der Sitzung über die Fragen der Reorganisation des Komitees der staatlichen Bauten, um sich selbst unmittelbar an der Reorganisation dieser Institution zu beteiligen.

Da Lenin in seiner Arbeit außerordentlich exakt war, so forderte und kontrollierte er die Genauigkeit der Arbeit auch bei anderen, und in dieser Hinsicht versetzten ihn jegliche Unterlassungen in Erregung, und er traf selbst Maßnahmen, um die Säumigen anzuspornen.

Nur dank seiner unmittelbaren Beteiligung als praktischer Arbeiter konnte die Arbeit der Sowjets der Volkskommissare und des Sowjets für Arbeit und Verteidigung jene ungeheuren Resultate ergeben, die sich nicht nur im Zentrum, sondern auch in der Provinz bemerkbar machten. Indem Lenin auf diesem Gebiet arbeitete, tat er sich als Theoretiker, als Führer und auch zugleich als prächtiger praktischer Arbeiter hervor und war sachlich und genau in den alltäglichsten laufenden Fragen des Lebens.

Das Weltproletariat hatte in ihm einen genialen Führer, der weit in die Zukunft jenes Weges blickte, auf dem die Entwicklung des Weltproletariats, die Entwicklung der sozialen Weltrevolution verläuft. Aber wie wir sehen und wie wir wissen, war Lenin nicht nur ein genialer Theoretiker, sondern er war auch ein praktischer Arbeiter auf jenem Schauplatz, auf dem die neue Gesellschaft errichtet wird. Unter den verwickelten Verhältnissen der Übergangszeit ist es besonders wichtig und notwendig, eine klare, bestimmte, durchdachte, prinzipielle Richtung einzuhalten – und diese wurde von ihm gegeben.

Zugleich war in dem Kampf gegen die kapitalistische Klasse, die sowohl in technischer als auch in militärischer Hinsicht vortrefflich organisiert ist, jenes praktisch-sachliche Verhältnis zum Kampfe notwendig, das Genosse Lenin ebenfalls besaß und in der Praxis durchführte.

Das Weltproletariat hat in ihm seinen genialen Führer verloren, während die Menschheit in ihm ihren besten Kopf verlor.

A. Lomow

Der Praktiker

Einer der bedeutensten polnischen revolutionären Marxisten, Genosse Tyschko (Jogiches), sagte auf dem Parteitag in London, daß sich die Marxisten in zwei Gruppen scheiden lassen: die eine Gruppe stehe und handele auf der Grundlage des Marxismus, während die andere auf der *marxistischen Grundlage liege.*

Lenin und die Bolschewisten faßten den Marxismus stets als einen aggressiven und tätigen Marxismus auf. „Bei uns bildet die Theorie die Grundlage für die zu unternehmenden Aktionen", pflegte Wladimir Iljitsch zu sagen.

Versteht sich, – die Fragen der Praxis, die Probleme darüber, wie man im Falle eines Sieges der Revolution die vielen wirtschaftlichen Schwierigkeiten überwindet, diese Fragen interessierten Wladimir Iljitsch stets mehr als alle anderen. Ende September 1917 entwirft Wladimir Iljitsch in seinem Aufsatze „Die drohende Katastrophe und wie sie zu bekämpfen ist" das folgende praktische Aktionsprogramm:

1. Zusammenfassung aller Banken in eine staatliche Kontrolle ihrer Operationen, oder Nationalisierung der Banken.
2. Verstaatlichung der Syndikate, d. h. der größten kapitalistischen Monopolverbände (Zucker-, Naphtha-, Kohle-, Metall-Syndikat usw.).
3. Abschaffung des Handelsgeheimnisses.
4. Obligatorische Syndizierung (d. h. zwangsmäßige Vereinigung zu Verbänden) von Industriellen, Händlern und Besitzern überhaupt.
5. Obligatorische Vereinigung der Bevölkerung zu Kon-

sumgenossenschaften oder Unterstützung einer solchen Vereinigung und deren Kontrolle.

Das gleiche Programm entwirft Wladimir Iljitsch auch in seiner anderen Broschüre „Werden die Bolschewisten die Staatsmacht behalten?", die Anfang Oktober 1917 als Antwort auf den Zweifel geschrieben wurde, ob es uns gelingen würde, die Regierungsgewalt auf die Dauer in unseren Händen zu behalten. In dieser Broschüre erörtert Lenin die Möglichkeit der praktischen Durchführung dieses Programms.

„Die Hauptschwierigkeit der proletarischen Revolution", schreibt er, „besteht in der Verwirklichung im internationalen Maßstabe der genauesten und gewissenhaftesten Registrierung und Kontrolle, der Arbeiterkontrolle der Produktion und der Verteilung der Produkte". Des weiteren erörtert er ausführlich die Frage, worin diese Schwierigkeiten beständen. „Ohne eine große Bank wäre der Sozialismus undurchführbar, unsere soziale Buchführung wird die Buchführung einer vereinigten Sowjetbank sein. Indessen liegen auf dem Wege der Verstaatlichung der Banken sehr große Schwierigkeiten, obwohl diese Schwierigkeiten zweifellos überwunden werden können."

Ebenso praktisch und ausführlich behandelt Lenin in dieser Broschüre die Frage des Kampfes gegen den Hunger: „Das Getreidemonopol, die Brotkarte, die allgemeine Arbeitspflicht bilden in der Hand des proletarischen Staates, in der Hand der die Macht ausübenden Sowjets das wichtigste Mittel der Registrierung und Kontrolle, ein solches Mittel, das, gegenüber den Kapitalisten und überhaupt den Reichen seitens der Arbeiter angewandt, eine in der Geschichte noch nie dagewesene Kraft der ‚Inbewegungsetzung' des Staatsapparates zum Zweck der Überwindung des Widerstandes der Kapitalisten und ihrer Unterwerfung unter den proletarischen Staat ergeben wird. Dieses Mittel für die Kontrolle und die Heranziehung zur Arbeit wird besser sein als die Gesetze des Konvents und seine Guillotine. Diese Guillotine vermochte nur den aktiven Widerstand zu schrecken und zu brechen.

Das genügt uns nicht. Wir müssen die Kapitalisten nicht nur in jenem Sinne schrecken, daß sie die Allmacht des proletarischen Staates zu spüren bekommen und an einen aktiven Widerstand nicht mehr denken. Wir müssen auch den passiven Widerstand – zweifellos einen viel gefährlicheren und schädlicheren – beseitigen. Ja, es genügt uns nicht, den Widerstand, wie er auch immer sei, zu brechen. Wir müssen es erreichen, daß in dem neuen organisatorischen Rahmen des Staates wirklich gearbeitet wird. Es genügt nicht, die Kapitalisten zu ‚beseitigen‘, wir müssen (nachdem wir uns der vollkommen Untauglichen und Hoffnungslosen entledigt haben) ihnen im neuen Staate eine Arbeit geben. Das bezieht sich sowohl auf die Kapitalisten als auch auf die gewisse obere Schicht der bürgerlichen Intellektuellen, auf die Angestellten usw."

Das Getreidemonopol, die Brotkarte und die Arbeitspflicht werden die Kapitalisten und die bürgerlichen Intellektuellen zwingen, in den Dienst des Proletariats zu treten.

Und es genügt, die Tagebücher der erzreaktionären literarischen Dame, Sinaida Hippius, durchzublättern, in denen sie wutschnaubend diese Rationen, Brotkarten und Arbeitspflichten verflucht, um zu begreifen, wie scharfblickend Lenin war, und wie recht er hatte.

Ebenso mutig bis zur Tollkühnheit stellt Lenin die Frage des Regierens. „Man sagt uns, daß das Proletariat nicht imstande sei, den Staatsapparat in Betrieb zu setzen.

Nach der Revolution von 1905 wurde Rußland von

130000 Gutsbesitzern mittels zahlloser Vergewaltigungen und Erpressungen gegenüber einem Volk von 150 Millionen Menschen regiert, mittels endloser Verhöhnungen und des Zwanges, der nur dazu führte, daß die erdrückende Mehrheit des Volkes ein dem Verhungern nahes Zuchthausdasein ertragen mußte.

Die 240000 Mitglieder der bolschewistischen Partei sollen angeblich nicht imstande sein, Rußland zu regieren, dieses Land im Interesse der Armen und gegen die Interessen der Reichen zu regieren! Diese 240000 Menschen stützen sich schon jetzt auf mindestens eine Million Stimmen der erwachsenen Bevölkerung, denn dieses Zahlenverhältnis der Parteistärke zur Anzahl der zu ihren Gunsten abgegebenen Stimmen ist durch die Erfahrung sowohl in Europa als auch in Rußland – z. B. durch die August-Wahlen zur Petersburger Duma – erwiesen. Da haben wir also schon einen ‚Staatsapparat' von einer Million Menschen, die sich dem sozialistischen Staate ideell und nicht nur des Beamtengehalts wegen hingeben.

Und nicht allein das, wir haben ein ‚wunderbares Mittel', unseren Staatsapparat mit einem Schlage zu verzehnfachen, ein Mittel, über das kein einziger kapitalistischer Staat jemals verfügt hat und auch nicht verfügen konnte. Dieses wunderbare Mittel besteht in der Heranziehung der Werktätigen, der Armut zu der alltäglichen Arbeit der Staatsverwaltung."

Wie kann das geschehen? Und Lenin nimmt das folgende „einfache Beispiel": „Der Staat muß eine bestimmte Familie aus einer Wohnung ausquartieren und statt ihrer eine andere hineinsetzen. Das tut der kapitalistische Staat sehr häufig, das wird auch unser proletarischer oder sozialistischer Staat tun müssen."

Des weiteren legt Wladimir Iljitsch einer Abteilung von 2 Matrosen, 2 Soldaten, 2 klassenbewußten Arbeitern, 8 Vertretern der werktätigen Armut die folgende Erklärung für die vorzunehmenden Ausquartierungen und Beschlagnahmen in den Mund: „Bürger, Ihr müßt diesen Winter mit zwei Zimmern auskommen, die beiden anderen müßt Ihr für die beiden Familien aus dem Keller freimachen. Es ist nur vorübergehend, bis wir mit Hilfe von Ingenieuren (Sie sind doch, wenn ich nicht irre, auch ein Ingenieur?) gute Wohnungen für alle gebaut haben werden. Ihr Telefon wird zehn Familien dienen müssen. Das wird mindestens 100 Arbeitsstunden ersparen, die sonst mit Laufereien vergeudet werden. Außerdem sind in Ihrer Familie zwei unbeschäftigte Halbarbeiter, die fähig wären, eine leichte Arbeit zu leisten; eine Bürgerin von 55 Jahren und ein Bürger von 14 Jahren. Sie werden 3 Stunden täglich Dienst tun und die Verteilung von Lebensmitteln für 10 Familien kontrollieren, sowie die notwendigen Eintragungen besorgen. Der Bürger Student, der sich in unserer Abteilung befindet, wird sofort diesen Staatsbefehl in zwei Exemplaren schreiben, während Sie die Freundlichkeit haben werden, uns eine Quittung einzuhändigen, in der Sie sich verpflichten, diesen Befehl genau durchzuführen."

Indem wir diese Zitate hier anführen, die den vor dem Oktober geschriebenen Broschüren entstammen, sehen wir, wie Lenins Hinweise und Auffassungen am Tage nach dem Umsturz zum Arbeitsprogramm der Zentralregierung und der Provinzialbehörden werden. Von der Verstaatlichung der Banken bis zur Wohnungspolitik entsprang alles der praktischen Einstellung Wladimir Iljitschs zu allen aktuellen Tagesfragen.

Eine ebensolche kühne und praktische Antwort gab Lenin auf die „tückische" Frage, ob wir den Staat mit einer Köchin am Ministertisch regieren wollten.

„Wir wissen", schreibt er, „daß ein beliebiger ungelernter Arbeiter und eine beliebige Köchin jetzt nicht imstande sind, die Leitung des Staates zu übernehmen..." Aber des weiteren fordert Lenin trotzdem auf, alte Vorurteile nicht zu fürchten und die Regierung mutig zu übernehmen.

Schon vor dem Oktober stellte Wladimir Iljitsch die grundlegenden wirtschaftlichen Fragen des Aufbaus in ihrem ganzen Umfang auf, als ein Praktiker, der morgen gezwungen sein wird, sie unter Bedingungen eines erbitterten Kampfes zu lösen. Die Theorie führte sofort zu Schlußfolgerungen, die unmittelbar danach in die lebendige Praxis verwandelt wurden. In seiner Umsturztheorie gab Lenin bereits das Programm für unsere Praxis von morgen. Und ein solcher Praktiker, der seine Aktionen aus der Theorie schöpfte, blieb Wladimir Iljitsch die ganze Zeit der Revolution.

Ein charakteristischer Wesenszug Wladimir Iljitschs als eines Praktikers war immer die bis zur Tollkühnheit mutige , weite und gleichzeitig einfache und leicht faßbare Fragestellung.

Aber nachdem die Linie gegeben und ein bestimmtes Aktionsprogramm aufgestellt war, ging Wladimir Iljitsch zur methodischen Prüfung der Einzelheiten über, und dann waren ihm die Aussaat von zwei Deßjatinen Klee oder die Einrichtung der elektrischen Beleuchtung im Dorfe Nejelowka wichtiger als tausend Resolutionen. Jeder von uns, die wir mit ihm gearbeitet haben, erinnert sich an seine kleinen, hastig hingeschriebenen Zettel, die jeden von uns zur Arbeit anspornten. Nicht umsonst schreibt Lenins Sekretär Gorbunow in seinen Erinnerungen: „Der Durchführung irgendeiner kleinen Sache bis zu Ende legte Wladimir Iljitsch oft eine größere Bedeutung bei als einem Dutzend Beschlüsse des Rates der Volkskommissare oder des Rates für Arbeit und Verteidigung."

Es genügt, einige Beispiele anzuführen. Im Jahre 1921 schreibt Lenin dem Genossen Gorbunow einen Zettel: „Die Sache des Hydrotorf aufnehmen und sie weiterbringen, da die dort arbeitenden Spezialisten sich an die Bedingungen des Sowjetarbeit nicht gewöhnen können und reichlich hilflos sind. Diese Sache ist sehr wichtig."

Es wurde eine Filmaufnahme gemacht, die Wladimir Iljitsch in den Arbeiterzentren Moskaus, Petersburgs, Iwanowo-Wosnessensk usw. vorführen ließ. Ferner wurde eine Fabrik für die Herstellung von Torf-Pumpen eingerichtet. Kurz, Wladimir Iljitsch brachte sofort alles auf die Beine.

Ich erinnere mich an jene „Zettel", die ich 1922 bekam, als ich mich mit Fachleuten (im Zusammenhang mit den Urquhart-Konzessionen) im Ural aufhielt. Oder endlich seiner Teilnahme an der Entwicklung der Radio-Telegrafie in Rußland. Wieviel Energie, wieviel Elan trugen diese Zettel in alle Windrichtungen, bis wir eines Tages – in Nischnij-Nowgorod ein ausgezeichnetes Radio-Laboratorium und Dutzende leistungsfähiger Radio-Stationen an anderen Orten hatten.

Dabei wußte Lenin sowohl praktisch als auch theoretisch immer, daß es sich in unserer Revolution um Millionen handelt. Wie oft hat er in Gesprächen uns den Vorwurf gemacht, diese Millionenmassen von Bauern und Arbeitern nicht genügend in Rechnung zu setzen. Daher liebte es Wladimir Iljitsch so sehr, mit den Vertretern von Arbeitern und Bauern zu sprechen. Er „holte" aus ihnen alles heraus, was sie nur wußten, durch sie sog er den Saft der russischen Schwarzerde und den Geruch der Werkbänke in sich ein. Die Erfahrung von Millionen auf diese Weise prüfend, erkannte er so den Grad unserer „Schlamperei", gegen die er womöglich mit einer größeren Unerbittlichkeit ankämpfte als gegen die Bourgeoisie und den Gutsherrn. Die Schlamperei, Unordentlichkeit, Oberflächlichkeit hatten in dem pünktlichen Wladimir Iljitsch ihren größten und unbarmherzigsten Feind und wurden von ihm hart verspottet. Er bekämpfte energisch die „Weite" der russischen Natur, ihre Eigenschaft, Kleinigkeiten außer acht zu lassen. In den Jahren der verschärften Papierkrise war er der erste, der sich kleine Notizblocks herstellen ließ und der auch der Kanzlei empfahl, ihre Schriftstücke auf der Rückseite der verwerteten Papiere zu schreiben, statt der Briefumschläge Oblaten zu verwenden oder Umschläge aus altem Zeitungspapier zu verfertigen. Und mit welcher Genauigkeit kontrollierte er in seiner Kanzlei diese Anordnungen!

Wladimir Iljitsch war immer mit der Masse, denn er wußte, daß Millionen seine Ideen verwirklichen werden. Er wußte, daß unsere Kampfwehr, die ruhmvolle KPR, mit ihren Fühlhörnern noch nicht bis in die letzten Zellen gedrungen ist, daß sie zwar den Weg weisen, aber die brennenden Fragen nicht in allen Details reglementieren und noch kein endgültiges System von Organen bauen kann. In der ersten Konferenz der Volkswirtschaftsräte sagte er: „Wir müssen selbst im Verlaufe der Arbeit diese oder jene Behörden kontrollieren, sie beobachten, sie an der Erfahrung aller Werktätigen und vor allem an der Erfahrung ihrer Arbeitsergebnisse prüfen. Wir müssen es gleich im Arbeitsverlauf tun, und zwar in der Situation eines verzweifelten Kampfes und des wütenden Widerstandes der Ausbeuter, der um so wütender sein wird, je mehr wir uns dem Moment nähern, an dem wir den letzten verdorbenen Zahn der kapitalistischen Vergangenheit ausreißen und unseren ökonomischen Bau errichten... Die organisatorische Arbeit bringt uns eine Menge Erfahrungen, erfordert von uns zahllose Änderungen und Überwindungen von Schwierigkeiten zumal in der Frage, wie man jeden Menschen auf seinen Platz stellt, denn hier fehlt uns die Erfahrung."

In der ersten Zeit spottete die ganze bürgerliche Presse über den Rat der Volkskommissare, weil seine Dekrete in der Provinz nicht immer genau durchgeführt wurden. In diesem Zusammenhange sagte Wladimir Iljitsch oft, daß es unendlich dumm wäre, schon jetzt eine strikte Durchführung zu fordern, wo wir selbst noch nicht recht wüßten, wie die Sowjetverordnungen von den Millionen aufgenommen werden. In der ersten Zeit der Sowjetmacht bedeuteten die Dekrete nur eine Liniierung der Bewegung, einen Weg, den wir gehen müßten; aber die Aufgabe jener Millionen, die die Dekrete aufnahmen, war es, je nach den Verhältnissen und der lokalen Erfahrung, den Mittelweg herauszufinden, der zu beschreiten war. Auch in gesetzgeberischer Arbeit erkannte Wladimir Iljitsch die Bedeutung des Zusammenwirkens mit den Millionen.

Mit dem gleichen tiefen Interesse verfolgte Wladimir Iljitsch auch die organisierte Bewegung der breiten Arbeitermassen, die in der Gewerkschaftsbewegung ihren Ausdruck finden. In der VIII. Sowjetkonferenz sagte er über ihre Bedeutung folgendes: „Die Gewerkschaftsorgane sind eine Organisation der regierenden, herrschenden Klasse, einer Klasse, die die Diktatur verwirklicht, die die wirtschaftlichen Zwangsmaßnahmen durchführt. Es ist keine wirtschaftliche Organisation, es ist keine Organisation der Exekutive, es ist eine Organisation der Erziehung, der Belehrung, es ist eine Schule des Kommunismus. Es ist eine Schule von ganz besonderem Typus. Wir haben es hier nicht mit Lehrer und Schüler zu tun, sondern mit den Folgen der Verbindung dessen, was von dem Kapitalismus übrig geblieben ist und übrig bleiben mußte, mit dem, was sie Revolution aus ihrer Mitte hervorgebracht hat ... Es entsteht eine Situation, bei der die Partei gewissermaßen die Avantgarde des Proletariats in sich aufsaugt und bei der diese Avantgarde der Diktatur des Proletariats verwirklicht; und ohne ein solches Fundament wie der Gewerkschaftsverband, der die Diktatur verwirklicht, lassen sich auch die wirtschaftlichen Funktionen nicht durchführen."

Hinsichtlich der Rolle der Gewerkschaftsverbände in der Organisation der Wirtschaft war Wladimir Iljitsch der Überzeugung, daß die Hauptgrundlage für den Aufbau des ganzen volkswirtschaftlichen Apparates, des Mechanismus aller Truste, deren zweckmäßige Wechselbeziehung mit den Gewerkschaften ist, ferner die Aufstellung der leitenden Beamten für die verantwortlichen Posten durch die Gewerkschaften usw. Für Lenin war der Kontakt mit Millionen von Bauern und Arbeitern bei der praktischen, sich elementar vollziehenden Aufbauarbeit des wirtschaftlichen Lebens das Alpha und Omega des ganzen Lebens. Wladimir Iljitsch maß dem Apparat eine ungeheure Bedeutung bei. Schon bei der ersten Konferenz der Volkswirtschaftsräte unterstrich er besonders scharf, daß die zweckmäßige Arbeit des ganzen Apparates davon abhängt, wie wir unsere Kräfte einteilen und wen wir an den wichtigen Platz stellen. Aber indem er dieser Einteilung die größte Bedeutung beimaß, forderte er von jedem die unbedingte Verantwortung für die ihm aufgetragene Sache, und er war ein ausgesprochener Feind häufigen Umorganisierens. Er sagte mir wiederholt, daß man das endlose Umorganisieren verbieten müßte, denn es wird zu einer Plage für den ganzen Sowjetapparat. Kaum hat man den Betrieb einer Behörde kennengelernt, als es sich auch schon herausstellt, daß sie aufgelöst und an ihre Stelle eine andere getreten ist. Auch in den letzten

Jahren seines Lebens widmete er der Organisation des Staatsapparates viel Aufmerksamkeit. In seinen Aufsätzen über die Arbeiter- und Bauerninspektion beschäftigte er sich mit dem Gedanken, wie man unseren schlampigen bürokratischen Apparat in Ordnung bringen könnte.

Als Wladimir Iljitsch sich systematisch mit den Fragen der Arbeit der Wirtschaftsorgane des „Rates der Arbeit und der Verteidigung" beschäftigte, war er der erste, der die allgemeine Aufmerksamkeit auf den in unseren leitenden Organen herrschenden „Parlamentarismus" lenkte, auf die Kollegien der Verwaltungen, auf dieses Erbe des Demokratismus der Kerenskiverwaltungen. Mit der vollen Kraft seiner feurigen Beredsamkeit geißelte er die „Sprecher" und „Schwätzer". Er begründete klar die Notwendigkeit des Übergangs vom kollegialen Prinzip zum personellen mit der Übertragung der gesamten Verantwortung für die Folgen der Wirtschaftsführung in diesem oder jenem Organ auf die einzelne Person. Und er gab nicht nur die Idee, sondern er forderte hartnäckig den sofortigen Übergang zu diesem Prinzip der persönlichen Verantwortung. Er begnügte sich nicht damit, daß Beschlüsse gefaßt wurden, er forderte Zahlen darüber, wieviele Betriebe und Einrichtungen kollegial verwaltet werden und in wievielen die personelle Methode eingeführt ist.

Mit derselben Kraft und Energie trat er auch gegen den kommunistischen Hochmut auf und gegen die allgemein herrschende Hetze gegen die bürgerlichen Fachleute. „Es wird Zeit, daß wir unsere früheren Vorurteile aufgeben," schrieb er, „wir müssen alle Spezialisten, die wir in unserer Arbeit brauchen, heranziehen." In seinem Aufsatze über die Naturalsteuer weist er darauf hin, daß man für den Unterricht bei den Kapitalisten oder Fachleuten ruhig bezahlen könne; und er kämpft gegen die in kommunistischen breiten Schichten verbreitete Auffassung, daß wir angeblich alles selber machen könnten. Lenin begnügte sich nicht mit einzelnen Beschlüssen in den Konferenzen der Volkswirtschaftsräte oder mit der leitenden Tätigkeit im „Rat für Arbeit und Verteidigung" und im Rate der Volkskommissare. Er hat Hunderte von Praktikern, Hunderte von Fachleuten in seinem Kabinett empfangen und in Gesprächen mit ihnen sein Urteil gewonnen, das er dann im Leben durchführte. Außer diesen unmittelbaren Gesprächen mit den Leitern der Betriebe der Trusts und der Syndikate, beteiligte er sich oft an den Sitzungen des Rates der Volkskommissare und seiner Kommissionen. In der ersten Zeit nach der Organisation des Obersten Volkswirtschaftsrates nahm er wiederholt an den Sitzungen des Kollegiums teil. In der nachfolgenden Zeit sah ich ihn nur selten in den Sitzungen des Präsidiums des Volkswirtschaftsrates. Lenin fehlte jede Spur von Bürokratismus, den er in allen Konferenzen und Reden mit zäher Hartnäckigkeit mit und ohne Spott bekämpfte. Wladimir Iljitsch interessierte sich vor allem für die praktischen Ergebnisse einer Sache, die unmittelbare Aktion war für ihn immer die Hauptsache. Und er lehrte alle Genossen, sich nicht mit papiernen Beschlüssen und formalen Erledigungen der Fragen zu begnügen. Sein telefonischer Anruf bedeutete immer eine Erkundigung, wie die Sache stand, ob man das notwendige Material zusammengebracht hatte, ob alle erforderlichen Zahlen vorhanden waren, ob man ihnen glauben konnte usw. Es kam sehr häufig vor, daß Lenin die Genossen selbst dorthin schickte, wo sich eine Prüfung machen ließ, oder wo man das nötige Material finden konnte.

Lenin verließ niemals den Boden der Wirklichkeit. Er fürchtete, stets das Verständnis für die einfache

Bauernwirtschaft, für das „Rößlein des Bauern" zu verlieren. Aber er benutzte jede Gelegenheit, wenn es
möglich schien, technische Verbesserungen einzuführ-
ren. Der Technik legte er eine ungeheure Bedeutung
bei, und dabei trat er mit dieser flammenden Begeisterung und unermüdlichen Energie für den Plan der
Elektrifizierung Rußlands ein. Er griff nach jeder technischen Vervollkommnung, denn er wußte, daß Rußland auf diesem Gebiete noch lange ein zurückgebliebe-
nes Land bleiben würde, wenn man den Fortschritt
nicht mit äußerster Energie betreibt. Mit welch uner-
hörter Intensität nahm Wladimir Iljitsch jede technische Vervollkommnung seitens der amerikanischen,
deutschen und englischen Arbeiter und Ingenieure auf,
die nach Rußland kommen und ihre technischen Methoden und ihre kulturell höher stehende Lebensform
mitbringen wollten. Auf das aufmerksamste verfolgte
er die Arbeit jeder dieser Kolonien und erleichterte ihnen nach Möglichkeit ihren schweren Weg in dem damaligen kalten und hungrigen Rußland.

Als Praktiker und Wirtschaftler stand Lenin immer mit beiden Füßen auf der Erde, er vergaß niemals
die Millionen von Arbeitern und Bauern des großen
Landes, die die eigentliche Arbeit zu leisten hatten; andererseits pflegte er bei der Lösung einer beliebigen
Frage immer weite Verallgemeinerungen zu ziehen, die
er dann bei der Entscheidung über Einzelfragen zu Hilfe nahm. Er stellte die Frage immer unter dem Ge-
sichtswinkel des revolutionären kämpfenden Marxismus. Wenn er sich mit einer Bäuerin oder einem Arbeiter unterhielt, kombinierte er auf eine schier unglaubli-
che Weise alle Tatsachen ihres Lebens und baute auf
dieser Grundlage ein ergreifendes und majestätisches
Bild des weiteren Arbeitsplanes. Lenin war mit Tausenden von Nervensträngen mit den breiten Schichten der

Arbeiter und Bauern verknüpft; wie kein anderer verstand er daher, das ganze Lebensbild dieser unteren Schichten zu rekonstruieren. Und ohne diesen Boden der realen Wirklichkeit zu verlassen, brachte er die Maschine der Sowjetwirtschaft, trotz aller Schwierigkeiten und Hindernisse, unaufhaltsam vorwärts.

Lenin bleibt ein bisher von niemand übertroffener Praktiker, ein Praktiker des kämpfenden Marxismus, der es verstanden hat, die Prinzipien der Revolution im Leben zu verwirklichen.

W. Karpinski

Der proletarische Führer der Bauernschaft

Die Charakteristik von Lenin würde unvollständig bleiben, man könnte sie nicht voll und ganz verstehen, wenn man seine Stellungnahme zu den Bauern nicht berücksichtigte.

Lenin, der geniale Führer des Proletariats, ist ebensosehr ein Führer der armen und mittleren Bauern. Infolge besonderer historischer Bedingungen hat unsere Bauernschaft in dieser Revolution keinen Führer aus ihrer Mitte hervorgebracht. Ihr Führer wurde der proletarische Führer Lenin. Und er verstand es auf die beste Weise, die Interessen der armen Bauern zu vertreten und sie mit denen des Proletariats und der proletarischen Revolution in ihrer Gesamtheit in Einklang zu bringen.

Wenn Lenin in der revolutionären Arbeiterbewegung den Marxismus theoretisch und praktisch anwandte und so den *Leninismus* schuf, so wandte Lenin auch bei der revolutionären Bauernbewegung die Grundsätze des Marxismus an und legte damit den Grundstein für *ein besonderes Kapitel des Leninismus*. In dieser letzten Hinsicht ist das schöpferische Verdienst seiner Gedankenarbeit vielleicht noch größer, da die Grundthesen über die revolutionäre Bauernbewegung vor ihm nur theoretisch angedeutet und praktisch überhaupt nicht ausgearbeitet waren.

In der Epoche der ersten Revolution in Rußland stellt Lenin die Parole *„Diktatur des Proletariats und der Bauernschaft"* auf, eine Losung, die eine Folge sei-

In Gorki

nes peinlich-genauen Studiums der Agrarfrage war. Gleich am ersten Tag der Oktoberrevolution erläßt er ein Dekret, *das den Boden den Bauern zuerkennt* und in dem er der Gegenrevolution zuruft: „Mögen sie jetzt versuchen, uns zu stürzen!" Von diesem Augenblick an zeigt sich Lenin als der geniale Taktiker einer proletarischen Revolution in einem Bauernlande.

Während vieler Jahre der Führer im unversöhnlichsten Kampfe gegen den kleinbürgerlichen Sozialismus, nimmt er jetzt den Sozialrevolutionären ihr Agrarprogramm und macht es zu einem *Dekret der Sowjetmacht*, wissend und fühlend, daß er auf diese Weise der Arbeiterklasse die Unterstützung der Bauernschaft sichert.

Unerschrocken macht er dem imperialistischen Kriege ein Ende, löst die alte Armee auf, akzeptiert den „gemeinen Frieden" mit Deutschland, ruft dadurch von seiten der „Patrioten" (darunter auch bei den Sozialrevolutionären) einen Sturm der Entrüstung hervor; aber da er weiß und fühlt, daß dies der Wille des ganzen Landes ist, daß das Volk, daß heißt die Bauernschaft, diesen Frieden will, sichert er dadurch dem Proletariat die Sympathien eben dieser Bauern.

Gleich darauf schleudert er mutig das *Dekret über die Organisierung einer neuen Armee*, der Roten Armee, ins Land und streicht mit fester Hand aus dem ursprünglichen Text die Worte aus, daß die Rote Armee der Arbeiter und Bauern *„ohne Zwang und Gewalt geschaffen, daß sie nur aus Freiwilligen bestehen werde"*. So konnte nur ein Führer des Proletariats handeln, der sich gleichzeitig als Führer des Bauerntums fühlte, von dessen Unterstützung er unerschütterlich überzeugt war.

Bei Beginn des Bürgerkrieges erläßt Lenin das *Dekret über die Komitees der armen Bauern*, wodurch

er die Oktoberrevolution in die Dörfer, in die Bauernmassen trägt und den Widerstand der Dorfbourgeoisie
mit Hilfe der proletarischen Elemente des Dorfes
bricht.

Gleich nach Beendigung des Bürgerkrieges, auf
dem VIII. Parteitag, tritt er mit seiner berühmten Rede
über das Verhältnis zu der mittleren Bauernschaft hervor, und hierbei entfaltet er sich als *der gewaltige proletarische Führer der Bauernschaft*. Er wirft so praktische Losungen auf, die in ihrer Schärfe, Kühnheit und
Anpassung an die Interessen der Bauern aus der Mitte
der Bauernschaft selbst aufgestellt schienen: „*Die besonderen Verhältnisse des Lebens des Bauern in Rechnung ziehen! ... Die Methoden des Übergangs zu der besten Ordnung bei dem Bauern lernen und sich nicht
unterstehen, zu kommandieren!*"

Der Führer der proletarischen Partei tritt hier
scheinbar im Interesse der „Kleinbourgeoisie" in Gegensatz zu seiner Arbeiterpartei. Er lehrt die kommunistischen Arbeiter die Verständigung mit den mittleren
Bauern! In den verzweifelten Verhältnissen des Ver-
falls der Nachkriegszeit besteht er auf der Notwendigkeit einer sofortigen Unterstützung *vor allem der Bauernschaft*. Es ist ein unvergeßliches, lehrreiches Vorbild
für jede kommunistische Partei, zumal in agrarischen
Ländern.

Hieraus nehmen alle neuesten, das Dorf betreffenden Dekrete ihren Anfang: der Ersatz der Zwangsumlage durch die Naturalsteuer, die Zulassung des freien
Handels, der Übergang von einer einheitlichen landwirtschaftlichen Steuer und andere Dekrete aus der
Epoche der neuen ökonomischen Politik, deren grund-
legender Sinn nur dieser eine ist: die Lage der mittleren und ärmsten Bauernschaft zu erleichtern und das
Bündnis der Arbeiterklasse mit ihnen zu festigen.

Lenin war der einzige von den Führern der Partei, der trotz übermenschlicher Überbürdung mit wichtigster Staatsarbeit immer einen Augenblick Zeit fand, mit einem einfachen Bauern ein paar Worte zu wechseln, mit einem Landarbeiter oder mit einem Redakteur einer ländlichen Zeitung. Lenin war der einzige von unseren Führern, der die Briefe von Bauern außerordentlich hochschätzte:

„Das sind ja wahrhaft menschliche Dokumente! Das werde ich ja in keinem offiziellen Bericht zu hören bekommen!" pflegte Wladimir Iljitsch zu sagen, wenn ich ihm solche Bauernbriefe zeigte. Und er stellte zahllose Fragen und hörte lange und aufmerksam zu, wie das Dorf lebt und woran es krankt.

„Nun, wie steht unser ‚Bauernbarometer'?" so pflegte unsere Unterhaltung zu beginnen; den „Bauernbarometer" nannte Wladimir Iljitsch die Zeitung „Armut" („Bednota").

Besonders lebhaft erinnere ich mich an eine Unterhaltung im Winter 1920/21. Es war eine ganz besonders schwere Zeit – nach dem langen Bürgerkriege –, als die Opfer und Entbehrungen der Werktätigen ihren Höhepunkt erreicht hatten. Die Bauernmassen waren von Unruhe und dumpfer Gärung ergriffen. Selbst die fortschrittlichsten und standhaftesten Bauern verfielen dem Zweifel. Die Bauern überschütteten die Redaktion „Armut" mit Briefen, mit Klagen und Protesten. Die Redaktion druckte einen Brief ab, der die wildesten Anklagen gegen die Sowjetmacht enthielt. Es begann eine leidenschaftliche Diskussion. Ich ging zu Wladimir Iljitsch, um mit ihm darüber zu sprechen.

Dieses Mal zog sich die Unterhaltung ganz besonders in die Länge. Über jeden Punkt überschüttete mich Wladimir Iljitsch mit Fragen, und bei jedem Briefe erkundigte er sich unbedingt:

„Wer ist der Schreiber? Ein reicher Bauer, einer aus der Mittelschicht oder ein armer?"

„Hier schreibt einer," sage ich, „daß die Sowjetmacht schlimmer als die zaristische sei."

„Schlimmer als die zaristische?" wiederholt Iljitsch und lacht mit zugekniffenem Auge. „Wer schreibt das?"

Die Unterhaltung schloß mit der Forderung, ihm einen ausführlichen Bericht mit Auszügen aus Bauernbriefen vorzulegen. Mehr als hundert solcher Briefe über die Zwangsumlage und über die allgemeine Lage der Bauern sind geprüft und mit einem ausführlichen Bericht Wladimir Iljitsch vorgelegt worden. Als ich später bei der VIII. Parteikonferenz Lenins Reden hörte, fand ich an einigen Stellen in der Schärfe der Formulierung Spuren des Einflusses dieser Berichte.

Seit jener Zeit verlangte Wladimir Iljitsch von der „Armut" regelmäßige Berichte mit Auszügen aus Bauernbriefen. Ich habe einen kleinen Zettel erhalten, der mit der winzigen Perlschrift Lenins bedeckt ist. Hier ist er wörtlich:

26. 1. 1922

Gen. Karpinski!

Wollen Sie mir in aller Kürze schreiben (2–3 Seiten maximum):
– wieviele Briefe von den Bauern der „Armut" zugehen?
– was in diesen Briefen wichtig (besonders wichtig) und neu ist? Stimmungen? Aktuelles?

Könnte man nicht außerdem *zweimal monatlich* (das nächste Mal am 15. III. 1922) Berichte erhalten?

(Mit der Nachricht über die
a) durchschnittliche Zahl der Briefe,
b) Stimmungen,
c) aktuellsten Tagesfragen.)

Lenin.

Bereits erkrankt, am 3. März 1922 schreibt Wladimir Iljitsch einen Artikel für die „Armut". Auf einem kleinen Begleitzettel erwähnt er seine Krankheit und fügt folgende Zeilen hinzu, die die beispiellose Bescheidenheit dieses großen Mannes charakterisieren:

„Daher bin ich außerstande, etwas *Vernünftiges* zu dem vierjährigen Jubiläum der ‚Armut' zu schreiben. Wenn das Beigefügte Ihnen geeignet erscheint – drukken Sie es ab; wenn nicht – werfen Sie es in den Papierkorb, das wird besser sein. Ihr Lenin."

Diese Arbeit von Lenin wurde in der „Armut" am 26. März 1922 veröffentlicht.

Die Bauernschaft ist nach Lenins Worten eine *„Klasse, die der städtische Arbeiter nicht kennt".* Wir, die städtische Arbeiterpartei kennen das Dorf bis jetzt nicht, wir kennen nicht den Bauern, wir verstehen es nicht, die Arbeit unter der Bauernschaft, wie es sich gehört, zu führen. Das ist Tatsache, wir müssen es in diesem Augenblick des schwersten Verlustes besonders stark empfinden. Ohne Lenin, ohne den genialen Seher hätten wir auf dem Gebiete unseres Verhältnisses zu der Bauernschaft nicht wiedergutzumachende Fehler begangen. Das wird besonders klar jetzt bei dem Rückblick und bei der Einschätzung von Lenins Rolle in dieser Frage.

Lenin hat uns in seinen letzten Reden ausführliche Unterweisungen darüber gegeben, welche Linie in unserem Verhältnis zu der Bauernschaft einhalten und wie wir unsere ökonomische Politik gestalten müssen, um das Bündnis der Arbeiterklasse mit der Bauernschaft zu erhalten und zu festigen. Die folgenden ausdrucksvollen Zeilen sollte jedes Parteimitglied als ein *Vermächtnis des teuren Führers* auswendig lernen:

„Wir müssen so arbeiten, daß ein Kontakt zustande kommt zwischen unserer sozialistischen Arbeit auf dem Gebiete der Großindustrie und der Landwirtschaft und jener Arbeit, mit der jeder Bauer beschäftigt ist und die er, sein Elend bekämpfend, ohne alle Spitzfindigkeiten so gut er kann betreibt ... Man muß diesen Kontakt zum Ausdruck bringen, damit wir ihn klar sehen, damit das ganze Volk ihn sieht und damit die ganze Bauernmasse erkennen kann, daß eine Verbindung besteht zwischen ihrem schweren, maßlos zerstörten, unerhört verarmten und qualvollen jetzigen Leben und jener Arbeit, die im Namen ferner sozialistischer Ideale seitens der Kommunisten geleistet wird. Es muß erreicht werden, daß der einfache arbeitende Mann begreift, daß er eine Besserung erfahren hat und daß er sie nicht auf dieselbe Weise erhalten hat wie die wenigen Bauern in der Epoche der Herrschaft der Gutsbesitzer und Kapitalisten, als jeder Schritt zur Besserung (eine Besserung gab es zweifellos und oft eine sehr bedeutende) mit Beschimpfung und Verspottung des Bauern, mit Vergewaltigungen der Masse verbunden war, eine Vergewaltigung, an die noch alle Bauern zurückdenken, und die in Rußland auch nach Jahrzehnten nicht vergessen sein wird. Unser Ziel ist – den Kontakt herzustellen, dem Bauern zu zeigen, daß wir mit dem anfangen, was ihm jetzt begreiflich, vertraut und erreichbar ist, jetzt bei all seiner Armut, und nicht mit etwas, das vom Standpunkt des Bauern entfernt und phantastisch ist; wir müssen ihm zeigen, daß wir ihm helfen können, daß die Kommunisten im Augenblick der schweren Lage des ruinierten, verarmten, qualvoll

hungernden Kleinbauern ihm schon jetzt wirklich hel-
fen. Wir werden ihm das entweder beweisen, oder er
wird uns zu allen Teufeln schicken."[1]

Das ist das grundlegende Vermächtnis von Lenin.
Ihm folgend, werden wir die schwere Zeit überwinden
und die Revolution zu Ende führen können.

1 Aus der Rede auf dem XI. Parteitag der KPR.

III.

Der Mensch

■ ■ ■

N. Bucharin

Genosse

Lenin ist tot. Niemals werden wir diese mächtige Stirne mehr sehen und diesen herrlichen Kopf, dessen revolutionäre Energie nach allen Seiten strahlte, niemals mehr diese lebhaften, durchdringenden, aufmerksamen Augen, diese festen gebieterischen Hände, diese ganz kräftige, wie gegossene Gestalt, die an der Grenzscheide zweier Epochen der Menschheitsentwicklung stand. Es ist, als wäre die Zentralisation der proletarischen Vernunft, des proletarischen Willens und Fühlens zerstört, die gleich unsichtbaren Strömen durch Millionen von Leitungen in alle Winkel unseres Planeten dringen, überallhin, wo Arbeiterherzen schlagen, wo das Bewußtsein der großen Klasse geschmiedet wird, wo die Waffen für ihren Befreiungskampf geschliffen werden.

Du Lieber! Unvergeßlicher! Großer!

Genosse Lenin war und bleibt einzig in Vergangenheit und Zukunft.

Natur und Geschichte knüpften in ihm einen Knoten aus gewaltiger Vernunft, menschlichem Willen, persönlichem Mut und jener seltsamen Menschlichkeit, die nur Auserwählten eigentümlich ist. Und diese kombinierten Kräfte gaben uns das Genie Wladimir Iljitschs.

Genosse Lenin war vor allem ein *Führer*, einer jener Führer, die die Geschichte der Menschheit nur einmal in Jahrhunderten schenkt, deren Namen die Merksteine sind für die Epochen der Geschichte. Er war der größte *Organisator* der *Massen*. Einem Riesen gleich schritt er an der Spitze der Menschenflut und ihre Bewegung lenkend, aus zahllosen menschlichen Einsern eine disziplinierte Armee der Arbeit bauend, sie in den Kampf werfend, den Gegner zerschmetternd, die Elemente zügelnd, – beleuchtete er mit dem Scheinwerfer seiner gewaltigen Vernunft sowohl die geraden Wege als auch die dunklen Umwege der Gassen, durch die der dumpfe gleichmäßige Schritt der schwarzen Arbeiterreihen mit ihren roten Rebellenbannern hallte.

Was machte Lenin zu diesem genialen Führer dieser Millionen?

Vor allem sein ungewöhnlich feines Gefühl für die Bedürfnisse der Massen. Gerade als ob Lenin einen merkwürdigen sechsten Sinn gehabt hätte, der es ihm ermöglichte, mit feinem Gehör zu vernehmen, wie das Gras unter der Erde wächst, wie unterirdische Bäche laufen und flüstern, wie die Gedanken in den Köpfen der zahllosen Werktätigen der Erde umgehen. Wie kein anderer verstand er *zuzuhören*. Geduldig und aufmerksam hörte er einem Soldaten der alten Armee zu, einem Bauern aus einem fernen Gebiet, einem Metallarbeiter. Aus einem zufälligen Gespräch mit einem alten Dorfmütterchen erriet er den Pulsschlag der Bauern. Auf Grund eines Fragezettels eines Arbeiters in einer Versammlung sah und fühlte er, dieser Weise unserer Partei, welche Wege die Gedanken der Arbeiterklasse gehen. In jedem Menschen schien er auf eine besondere, nur ihm eigentümliche Weise Tausende von Fäden aufzugreifen, das ganze Knäuel der sozialen Verknüpfungen, dieses komplizierten Gewebes, und seine Augen sahen das Lebensbild von Millionen, das Bild der Klassenbeziehungen in dem ganzen unermeßlichen Lande. Lenin hatte die besondere Gabe, mit Menschen zu sprechen, so nahe, so intim an die Menschen heranzutreten, daß sie ihm alle ihre Zweifel, Nöte und Wünsche offen entgegenbrachten. Für jeden hatte Lenin eine besondere Sprache. Die Feinde der Arbeiterklasse mit allen Kräften seiner gewaltigen Seele hassend, ihnen gegenüber hart, entschlossen, unerbittlich, konnte Lenin „seine" Leute mit unendlicher Geduld behandeln, sie überzeugen, die Zweifel der kämpfenden Arbeit beheben. Deshalb wirkte Lenin so bezaubernd. Er fesselte alle Menschen. Sie gingen zu ihm nicht wie zu einem Chef, auch nicht wie zu einem Führer einer proletarischen Armee, sondern wie zu dem besten Freunde, Genossen, dem treuesten, weisesten, erfahrensten Ratgeber. Und er verband die Menschen mit einem Zement, den keine Kraft zu lösen vermochte.

Man wird keinen zweiten Führer in der Geschichte finden, der wie Lenin von seinen nächsten Kampfgenossen geliebt worden ist. Alle hatten zu ihm ein besonderes Gefühl. Ja, er wurde wirklich geliebt. Nicht, daß man nur sein gewaltiges Hirn und seine eiserne Hand schätzte. Nein. Er band die Menschen mit intimen Fäden an sich, er war allen der Vertraute, der Herzensverwandte. Er war im vollen Sinne dieses Wortes – *Genosse* –, ein großes Wort, dem die Zukunft gehört. So werden einmal die Beziehungen zwischen allen Menschen sein...

Diese erstaunliche Leninsche *Einfachheit* war der Grundzug seiner Politik.

Es war nicht die Einfachheit der naiven Menschen. Es war die Einfachheit des Genies. Er fand einfache Worte, Parolen, einfache Lösungen der schwierigsten Aufgaben. Nichts war Lenin so fremd wie Spitzfindigkeiten, Pose, Vernünftelei. Er haßte das alles, er verspottete dieses verfluchte Erbe der Vergangenheit, das uns noch immer belastet. Er kannte den Wert der *Tat* und war ein wütender Gegner allen hohlen Lärmens.

Und bei alledem führte Lenin gebieterisch die ganze Partei und durch sie alle Werktätigen. Er war ein
Diktator im besten Sinne des Wortes. Alle Lebensströ-
me in sich aufsaugend, in seinem erstaunlichen Gehirn-
laboratorium die Erfahrung von Hunderten und Tausenden von Menschen verarbeitend, riß er die Massen
mit sich vorwärts. Er hat sich niemals den Zurückgebliebenen angepaßt, hat die Ereignisse niemals passiv
„registriert". Er konnte gegen die Strömung angehen
mit der ganzen Kraft seines wilden Temperaments. So
muß der echte Massenführer auch sein.

Genosse Lenin hat uns für immer verlassen. Verlassen für alle Ewigkeit. So laßt uns denn unsere ganze
Liebe zu ihm auf sein leibliches Kind, seinen Erben –
auf unsere Partei übertragen. Möge sie leben in seinem
Geiste, in seiner Vernunft, in seinem Willen, in seinem
rücksichtslosen Mut, in seiner Hingabe an die Arbeiterklasse. Lernen wir alle zusammen, ebenso aufmerksam
den Massen zuzuhören, wie es Lenin verstanden hat, –
unser aller Führer, unser weiser Lehrer, unser lieber,
unschätzbarer *Genosse.*

S. Sosnowski

Iljitsch – Lenin

Die Bitterkeit des Verlustes und der tiefe Schmerz hindern uns alle, deutlich zu erfassen, wen wir verloren haben.

Ich glaube, daß dieses erstaunliche Wesen zwei Gesichter hatte. Das eine – den künftigen Jahrzehnten und Jahrhunderten zugewandt, allen Völkern und Ständen, die auf unserer Erde leben und leben werden. Dieses Gesicht ist das Gesicht Lenins.

Das andere – Iljitsch. Dieses Gesicht ist *uns, den Zeitgenossen,* zugewandt, den Kampfgenossen, Schülern, Freunden, seinen nahen Geistesverwandten.

Wer sagt da, daß Lenin gestorben sei?! Das ist nicht wahr!

Lenin lebt nicht nur, er fängt erst an zu leben, er wird erst geboren für das wirkliche Leben, er hat erst begonnen, die Geister und Herzen der Menschen zu erobern. Lenin ist es gelungen, in den Geist und in die Herzen von Millionen Menschen einzudringen, von Millionen, die in unseren Sowjetrepubliken leben. Aber die Mehrheit der Bevölkerung dieser Republiken hat Lenin noch nicht voll und ganz errungen. Der Kampf um die Verbreitung des Leninismus steht noch bevor.

Und wie steht es im bürgerlichen Europa? Im überbürgerlichen Amerika? In den kolonialen und halbkolonialen Ländern Asiens, Afrikas, Australiens und Amerikas? Dort muß die Arbeit erst noch getan werden. Sie beginnt erst.

Gibt es jemand in der Welt, der daran zweifelt, daß Lenin auch in Asien, Afrika und Amerika den Sieg davon tragen wird? Wir wenigstens zweifeln nicht daran. Aber sogar die Könige der kapitalistischen Welt erken-

nen in ehrlichen Augenblicken, daß das sieghafte Vor-
dringen Lenins in ihre Reiche unabwendbar ist. Sie
versuchen nur, mit Gewalt und Lüge den Sieg der historischen Gerechtigkeit über das jahrhundertealte Übel
aufzuhalten.

Lenin, der Verkünder der großen Ideen, des
Kampfes und der Befreiung der Werktätigen, er lebt.
Lenin, der Wortführer der Gerechtigkeit, der Anwalt
der Unterdrückten und versklavten Völker, er lebt. Lenin, der Kämpfer um die wahre Gleichheit und Brüderlichkeit der Menschen, er lebt.

Selbst in dem Momente, wo zahllose Menschenmassen unter Trauermärschen seinen Körper zu den
Brudergräbern tragen werden, selbst in diesem Momente wird der riesenhafte Marsch Lenins dem Siege
entgegen keine Sekunde lang zum Stillstand kommen.
Im Gegenteil, in diesen bitteren Stunden werden sich
die Herzen der „Hungrigen und Sklaven", der durch
den Haß gegen den Kapitalismus Geeinten, wie nie zuvor erschließen, und sie werden sich Lenin zuwenden,
sie werden *Lenin zuhören*. Denn Lenin lebt, denn Lenin pulsiert durch die Herzen und wird pulsieren, solange die Dämonen des Kapitalismus und der Ausbeutung nicht in die tiefste Hölle vertrieben sind.

Ja, Lenin lebt und er wird leben. Dafür werden wir
sorgen nach unseren besten Kräften. Das erste, was
wir in Rußland tun werden – mit den granitenen und
marmornen Denkmälern hat es noch Zeit –, wird sein,
daß wir in jede Hütte, in jede Arbeiterwohnung mindestens ein Buch über Lenins Leben und seine Tat bringen. Das Büchlein wird von einem der nächsten Schüler Lenins verfaßt sein, es wird einfach und verständlich geschrieben, auf gutem Papier mit großen Buchsta-
ben gedruckt, mit einem Bildnis versehen und in alle
existierenden Sprachen der Erde übersetzt sein. Das

Büchlein wird vielleicht durch die Schuljugend verbreitet werden, denn es gibt wenig Familien, in denen es keine Kinder gibt. Auch das zweite, was wir tun werden – wird die Herausgabe eines Buches über Lenin sein, aber ausführlicher und für die kostenlose Verbreitung unter dem Lehrpersonal unseres Landes bestimmt – als ein Lehrmittel für den Unterricht des Leninismus an unseren Schulen.

Lenin wird dann auch in solche Winkel dringen, wo man von ihm bisher noch wenig gehört hat, und er wird neue Millionen von Herzen für die Sache des Kommunismus gewinnen.

Aber wenn Lenin nicht tot ist und nicht sterben kann, warum dann diese Trauer, warum dieser Gram? Warum warten Hunderttausende von Arbeitern in eisiger Kälte stundenlang auf den Straßen und Plätzen Moskaus – nur um einen Augenblick vor dem Roten Sarge im Säulensaal verbringen zu können und sich schweigend, mit gepreßtem Herzen von dem geliebten Führer zu verabschieden?...

Es ist Iljitsch, von dem sie Abschied nehmen. Ja, Iljitsch hat uns verlassen. Der lebendige Mensch, der Vertraute, der teure und geliebte Iljitsch.

Lenin und Iljitsch. Der große Führer. Eine historische Riesengestalt. Und gleichzeitig damit – die bezaubernde wundervolle Persönlichkeit.

Dieses Zusammentreffen brauchte nicht zu sein. Es hätte ein Führer, Denker und Kämpfer sein können, ohne jene persönlichen seelischen Qualitäten, wie sie Iljitsch hatte. Der Führer konnte große Gedanken in die Massen werfen, ausgezeichnete Befehle und Gesetze geben, aber seine Persönlichkeit fremd, unbegreiflich, isoliert bleiben. Rein *persönlich* hätte er sogar ein Mensch mit vielen menschlichen Schwächen und Mängeln sein können. Man könnte sich denken, daß er geachtet und verehrt, aber nicht geliebt wurde. Er konnte viele persönliche Feinde haben, die durch seine ungerechten Handlungen sich gekränkt fühlen würden.

Aber zu guter Letzt würde alles Persönliche vor dem Richterstuhl der Geschichte in dem Lichte seiner politischen und sozialen Verdienste verschwinden. Und hinter dem Sarge eines solchen Führers würden wahrscheinlich auch große Menschenmassen einherschreiten, aber ... nicht mit diesen Gefühlen.

Und das ist der Grund, weshalb in dem Säulensaal das Schluchzen nicht aufhört, die Tränen auf den Gesichtern nicht trocknen.

Der allgemeine Schmerz dringt darum in alle Herzen, weil wir *Iljitsch* verloren haben.

Iljitsch, diesen unendlich vertrauten, nahen, zärtlich geliebten Menschen. Was war er uns allen? Vater? Bruder? Geliebter? Der einzige Sohn? Oder sind alle diese Familienbegriffe veraltet und zu gering für den Ausdruck jener neuen, bisher unerlebten Gefühle, die die *neue menschliche Familie, das neue Kollektiv – die proletarische Partei jetzt geboren hat?*

Ja, Iljitsch war mehr für uns als Vater, Bruder oder Sohn. Wir liebten in ihm im Grunde genommen jenes *Beste*, von dem ein kleiner Teil wenigstens auch in jedem von uns und im ganzen Kollektiv enthalten ist.

Seine bezaubernde Einfachheit, seine Zugänglichkeit, die rührende Aufmerksamkeit und Fürsorge, seine Weisheit und Gerechtigkeit, Bereitschaft, jedem zu helfen, soweit es irgend ging, eroberten alle Herzen.

Ein Mensch von seltener moralischer Reinheit, Bescheidenheit und Beherrschtheit im persönlichen Leben (früher hätte man gesagt: ein Mann von heiligem Lebenswandel), war unser lieber Iljitsch nicht im geringsten hart im Verhalten zu anderen. Er kannte ausgezeichnet unsere Schwächen, wußte, welche Art Sünden ein jeder von uns hatte. Aber er hat sich niemals erlaubt, auch nur mit Andeutungen zu moralisieren und zu bevormunden. Nur zuweilen lächelte er einem mit spöttisch zusammengekniffenen Augen zu, und dann fühlte sich der Schuldige schlimmer als nach zehn Resolutionen des Zentralkomitees oder der Zentralexekutive.

Wie zart und feinfühlig dieser Diktator mit den Menschen verfuhr, davon kann sich keine Vorstellung machen, wer ihn nicht gekannt. Kurz vor Lenins Tode übergab Genosse Jenukidse dem Lenin-Institut ein Paket mit kurzen Briefen, die er von Iljitsch erhalten hatte. Jeder dieser Briefe enthält irgendeine Bitte für irgendeinen Menschen. Der eine ist mit Lebensmitteln zu versorgen, der andere mit Kleidung, mit einem Zimmer, der dritte muß ärztlich behandelt und in ein Sanatorium geschickt werden. Und jede Bitte war mit einer ausführlichen Motivierung begleitet. Als wenn ein Wort von Iljitsch für den Genossen Jenukidse oder für jeden beliebigen von uns auch ohne jede Motivierung nicht schon Gesetz war. Aber der bescheidene Iljitsch bemühte sich sogar dann, wenn er sich um ein Paar Stiefel für einen Menschen sorgte, uns zu *überzeugen*, daß seine Bitte nur gerecht war.

In welchem Grade feinfühlig und zart unser Iljitsch sein konnte, davon macht man sich keinen Begriff. Alle wissen, es ist oft darüber geschrieben worden, wie durchaus unversöhnlich und rücksichtslos Iljitsch sein konnte, wo es sich um Menschen handelte, die, seiner Meinung nach, durch ihre unrichtige Tätigkeit der Partei und der Revolution schadeten. Dann konnte er sogar die besten Freunde aus seinem Herzen reißen.

Es braucht nicht gesagt zu werden, wie schnell sich Iljitsch dem Betreffenden wieder zuwandte, wenn der von der Bahn Abgekommene wieder auf den alten Weg zurückkehren wollte. So war es z. B., als ich mich an Lenin in der Angelegenheit eines Arbeiters wandte, der wegen seiner Teilnahme an der Organisation einer parteifeindlichen Gruppe nach Archangelsk verschickt worden war. Kaum erzählte ich ihm, daß dieser Bursche in seinen Briefen seine Verirrungen einsehe, als Iljitsch mir hastig zurief: „Schreiben Sie unbedingt an das Zentralkomitee und bitten Sie, die Angelegenheit von neuem zu prüfen. Ich werde Sie unterstützen."

All das erklärt, wieso Menschen, die von Iljitsch in öffentlichen Versammlungen und in der Presse hart angegriffen wurden, niemals gegen ihn Haß oder auch nur ein gereiztes Gefühl empfanden. Gerade in diesen traurigen Tagen sah ich einen Genossen in tiefster Trauer, der am meisten von Iljitsch auszustehen gehabt hat. *Liebe, Vertrauen, Achtung und Ergebenheit zu Iljitsch* ließen nie ein Gefühl der persönlichen und fraktionellen Kränkung aufkommen.

Daher hatte Iljitsch wohl Klassenfeinde, aber er hatte keine persönlichen Feinde. Das ist eine seltene Erscheinung im Leben. Und deshalb war es so leicht zu leben, da man stets das Bewußtsein hatte, einen Mann von dieser Reinheit, Weisheit, Unvoreingenommenheit und Gerechtigkeit neben und über sich zu haben.

Ich selbst störte Iljitsch nur selten mit telefonischen Gesprächen und Besuchen. Aber das Bewußtsein, daß man im schwersten Augenblick anrufen und nach einigen Sekunden Iljitschs Stimme hören könne, diese Bewußtsein stärkte den Mut und die Energie bei der Arbeit. Das haben wahrscheinlich viele gefühlt. Und *das* haben wir verloren. Und niemand in der ganzen Welt wird diesen Verlust ersetzen können. Jeder Mensch braucht das Bewußtsein, daß jemand in der Welt lebt, der seinen Schmerz, sein Leid (auch wenn es

nicht persönlicher Art ist), anzuhören bereit ist. Ohne das ist das Leben schwer.

Für das Bewußtsein der ganzen Partei, des ganzen Proletariats und der gesamten Bauernschaft wurde Iljitsch zu einer solchen Zuflucht, zur Verkörperung der Gerechtigkeit, Wahrheit und Menschlichkeit.

„Ich werde zum Iljitsch selbst gehen." Wer hat nicht in Städten und Dörfern diesen Ausspruch, diesen Aufschrei des in seinem Rechtsgefühl verletzten Menschen gehört. Und sie gingen auch wirklich zum Iljitsch. Sehr viele. Und einer, der bei ihm war, der Iljitschs einfache Herzlichkeit, Aufmerksamkeit und liebevolle Behandlung an sich erfahren hatte, ging ins Volk zurück und verbreitete die Kunde (die anwachsend zu Legenden führte) von der Gerechtigkeit *unseres Iljitsch.*

Alles das haben wir verloren.

In den breiten Kreisen des Volkes weiß man nicht, mit welcher Hartnäckigkeit sich Iljitsch um die Wiederherstellung der erkrankten oder erschöpften Parteigenossen sorgte.

In den letzten Jahren fragte er fast jeden Genossen, der ihm in die Quere kam: Waren Sie schon in Urlaub? Haben Sie sich erholt? und er freute sich aufrichtig, wenn er eine bejahende Antwort vernahm. Im Zentralkomitee bestand er auf der Annahme einer ganzen Reihe von besonderen Maßnahmen für die Erhaltung der Gesundheit der alten Garde der Partei, im Sinne obligatorischer ärztlicher Untersuchungen usw. Zuweilen setzte er es (oft gegen den Willen des betreffenden Genossen) durch, daß der Erholungsbedürftige zwangsweise beurlaubt wurde.

Aber um sich selbst kümmerte er sich wenig, ja er verstieß gegen manche Beschlüsse des Zentralkomitees, die ihm einen Urlaub vorschrieben. So diszipliniert und fordernd er gegen andere war, wenn es sich um Gesundheitsfragen handelte, verletzte er die Parteibeschlüsse nur in bezug auf sich selbst.

Nun ist Iljitsch nicht mehr unter uns. Wir nehmen Abschied von ihm. Mit zärtlichen, unendlich dankbaren Blicken streicheln wir sein ruhiges, erstarrtes Gesicht.

Letzten Gruß Dir, Iljitsch! Leb wohl, Du Lieber, Du Einziger. Wir sagen Dir unseren Dank dafür, daß Du uns geholfen hast, das zu werden, was wir geworden sind – Deine Schüler, Helfer, Kampfgenossen und jetzt – Erben und Vollstrecker Deines Vermächtnisses.

Wir danken Dir für jenes unaussprechliche Glück, das wir erlebt haben, als wir mit Dir, unter Deiner Leitung, für das Wohl der ganzen Menschheit arbeiteten.

Letzten Gruß Dir, lieber Iljitsch!... Als Du noch lebtest, schämten wir uns, Deine große Bescheidenheit achtend, Dir von unserer Liebe, Ergebenheit, Achtung, von unserem Vertrauen zu sprechen. Jetzt bist Du nicht mehr. Wir alle, jeder für sich ein kleiner Mensch, in unserer Gesamtheit aber ein gewaltiges Kollektiv, werden versuchen, jenes Beste, das von Dir stammt, aus uns hervorzubringen und durch die Tat zu zeigen, wie wir Dich geliebt haben und lieben. Unsere Feinde werden den Tag der von ihnen herbeigesehnten Spaltung in unseren Reihen nicht erleben! Nicht umsonst haben wir Jahrzehnte bei Dir, teurer Iljitsch, gelernt.

G. Sorin

Lenin, was er uns bedeutet

Einige meinen:

Lenin – das ist die wunderbarste Maschine – sie handelt klug, besser als irgendein Mensch, mit der größten mechanischen Vollkommenheit.

Andere finden:

Lenin – das ist etwas Elementares: das ist ein Sturm, der alle Gesetze der allgemein anerkannten Wissenschaften über den Haufen wirft und der dabei, den Elementen gleich, seine eigenen Gesetze hat.

Die Zehnten sind der Ansicht:

Lenin – das ist ein ganz besonderes System, eine ganz besondere Methode der praktischen Zerlegung theoretischer Materie.

Die Hundertsten und die Tausendsten jedoch – die reihen geschichtliche Tatsachen aneinander, vergleichen sie und sagen tiefsinnig:

„Lenin – den muß man verstehen!.."

„Lenin. Was kann Lenin bedeuten?..."

Während eine gesetzte Petersburger Arbeiterin ausrief:

„Lenin – der ist unser Mann! Er muß wissen, warum man uns Schuhzeug mit verfaulten Sohlen verabfolgt!"

Versuche da einer, sich in all dem auszukennen.

Und wenn man es aber versucht, dann steht einem plötzlich eine wohlbekannte Gestalt vor Augen, mit den Händen in den Hosentaschen und ein wenig zurückgeneigtem Oberkörper, und brummt zwischen den Zähnen:

„Genossen, befaßt euch nicht mit Dummheiten..."
Wer hat dazu Lust?

Aber es ist *eine* Sache, sich mit Dummheiten zu befassen, und eine andere Sache, geschichtliche Ereignisse zu schildern. Und ein solches geschichtliches Ereignis war die Eröffnung des II. Kongresses der Kommunistischen Internationale in Petrograd und Lenins Ankunft zu dieser Eröffnung. Über den Kongreß selbst ist geschrieben worden, und man wird noch viel über die Rolle schreiben, die Lenin auf diesem Kongreß gespielt hat – das werden die Historiker untersuchen.

Meine Aufgabe ist eine andere. Sie besteht darin, einige Bewegungen Lenins auf dem Papier wiederzugeben. Sie derart wiederzugeben, daß sie im Gedächtnis haften bleiben und so sind, wie Lenin sie machte. Selbstverständlich haben diese Bewegungen in einem bestimmten Milieu stattgefunden, und darum kann ich nicht umhin, einige Worte über dies Milieu selbst zu sagen.

Der Bahnhof. Die Delegiertenzüge sind bereits angelangt. Die Delegierten haben sich nach dem Smolny-Institut begeben. Wir erwarten die Ankunft des fälligen Personenzuges, mit dem Lenin eintreffen muß.

Als der Zug sich dem Bahnsteig nähert, eilen wir an sein Ende, in der Erwartung, dort einen Salonwagen zu finden. Während wir den Zug entlangschreiten, tritt uns aus der Tür eines gewöhnlichen Personenwagens Lenin mit seinen Begleitern entgegen.

Bei uns zeigt sich minutenlange Verlegenheit, bei ihm – ein Lächeln:

„Guten Tag..." das kam zuerst...

Sodann:

„Wie bewährt sich der Genosse S. bei Euch?"

„Gut."

„Achtet darauf. Wir brauchen ihn mit guter Vorbereitung. Ihr haftet dafür, daß er die Schule der Petersburger Arbeit gut absolviert."

Das Taurische Palais.

„Aber hier ist ja niemand. Wo sind sie denn alle?"

„Im Smolny-Institut."

„Warum sind wir denn hierher gefahren?"

„So war die Anordnung."

„Schöne Anordnung. Ich komme zur Arbeit her und soll mich in einem leeren Gebäude herumdrükken... Fahren wir ins Smolny-Institut, das Taurische Palais mag die prächtige Anordnung bleiben."

Das Smolny-Institut.

Kinder streuen Blumen. Die Passage ist gesperrt, man läßt niemand durch. Eine Frau hebt ihr kleines Mädchen empor:

„Schau, Njuscha, das ist Lenin!"

Irgendwie drängen wir uns durch. Wir fragen:

„Wo sind die Delegierten?"

„In der Aula."

„Ah, das ist interessant, wieder einen Blick in die Aula werfen zu können."

Und es langte gerade zu einem Blick. Dann wurde er von den Wellen schreiender und singender Menschen verschlungen.

Und dann aufs neue das Taurische Palais.

Gleich wird man beginnen. Die Delegierten nahmen ihre Plätze ein.

Und dann plötzlich:

„Seht, seht... Da ist ja Genosse Z.! Wie grau er geworden ist..."

Und nach einigen Sekunden, die zum Durcheilen des Saales von der Estrade bis zu seinem Ende notwendig sind, Umarmungen und Küsse der alten Freunde.

Irgendjemand gibt seinem Erstaunen Ausdruck:

„Iljitsch küßt! Iljitsch versteht zu küssen!"

Und dann, einige Minuten später, der Bericht:
Der Kapitalismus muß untergehen.

Vielleicht zweifeln einige Sonderlinge oder wissenschaftlich ungeschulte Leute daran?... Aber hier sind Zahlen, hier sind Tatsachen, und hier sprechen ihre eigenen Gelehrten... Ist es jetzt verständlich? – Da gibt es kein Entrinnen!

Und die Hörer staunen anfangs: Lenin, und er redet so einfach, aber hinter dieser Einfachheit beginnt man die grenzenlose, auf Zahlen der Weltstatistik fußende Gedankentiefe zu ahnen: während des Krieges sind so und soviel Leute gefallen, der wirtschaftliche Wohlstand ist um soviel gesunken... Der Ausweg! Wo ist der Ausweg aus diesem verhexten Kreis?!

Es ist bewiesen: der Kapitalismus muß zugrunde gehen.

... Den Lippen eines persischen Genossen entschlüpfen einige Kehllaute. Er ist vom Platz aufgesprungen und brüllt vor Begeisterung. Sein deutscher Nachbar schaut ihm geradewegs auf den Mund. Der Deutsche ist erstaunt: es stellt sich heraus, daß er, der Deutsche, persisch versteht.

„Ja-schasyn... Ja-schasyn!..." übertönt der Ruf den alle mitreißenden Begeisterungssturm.

Lenin streicht sich währenddessen die spärlichen Haare am Kopf glatt und fragt:

„Könnte man nicht die Petersburger Arbeiter ruhig betrachten? So, daß niemand stört..."

... Und nun sind wir auf der Erholungsinsel der Werktätigen.

Der Bürgerkrieg hat die Petersburger Arbeiter und Arbeiterinnen fürchterlich ermüdet. Aber auf der Insel ist es im Sommer schön. Die Erholungsuchenden haben sich in den schattigen Gärten zerstreut, und Lenin sucht sie – halloh!

Im Zimmer eines Hauses sitzen zwei am Schachbrett. Zwei andere schauen zu.

Das Herz des Schachspielers erwacht:

„Wir wollen sie nicht stören... Sie spielen..."

Und die Spielenden hatten kaum Zeit, einen Blick auf die Gäste zu werfen, als diese sich bereits dem Ausgang zuwandten.

... Lenin ist müde geworden. Er hat den Sportklub der Erholungsheime besichtigt, ist auf die in einen Landungssteg für Regattaboote verwandelte Veranda hinausgetreten und hat sich auf die nackten Bretter des Steges niedergelegt. Ringsum tiefe Stille. Alle sind in den Anblick der sommerlichen, in ihrer rauhen Schönheit so wunderbaren Petersburger Natur versungen

Plötzlich öffnet sich die Tür. Auf der Schwelle erscheint der eine der oben erwähnten Schachspieler; er scheint nach irgendetwas auszuschauen und betrachtet scharf die Gesichter der Anwesenden. Jetzt bleibt sein Blick an der liegenden Gestalt Lenins haften. Dann scheint er weiterzugleiten. Er verstellt sich. Er tut, als hätte er nichts bemerkt und entfernt sich ruhig.

Nach zwei Minuten erscheint ein zweiter. Die gleiche Besichtigung wiederholt sich, dann geht auch der. Und nach einigen weiteren Minuten erscheint ein Trupp von Männern und Frauen, die sich bereits nicht mehr verstellen können. Die offizielle Entdeckung Lenins hat stattgefunden.

„Nun, wie geht es Euch?"

„So und so..."

„Und wie steht es mit den Lebensmitteln?"

„Schwach... Wir sind gründlich ausgehungert."

„Aber," mischt sich ein alter Arbeiter der Putilowwerke ein, „Genosse Lenin, Sie sollten uns lieber erzählen, wie es mit der Kommunistischen Internationale steht... Wird da was herauskommen oder nicht?"

Lenin erzählt.

„Soso... also wir werden doch siegen, wenn's auch durch Blut geht... Das ist gut."

Zur selben Zeit findet in einer gesonderten Frauengruppe folgendes Gespräch statt:

„Nun, so sag's ihm doch..."

„Ich werd's auch sagen – das ist keine Ordnung... Er soll es wissen..."

„Vielleicht ist es unschicklich?"

„Warum denn unschicklich? Er gehört doch zu uns..."

„Na, ein Schuster ist er gerade auch nicht..."

„Was macht das, daß er kein Schuster ist... Das Geld für die Stiefel kommt doch aus der Staatskasse? So etwas! Amerikanische Stiefel... Da haben wir die amerikanischen!"

Und mit den Ellenbogen einige der Männer beiseite schiebend, drängten die Frauen sich in die vorderste Reihe. Dort pflanzten sie sich auf. Schweigen. Die Rednerin wird von den Freundinnen von hinten gestoßen. Sie steht und weiß nicht, womit sie beginnen soll und wie sie es anzufangen hat. Lenin schaut sie fragend an. Endlich faßte die Rednerin Mut. Schnell hob sie den einen Fuß und legte ihn derart über den andern, daß die Sohle des erhobenen Fußes sich in einer Linie mit Lenins Gesicht befand. Das Blut schoß ihr ins Gesicht. Sie schlug mit der flachen Hand auf die Sohle und rief:

„Genosse, hast du je so eine Sohle gesehen! Das nennt sich amerikanisch... Was soll ich mit dem verwünschten Ding anfangen? Sie fällt ab!..."

Lenin betrachtete erst die Sohle, dann blickte er auf die Frau:

„Genossen, wir müssen lernen, selbst gute Sohlen zu machen, sonst werden die Amerikaner uns immer betrügen. Sobald wir das gelernt haben, wird alles gut."

„Gut...!" wiederholte einem Echo gleich die Frau mit nun beruhigter Stimme.

Und als unsere Gruppe sich nach einiger Zeit zum Auto begab, da ertönte in der Lenin begleitenden Menge der Ruf dieser Frau:

„Wir wollen ihn schubsen, laß uns Lenin in die Höh' schubsen!"

Aber dazu kam es nicht. Lenin wehrte sich eigensinnig.

„Nur das nicht... Nur nicht schubsen... Ich bitte euch sehr darum..."

Als er bereits im Auto saß, sagte er:

„Wie schädlich doch diese bürgerliche Kultur ist. Wie ansteckend sie ist. Ich hätte nie geglaubt, daß dieser Gymnasiastenbrauch des Schubsens in die Arbeitermassen eindringen könnte. Woher kommen ihnen solche Gelüste der Intelligenz?"...

In einer abgelegenen Straße Petersburgs gibt es ein Haus, in dem Lenin einmal wohnte.

Und er hat nicht bloß darin gewohnt, er hat von dort aus die unterirdische Arbeit geleitet.

Wie könnte man es unterlassen, dies Haus aufzusuchen, wenn man sich in der Nähe befindet?

Wir fuhren hin, hielten davor.

„Wann war es denn? Ach ja, in jenem Jahr. Die Zeit vergeht schnell. Und dies sind ja wohl die Fenster unserer Wohnung. Nicht wahr, die Wohnung war im fünften Stock?"

Liebevoll betrachtet Lenin das Haus. Er blickt sich noch mehrmals darnach um, als das Auto bereits in ziemlicher Entfernung davonrollt. Und unter der Einwirkung aufsteigender Erinnerungen denkt er an eine ferne, geschichtliche Vergangenheit.

„Genossen, wie lange dauert es, um zum Preobraschensky-Friedhof zu fahren?"... fragt er uns.

Wir berechnen im Stillen: Bis zur Versammlung war nur noch wenig Zeit; auf den Friedhof fahren, das hieße uns zur Versammlung verspäten.

„Es geht nicht, Wladimir Iljitsch, wir kämen zur Versammlung zu spät."

„Vielleicht könnten wir doch fahren... Ich möchte gern das Grab sehen..." bittet er fast kindlich.

„Es geht nicht."

Er fügte sich.

Als wir dann aber zwecklos, als einsame Gruppe auf dem Platze standen und die nach russische Gewohnheit sich um zwei Stunden verspätende Demonstration erwarteten, sagte Lenin vorwurfsvoll:

„Ihr habt mich angeführt. Wir hätten in dieser Zeit zweimal zum Friedhof fahren können..."

Und wenn die Deutschen nicht unerwarteterweise erschienen wären, so hätte er uns mit seinen Vorwürfen die Hölle heiß gemacht. Crispien und Dittmann retteten uns.

„Oh, das scheinen ja die Deutschen zu sein," rief Lenin beim Anblick dieser, an das Parlament gemahnenden Gestalten.

„Sie sind auch gekommen!"...

Einen Augenblick später entspann sich auf dem Platz ein hitziges Wortgefecht in deutscher Sprache.

„Wir halten, wir halten..." wiederholten die Deutschen hartnäckig.

Und Iljitsch lachte laut über ihr „Halten", um dann gleich wieder wie ein Gewittersturm über sie herstürzen.

Der Streit drehte sich darum, daß die Deutschen Lenin versicherten, sie hielten große Arbeitermassen unter ihrer Leitung, und daß, wenn es in Deutschland zur Revolution käme, diese geordneter verlaufen würde als in Rußland.

Und als nach einiger Zeit eine vieltausendköpfige Menge auf diesem Platz immerfort ruft:

„Lenin! Wir bitten Lenin!"

Und der Versammlungsvorsitzende mit heiser gewordener Stimme der Menge versichert, daß Lenin seine Rede beendet habe und eiligst fortgefahren sei.

Und die Menge immer hitziger verlangt:

„Lenin... Lenin!"...

Und dem Lärm der Menge sich immer neue und neue Stimmen der anlangenden Demonstranten anschließen...

Da hat es in der Tat den Anschein, daß wir von deutscher Ordnung weit entfernt sind.

Das Schiff beginnt unter dem Ansturm der menschlichen Brandung rhythmisch zu schwanken... Welle um Welle geht über das Verdeck... Der Mast scheint zu brechen...

„Lenin! Wo ist Lenin?!"

Lenin aber saß nach einigen Tagen in seinem Kabinett im Kreml und bemühte sich, mit dem einen Auge blinzelnd, den hunderttausendsten Genossen über die Stimmung der Massen auszufragen. Er versuchte ihn in einer Weise auszuhorchen, daß der Befragte nicht wußte, worauf es Lenin abgesehen hatte. Denn sobald er es begriff, bestand die Gefahr, daß er beschönigte.

Und dann verglich er das Resultat dieses Verhörs mit den Schlußfolgerungen des tausendunddritten Berichts. Darauf addierte er die beiden und multiplizierte die ganze Summe mit dem Projekt irgendwelcher auf der Tagesordnung stehenden Thesen. Und nach erhaltenem Resultat machte er sich lange Zeit mit den Zahlen der mangelhaften Statistik zu schaffen. Er zog Dutzende eigener und fremder Fehler ab. Überprüfte alles nochmals zum zehnten Mal und, nachdem er sich beim

Volkskommissariat für Ernährungswesen über die bevorstehende Kartoffelernte erkundigt hatte, fällte er das Urteil:

„Es scheint zu stimmen. Und wenn es stimmt, dann muß es genau durchgeführt werden... um jeden Preis durchgeführt werden... Und die Durchführung muß kontrolliert werden..."

Denn mehr als alle anderen hatte die Petersburger Arbeiterin recht!

„Lenin – das ist unser Mann"... Das bedeutet vor allem, daß er ein schlichter, guter, arbeitsamer Mensch ist...

Und man braucht sich nicht den Kopf darüber zu zerbrechen: was Lenin bedeute? Man muß sich bemühen, ihm ein wenig zu gleichen.

G. Krshishanowski

Wladimir Iljitsch

Die Persönlichkeit Wladimir Iljitschs ist so groß und vielseitig, daß man ihre verschiedenen Seiten noch viele Jahre lang erforschen, vielleicht neue Entdeckungen machen und in ihr neue Antriebe für die schöpferische Tätigkeit finden wird.

Schon zu seinen Lebzeiten kursierten in den Volkstiefen viele Legenden über ihn, die ihm oft Taten und Gedanken zuschrieben, die der Wirklichkeit nicht entsprachen. Und es ist bezeichnend, daß diese Legenden über Wladimir Iljitsch in der Regel von seiner Sorge um die Millionen Werktätiger, von seinen fortwährenden Gedanken über ihr Los und ihre Not erzählten.

Wir alle, die wir das Glück hatten, mit Wladimir Iljitsch unmittelbar zusammen zu sein, wir sind verpflichtet, unsere Erinnerungen an ihn in die Öffentlichkeit zu tragen und alles zu tun, um seine Gestalt zu charakterisieren. Aber wie schwer uns das in diesen Tagen fällt, wie sehr der Schmerz des unermeßlichen Verlustes uns daran hindert, jener qualvolle Schmerz, den wir bei dem Gedanken, daß er von uns gegangen ist, empfinden und den wir immer wieder verscheuchen, weil wir gar zu gern glauben möchten, daß Lenin noch lebe, daß sein Tod nur ein entsetzlicher Albdruck sei, – daß weiß jeder von uns aus eigener Erfahrung.

Er ist uns noch so nahe, er ist noch so sehr unter uns, daß man fast keine Möglichkeit hat, in Gedanken eine Distanz zu gewinnen, ausreichend, um all das Große und Grundlegende zu überblicken, das aus diesem gebrechlichen menschlichen Material hervorgegangen ist und ewig fortleben wird.

Sicher wird diese Aufgabe erst im Laufe der Zeit und kollektiv gelöst werden können, denn in Lenins Persönlichkeit ist uns, wie ich schon sagte, nicht nur eine, sondern eine Fülle von Themen für eine solche Arbeit gegeben. Er ist groß nicht nur als Denker, der das reiche Erbe von Marx und Engels ausgezeichnet beherrschte, sondern als einer, der dieses Gebiet der wissenschaftlichen Forschung mit großen eigenen Beiträgen bereichert hat, er ist groß als Apostel, Propagandist und treuer Beschützer der Interessen des Proletariats, als gewandter praktischer Organisator, als feuriger unerschrockener Revolutionär, als Schriftsteller, als eigenartiger Volkstribun und Redner, der die Volksmassen hinreißt, als kaltblütiger und geschickter Stratege und als Führer des Weltproletariats.

Ich zweifle nicht, daß man darüber viele Bände schreiben wird, nicht nur in unserer Sprache, sondern in allen Sprachen der Welt. In diesen wenigen Zeilen möchte ich nur sagen, was Wladimir Iljitsch uns zum teuren, unersetzlichen Genossen und Freunde machte.

Es hat einmal jemand gesagt, daß es höchstes menschliches Glück sei, einem jener Menschen zu begegnen und die Möglichkeit zu haben, mit ihm zu leben, die größer und besser sind als die anderen. Das Glück einer solchen Begegnung empfanden wir alle besonders deutlich in unserem Zusammensein mit Wladimir Iljitsch.

Wir alle, die wir verschiedene Lebenswege und die mannigfaltigste Lebenserfahrung hinter uns haben, wir alle werden, jeder auf seiner Weise, das Gleiche bezeugen: die Begegnung und die Arbeit mit Wladimir Iljitsch, dieser mächtige und warme, über uns ausgebreitete Flügel Iljitschs, war für uns das kostbarste Glück. Wir alle wußten, daß, solange er lebte, ein Zentrum und ein Stützpunkt da war, wo unserer nicht nur weise, sondern auch mit tiefer Menschlichkeit gedacht und um uns gesorgt würde, um uns zu heben und um uns zu helfen, besser und nützlicher für die anderen zu werden. Wenn wir uns ihm näherten, blickten wir nicht nur zu ihm auf, sondern wir rafften uns, für uns selbst unbemerkt, ebenfalls zusammen, um besser und würdiger zu sein. Wie oft fühlten wir, daß, wenn wir, uns den Türen seines Arbeitszimmers nähernd, über irgendeine Frage, die wir ihm unterbreiten wollten, intensiv nachdachten, dann nach einer kurzen Rücksprache mit ihm mit Staunen merkten, daß die Frage so einfach und die Lösung so klar war, daß es eigentlich kein Schwanken und keine Zweifel hätte geben dürfen. Das kam daher, weil das Gefühl der Achtung, das uns dieser unermüdliche Arbeiter schon allein durch die Einteilung seines Arbeitstages beibrachte, uns zwang, unsere Gedankenarbeit zu steigern, und wohl auch deshalb, weil Wladimir Iljitsch die besondere Gabe hatte, den Gedanken seines Besuchers nach dem ersten Wort aufzufangen und in der erforderlichen Richtung zu lenken.

Um die Persönlichkeit des sich ihm nahenden Menschen ganz zu erringen, brauchte Wladimir Iljitsch keinerlei künstliche Mittel: es genügte, wenn er ganz er selbst blieb. Und das blieb er auch sein ganzes Leben, unter den verschiedensten Umständen, denn sein ganzes Wesen schloß jede Verstellung, jede Phraseologie und jede Banalität vollkommen aus.

Man sagt, daß die wahre Meisterschaft auf jedem beliebigen Gebiete sich letzten Endes durch die Leichtigkeit des Ausdrucksvermögens charakterisierte: der Mensch scheint dabei sehr wenig zu verausgaben und gibt dennoch unendlich viel. In diesem Sinne war es Wladimir Iljitsch gegeben, als Mensch – einfach, klar und für alle zugänglich zu sein, und gleichzeitig damit – so ungewöhnlich feinfühlig, vielseitig und stark.

Indessen weiß jeder von uns, daß die Meisterschaft auf jedem beliebigen Gebiet dem Menschen nicht vom Himmel zufällt, sondern daß sie nur durch große Arbeit und lange Übung erreicht wird. Und nur durch eine solche Vorarbeit erreicht es der Mensch, daß er sich einfach und leicht gibt.

Aus jenem Kinderbildnis Wladimir Iljitschs, das jetzt allgemein verbreitet ist, blickt uns ein ungewöhnlich anziehendes Kinderantlitz an. Aber daß sich dieses Kind in die uns bekannte Erscheinung Wladimir Iljitschs mit ihrer charakteristischen Stirnkuppel und den edlen Linien der Lippen verwandeln konnte, daß seine Worte und seine Taten diese Einfachheit und Klarheit atmeten, dazu waren Jahre tiefer und angespannter Arbeit an sich selbst erforderlich.

Durch lange Jahre hartnäckiger Arbeit an sich selbst härtete Iljitsch seinen eigenen Willen, und er war mehr als irgendein anderer dazu berechtigt, Befehle zu erteilen und viel zu fordern, denn am anspruchsvollsten und unerbitterlichsten war er gegen sich selbst.

Noch niemals ward eine menschliche Persönlichkeit auf so gerechte Weise und so hoch erhoben. Aber keinen Augenblick lang hätte diese Macht Wladimir Iljitsch zu Kopfe steigen können, kein einziger Fleck hat ihre Ausübung an ihm zurückgelassen.

Er wird in die Geschichte eingehen als der furchtbarste Feind jeder Gewalt eines Menschen über einen anderen, als der hingebendste Freund der schwielenbedeckten Hand, als der Mann des kühnen Gedankens und des konsequenten Kampfes für den Kommunismus.

Dieser feurige Revolutionär verzehrte sich in dem unermüdlichen Kampf. Keine Sekunde von seinem Posten weichend, hat er mit übermenschlicher Anstrengung noch mit seiner paralysierten Hand die letzten

Gedanken aufgezeichnet, die auf die Wege der proletarischen Revolution wie immer ein helles Licht warfen.

Bis zu Ende, bis zum letzten Atemzuge!

Durch die Arbeit Wladimir Iljitschs sind die großen Kräfte unseres Landes aus ihrer Erstarrung erwacht, eine große Zukunft erwartet sie. Niemals wird
die Welt Wladimir Iljitsch vergessen.

N. Podwoiski

Lenin im Revolutionären Stabe

Kerenskis Banden standen vor Petrograd. Die Lage der soeben erst organisierten Arbeiter- und Bauernrepublik war kritisch. Alles, was imstande war, die Sache der Republik zu verteidigen, wurde von uns bewaffnet und an die Front geschickt, aber der Zerfall in einigen unserer Truppenteile, das mangelhafte Kommando und die Planlosigkeit in der Leitung der Operationen machten unsere Bemühungen zunichte. Bei der Zusammenhanglosigkeit und Ungeübtheit unseres Kommandos wäre es dem Feind ein Leichtes gewesen, uns mit ganz geringer Macht zu vernichten und über unsere zurückweichenden Truppen hinweg in die Hauptstadt einzudringen. Der Befehlshaber – Genosse Antonow – war infolge Übermüdung kaum imstande, sich über die Ereignisse Rechenschaft abzulegen.

Und in diesem schweren Augenblick trat Lenin in den Vordergrund.

Am 26. Oktober des Jahres 1917 begannen wir Soldaten- und Rotgardisten-Regimenter zu formieren und an die Front abzuschicken. Das Smolny-Institut war buchstäblich in ein Heerlager verwandelt worden, wo in aller Eile aus den dorthin gesandten Arbeitern Truppenteile gebildet wurden. Dort wurden sie auch ausgerüstet und bewaffnet, richtiger gesagt, in Soldatenmäntel gehüllt und mit Gewehren, Tornistern und Patronen versehen. Viele der Arbeiter standen zum erstenmal in Reih und Glied und bekamen zum erstenmal ein Gewehr in die Hand.

Von der Front erhielten wir spärliche Nachrichten. Man wußte, daß die Vorhut des Genossen Tschudnowsky ihrer Aufgabe nicht gewachsen war.

Genosse Antonow begab sich an die Front und kehrte äußerst niedergeschlagen angesichts der dort herrschenden Unordnung und Verwirrung zurück. Wir versammelten einige unserer bolschewistischen Offiziere und Soldaten und begannen die außerordentlich kritische Lage zu erörtern.

Lenin, der mit gespanntester Aufmerksamkeit dem Vormarsch Kerenskis und dem Verlaufe des Aufstandes der Weißgardisten gefolgt war, war sich augenscheinlich über unsere kritische Lage an der Front völlig klar. Ganz unerwartet für uns erschien er mit Stalin und Trotzki im Bezirksstab. Er ließ mich, Antonow und Mechanoschin herausrufen und forderte uns auf, ihm genauen Bericht über die Lage der Dinge zu erstatten, ihn mit den uns zur Verfügung stehenden Kräften, mit der Macht des Gegners und unseren Operationsplänen bekannt zu machen.

Auf meine Frage, was diese Fahrt hierher zu bedeuten habe – ob Mißtrauen gegen uns oder etwas anderes – erwiderte Lenin einfach, aber bestimmt:

„Kein Mißtrauen, die Regierung der Arbeiter und Bauern wünscht nur zu wissen, was ihre Militärmacht unternimmt."

In diesem Augenblick fühlte ich zum erstenmal, daß wir eine Diktatur haben, daß wir eine starke, feste Arbeiterregierung besitzen. Ich begriff, daß ich ein den Arbeitern und Bauern verantwortliches Werkzeug der Regierung war und nicht ein einfacher Beamter; daß ich selbst, indem ich einen Teil des Apparats der Diktatur bildete, mit jedem meiner Schritte der Macht des Proletariats untergeordnet war und vor der gemeinsamen Diktatur des Proletariats in der Person des Rats

An der Bahre

der Volkskommissare eine ungeheure Verantwortung trug.

Genosse Antonow begann den allgemeinen Operationsplan darzulegen, wobei er auf der Karte die Stellung unserer Kräfte und die vermutliche Stellung des Gegners bezeichnete. Lenin stürzte sich über die Karte. Mit dem Scharfsinn des größten und aufmerksamsten Strategen und Feldherrn verlangte er von uns Erklärungen, warum dieser oder jeder Punkt nicht geschützt werde, warum man diesen Schritt zu unternehmen gedenke und keinen anderen, warum Kronstadt nicht zum Beistand aufgefordert worden sei, warum diese Stellung nicht ausgearbeitet worden sei und warum man jenen Durchgang versperrt habe.

Diese durchdachte und strenge Analyse zeigte uns, daß wir tatsächlich eine ganze Reihe von Fehlern gemacht und nicht die außerordentliche Tatkraft entwickelt hatten, die der Augenblick erforderte. Wir waren den Massen gefolgt, hatten aber nichts getan, um ihre Führer und Feldherrn zu sein. Es blieb nur zweierlei zu tun: entweder Lenin einzugestehen, daß wir alle absolut untauglich wären und die Verantwortung für die Operationen nicht übernehmen könnten, oder den Befehl einem anderen zu übertragen.

Nach einer Unterredung und einem Meinungsaustausch mit den Genossen des Stabes begab ich mich zu Lenin und erklärte, daß ich es übernähme, die schwere Lage an der Front zu bessern, und daß ich hoffe, die nötige Konzentrierung der Kräfte des roten Petrograd bewerkstelligen können.

Gegen Mittag des folgenden Tages erschien Lenin bei mir im Stab und verlangte, einen für ihn bestimmten Tisch in mein Kabinett gestellt zu erhalten, da er ständig auf dem Laufenden zu sein wünsche.

Nachdem Lenin sich einmal aufs Organisationspferd gesetzt hatte, schickte er alle 5 bis 10 Minuten jemand zu meinem Beistand: sei es bei der Lebensmittelversorgung, sei es bei der Mobilisierung der Arbeiter, sei es bei der Intendantur, zuweilen einen Flieger, zuweilen einen Agitator. Immer mehr und mehr vom Eifer erfaßt, verließ er, unbewußt für sich selbst, mein Kabinett, um diesem oder jenem Genossen unmittelbar seine Befehle zu erteilen.

Es wurde mit Hochdruck gearbeitet, aber Lenin genügte das nicht: ihm schien, daß die Arbeit immer noch langsam, unschlüssig, energielos geschehe, und er begann selbst Vertreter von Organisationen und Betrieben in mein Kabinett einzuladen und sich bei ihnen über die Bewaffnung der Arbeiter, über die technischen Mittel und darüber, was sie zur Verteidigung beitragen könnten, zu informieren, und worin ihr Betrieb nützlich sein könnte.

Die Arbeiter der Putilowwerke erhielten den Befehl, die Plattformen der Lokomotiven zu panzern, die auf den Werken vorrätigen Geschütze anzuliefern, sowie Panzerautos in die Positionen zu entsenden. Der Narwa-Bezirk wurde angewiesen, bei den Fuhrleuten Pferde zu requirieren, um die von der Fabrik fertiggestellten Geschütze fortzuschaffen. In die verschiedenen Betriebe und Organisationen wurden Kommissare entsandt, um zu requirieren, was die Verteidigung brauchte.

Im Laufe von drei bis fünf Stunden geriet ich mehrmals mit Lenin aneinander, weil ich gegen die „Raubtätigkeit" protestierte. Meine Proteste fanden anscheinend Gehör, waren aber nach einigen Minuten schon wieder vergessen. Im Grunde genommen hatten sich zwei Stäbe herausgebildet: einer in Lenins Kabinett und ein zweiter in dem meinigen. In Lenins Kabinett war gewissermaßen der Feldstab, denn sein Tisch stand in meinem Kabinett. Je öfter aber Lenin sein eigenes Kabinett aufsuchte, wohin auf seinen Befehl ohne Unterlaß alle möglichen Arbeiter hingerufen wurden, desto mehr verloren seine Anforderungen ihren zufälligen Charakter und verwandelten sich in eine ununterbrochene Kette. Es ist wahr, diese Anordnungen betrafen weder die Truppenteile, noch die Operationen, sondern bloß die Mobilisierung „aller und vor allem" zu Verteidigungszwecken. Dennoch ging dieser Parallelismus der Arbeit mit schrecklich auf die Nerven. Schließlich verlangte ich in scharfer und ganz unmotivierter Weise, daß Lenin mich vom Kommando befreie.

Lenin geriet in Zorn, wie nie bisher:

„Ich werde Sie dem Parteigericht übergeben, wir werden Sie erschießen. Ich befehle Ihnen, die Arbeit fortzusetzen und mich bei der Arbeit nicht zu stören."

Erst am anderen Tage lernte ich die Bedeutung der parallelen Tätigkeit Lenins schätzen. Ich begriff ihren Wert besonders, nachdem ich die Ergebnisse der von ihm einberufenen Konferenz der Vertreter von Arbeiterorganisationen, Bezirkssowjets, Betriebskomitees, Gewerkschaftsverbänden und Truppenteilen einer Durchprüfung unterzogen hatte. Er befahl auch mir, auf dieser Konferenz zugegen zu sein.

Hier verstand ich, worin Lenins Stärke lag: in außerordentlichen Augenblicken führte er die Konzentrierung von Gedanken, Kräften und Mitteln bis zu den äußersten Grenzen durch. Wir zersplitterten uns, sammelten Kräfte und lanzierten sie, wie der Zufall es wollte, planlos, wodurch unsere Tätigkeit verschwommen wurde, was wiederum zur Folge hatte, daß in der Stimmung der Massen bisweilen Verschwommenheit und Mangel an Aktivität, Initiative und Entschlossenheit den Sieg davontrugen.

J. Larin
Wie er lehrte

Was er lehrte, ist aus seinen Reden und Artikeln, seinen Büchern und wissenschaftlichen Arbeiten allgemein bekannt. Weniger bekannt ist, *wie* er lehrte – wie er die Wissenschaft des *Regierens* lehrte.

Bis zur Oktoberrevolution hatte das Proletariat und seine Partei keine Erfahrung in der Lenkung des Staates. Die „Kultur des proletarischen Regierens", wenn man sich so ausdrücken darf, mußte erst ganz neu geschaffen werden. Er war ihr Schöpfer und der unmittelbare Erzieher ihrer Träger – jener umfassenden Schicht führender Arbeiter und Parteimitglieder, die unter seiner Leitung den staatlichen Aufbau in der Praxis zu verwirklichen hatten.

Abgesehen von den gut bekannten objektiven Verhältnissen – Diktatur des Proletariats in einem Lande mit einer kleinbürgerlichen Bevölkerungsmehrheit, Verarmung und schwere politische Lage – wurde die Situation außerordentlich kompliziert durch zwei Eigenheiten jenes subjektiven Menschenmaterials, das ihm in Gestalt der Parteimitglieder zur Ausgestaltung der siegreichen Klasse zum Staat zur Verfügung stand. Dieses Menschenmaterial, diese einige tausend Menschen mußte er die Regierungsführung lehren. Das Proletariat hatte sich als Klasse der Staatsmacht bemächtigt, und diese tausend Menschen wurden ebenfalls von dem Proletariat gestellt, das sich auch als Ganzes an den verschiedenen Äußerungen des staatlichen Aufbaus beteiligte. Die Regierungsführung mußte aber vor allem diesen von der Partei des Proletariats gestellten Leuten beigebracht werden, damit überhaupt ein einigermaßen geregelter Aufbau des neuen Staates und die Behauptung der Staatsmacht möglich war.

Darin besteht die historische Bedeutung jener Arbeit der Erziehung der Vertreter der neuen Klasse zur Organisation des neuen Staates, die Wladimir Iljitsch in seiner Eigenschaft als „Meister der Staatskunst" leistete.

Abgesehen von den allgemeinen zeitlichen und örtlichen Bedingungen (Mangel an Kultur, Tendenz zur Vereinfachung usw.), zeichnete sich das Menschenmaterial, das der Meister die Kunst des Regierens zu lehren hatte, wie bereits gesagt, durch zwei spezielle, besonders komplizierte Züge aus. Der erste ist die Verschiedenartigkeit der *sozialen Herkunft*, der zweite die Verschiedenartigkeit der *politischen Vergangenheit*.

Der sozialen Herkunft ihrer Mitglieder nach, d. h. der Zugehörigkeit derselben zu dieser oder jener Klassengruppe „von Geburt an" (oder seit Beginn des bewußten Lebens), läßt sich unsere Partei, wie bekannt, in drei Gruppen einteilen. Rund 45 Prozent der Parteimitglieder sind Arbeiter, rund 25 Prozent Bauern und rund 30 Prozent sind Angestellte und Intellektuelle, die aus den klein- und mittelbürgerlichen Schichten (Mitglieder gutsherrlicher Familien mit eingeschlossen) hervorgegangen sind. Indem jede dieser Gruppen sich in der Partei im Sinne des Bestrebens wandelt, sich in dem einen geeinten Strombett der proletarischen Klasse zu bewegen, bringt sie doch bei ihrem Aufsteigen in die Staatsregierung gewöhnlich ein gewisses Gepräge mit sich, das für das intellektuelle Sein, aus dem sie hervorging, charakteristisch ist.

Der beschränkte Praktizismus des Bauern, sein Mangel an prinzipieller Disziplin; das oberflächliche Steckenpferdreiten der kleinbürgerlichen Intellektuellen, das noch nicht überwunden ist durch das starke

Empfinden für die Realität des Lebens; die Intuitivität des Verhaltens (gefühlsmäßiges Verhalten) und das Sichleitenlassen nur durch den allgemeinen elementaren Klasseninstinkt, ohne genügend strenges Durchdenken der *ganzen* Situation auf seiten des Arbeiters, der sich noch nicht die Weisheit der *Klasse* als der Repräsentantin der allgemeinen Hauptinteressen der Bewegung zu eigen gemacht hat – das alles macht sich bemerkbar, das alles muß man die am Aufbau des neuen Staates Mitwirkenden in der *Praxis* überwinden lehren, damit bei dem Aufbau etwas herauskomme (genauer, das herauskomme, was erforderlich ist).

Jene einige tausend Menschen, die bei uns die Gesamtheit der zentralen und örtlichen verantwortlichen Kommunisten bilden (die Präsidien der Gouvernementskomitees, Gouvernements-Exekutivkomitees, Gourvernements-Gewerkschaftsräte, die Mitglieder der Kollegien der Volkskommissariate, des Allrussischen Zentralen Exekutivkomitees, der Zentralkomitees der Gewerkschaften und die anderen wichtigsten Militär-, Partei-, Sowjet- und Gewerkschaftsarbeiter), zerfallen ihrerseits ihrer *politischen Vergangenheit* nach in drei Gruppen. Nach den vom Zentralkomitee der KPR herausgegebenen „Bilanzen der Parteiarbeit von 1922 bis 1923" gibt es insgesamt über 5000 solcher Arbeiter. Ihre politische Vergangenheit ist folgende: 1. Vor der Februarrevolution von 1917 waren 25 Prozent der Gesamtzahl Bolschewiki; 2. 28 Prozent waren Mitglieder anderer politischer Parteien (zwei Drittel hauptsächlich Menschewiki); 3. 47 Prozent beteiligten sich am politischen Leben durch Eintritt in die Partei erst nach der Februarrevolution von 1917, der größte Teil zudem erst nach der Schaffung der Sowjetmacht.

Die Buntscheckigkeit der politischen Herkunft der aktiven Parteispitze, jener 5000 Menschen, die das Pro-

letariat an die Spitze seiner Organe stellte, diese Buntscheckigkeit komplizierte die „staatlich-erzieherische"
Aufgabe Wladimir Iljitschs sehr wesentlich. Die alte
(vorrevolutionäre, unterirdische) bolschewistische Partei hat, indem sie siegte, die tatsächlich im Proletariat
wurzelnden lebenskräftigen Elemente der anderen vor-
revolutionären unterirdischen Parteien aufgesogen.

Die Aufgabe war in einem sehr wesentlichen Teil,
eine organische Verschmelzung all dieser Elemente in
die Wege zu leiten, eine Aufgabe, die bei der gegebenen
Struktur des Parteiskeletts absolut notwendig war. Diese Aufgabe wurde zwar durch das Vorhandensein ge-
meinsamer revolutionärer Traditionen erleichtert. Den
„Bilanzen der Parteiarbeit" zufolge schlossen sich die
ehemaligen Menschewiki u. a. der Partei noch vor der
Oktoberrevolution an (hauptsächlich in den für die Partei schweren „Nachjulitagen"). Aber das Bestehen dieser Buntscheckigkeit der politischen Herkunft muß in
Betracht gezogen werden, will man die Meisterschaft
bewerten können, mit der Lenin es verstand, ein so ver-
schiedenartiges Material, wie z. B. die alten Leute aus
der unterirdischen Zeit der Partei und die in der Revolution neuen Leute, die am politischen Leben überhaupt erst nach der Revolution sich zu beteiligen begannen, zu einem Zement und Bindemittel des Gebäu-
des des neuen Staatsaufbaus zu machen.

Dies erforderte eine feine Filigranarbeit geradezu
individuellen Charakters. Man hat sich bei uns zuweilen sehr gewundert, daß Lenin so außerordentlich viel
Zeit und Kräfte, zuweilen einen großen Teil des Tages
den zahllosen kleinen laufenden Alltagsangelegenhei-
ten widmete. Die gesetzgeberischen und die praktischen Angelegenheiten, die „Nudelsuppe", wie er sich
ausdrückte, verschwanden bei ihm tatsächlich nie von
der politischen Tagesordnung. Aber gerade auf diese

Weise, im persönlichen Verkehr mit Hunderten und Tausenden, als Individuen an ihm vorbeiziehenden Genossen, schmiedete er aus der vorhandenen Parteiavantgarde das für die Arbeiterklasse notwendige Menschenmaterial für den staatlichen Aufbau.

Jeder, der auf diese Weise mit einer einzelnen, oftmals sehr winzigen Frage zu ihm kam, war, wenn er fortging, um die Fähigkeit bereichert, die Sache richtig in Angriff zu nehmen. Mit einigen Sätzen lehrte er einen Menschen sofort das Komplizierte im Einfachen und das Einfache im Komplizierten herauszufinden. Er lehrte ihn, an eine Tatsache von der Lebensrealität aus heranzutreten, d. h. die Dinge an den wichtigsten „Knotenpunkten" ihrer Verbindung mit den anderen Erscheinungen in Angriff zu nehmen, ohne die Gedanken nach allen Seiten schweifen zu lassen und über Einzelheiten das Wichtigste zu übersehen; er lehrte ihn in der geringsten Kleinigkeit das Typische erkennen; er lehrte ihn Nüchternheit, die sich nicht hinreißen läßt, ohne Prinzipienlosigkeit kühlen Verstand mit einem glühenden Herzen verbinden, durch den Charakter der Arbeit selbst und ohne jede „Äußerlichkeit" glühende Leidenschaft in die Sache hineinlegen, Berücksichtigung der sozialen Wurzeln jeder Angelegenheit („ein Idiot, wer aufs Wort glaubt"), Ausmerzung der Enge und Einseitigkeit der Auffassung, der dilettantischen sowohl wie der amtlichen (der „Speze") – kurz, wenn ein Mensch von ihm fortging, so begann er an dem Beispiel seiner kleinen Angelegenheit die *Kunst des Manövers* zu verstehen – und diese Methode ist auch der Schlüssel zur Staatslenkung unter unseren Verhältnissen beim Vorhandensein einer festen prinzipiellen Achse und eines ebensolchen Kriteriums.

Durch den Verkehr mit ihm wuchs der Mensch innerlich – er wurde gerade jener Arbeit mehr gewachsen, die durch den Umstand außerordentlich *kompliziert* war, daß die Diktatur des *Proletariats* in einem Lande mit *kleinbürgerlicher* Bevölkerungsmehrheit auf Grund des *Einvernehmens* mit dieser letzteren verwirklicht werden mußte. Indessen hat uns die vorrevolutionäre Geschichte hauptsächlich zu „direkten", keineswegs aber zu „Manövrier-Operationen" erzogen. Unter diesen Verhältnissen war die Aufgabe entsprechender „staatlicher Umerziehung" der Parteiavantgarde die notwendige Bedingung für die Aufrechterhaltung der proletarischen Diktatur und der Verwirklichung aller mit ihr verknüpften Aufgaben im weiteren.

Lenin befaßte sich mit „Kleinigkeiten", er befaßte sich viel mit ihnen, weil er nur auf diese Weise jeden mitverantwortlichen Arbeiter individuell bearbeiten und umbilden konnte, indem er ihn an seiner eigenen Sache die Kunst des Regierens lehrte. Er begriff nicht schlechter als andere, daß diese „Nudelsuppe" ihm Kräfte entzog, seine Kräfte untergrub – aber er begriff vortrefflich auch die ungeheure historische Bedeutung der Arbeit, auf diese Weise die für die Aufrechterhaltung der proletarischen Macht notwendigen staatsmännischen Kaders zu schaffen.

Das ist der Grund, weshalb sich Lenin mit „Kleinigkeiten" befaßte, das ist der Grund, warum er so viel Kräfte für sie verausgabte, das ist der Grund, warum er auf die Ratschläge, die „Nudelsuppe" zu lassen, nur mit einem freundlichen, listigen Lächen antwortete, das niemand vergessen wird, der es auch nur einmal sah.

P. Lepeschinski

In seiner Nähe (1889)

Wir hegten alle das größte Interesse für die Person Wladimir Iljitschs. Um ihn drehten sich am häufigsten unsere Gedanken und unsere Gespräche.

Schon in Kasatschje unterhielten wir uns mit F. W. Lengnik häufig über die Rolle, die Bedeutung und den persönlichen Charakter dieses Mannes. Wir kannten ihn bloß vom Hörensagen und urteilten über ihn in der allerleichtsinnigsten Weise aufs Geratewohl, wobei wir meistens darin übereinstimmten, daß er „ein General" sei und nichts weiter: er liebe zu kommandieren und über seine Gehilfen zu verfügen, als ob sie Schachfiguren wären; gegen seine Umgebung sei er hochmütig, und dabei hätte er es noch weit bis zu dem Gedankenriesen Plechanow.

Und dennoch ... war es außerordentlich interessant, diesen „General" wenigstens von weitem zu sehen, wenigstens von weitem seine hochmütigen Reden zu hören und ihn gegebenenfalls tapfer zu einem Wortgefecht herauszufordern, in der Hoffnung, den klaren Beweis zu liefern, daß auch wir keine Strohköpfe wären, daß auch wir, sozusagen, Grütze im Kopf hätten.

Kein Wunder also, daß, als ich von meiner nach ihrem neuen Bestimmungsort abgereisten Frau einen Brief mit der Beschreibung ihres ersten Zusammentreffens mit Wladimir Iljitsch erhielt, ich mich mit allen Fühlern meiner aufgestachelten Neugier an diese Beschreibung klammerte.

Der Schilderung meiner Frau zufolge hielt sich Wladimir Iljitsch gerade in irgendwelchen persönlichen Angelegenheiten in Krasnojarsk auf, als sie diese Stadt passierte, und beeilte sich„ sie dort aufzusuchen, um ihre Bekanntschaft zu machen und sie bei ihrer Überfahrt nach Minusinsk unter seinen Schutz zu nehmen. Er hatte auf sie den Eindruck des allerliebenswürdigsten und umgänglichsten Menschen gemacht, der ihr jemals in den Weg gekommen war. Unterwegs erwies er sich gegen sie und gegen A. M. Starkowa, die zu ihrem Gatten reiste, außerordentlich fürsorglich und aufmerksam. Als während der sechstägigen Reise auf dem kleinen Dampfer, der kein Büffet besaß, eine Lebensmittelkrise eintrat, erbot er sich, bei den Bauern Lebensmittel für die Passagiere aufzutreiben, und begann schnell den hohen, steilen Berg hinaufzuklettern, der fast senkrecht zum Jenissej-Fluß abfiel.

„Hm ..." dachte ich damals bei der Lektüre des Briefes meiner Frau, „das sieht eigentlich den ‚Generalsallüren' gar nicht ähnlich ..."

Noch eine Besonderheit an ihm fiel meiner Frau während der Dampferfahrt auf. Ihre Koje befand sich in der Nähe der Koje von Wladimir Iljitsch, und sie konnte ihn gelegentlich bei seiner Lektüre beobachten. Er hielt irgendein ernstes Werk in der Hand. Es verging keine halbe Minute, und bereits schlugen seine Finger eine neue Seite auf. Sie begann sich dafür zu interessieren, ob er das Buch Zeile für Zeile lese oder bloß mit den Augen die Seiten überflige. Wladimir Iljitsch erwiderte lächelnd, ein wenig erstaunt über die Frage:

„Natürlich lese ich, und zwar lese ich sehr aufmerksam, denn das Buch ist es wert ..."

Dieser kleine Charakterzug, der die außerordentliche Produktivität der Kabinettsarbeit Wladimir Iljitschs kennzeichnet, ist interessant, besonders im Hinblick auf die Tatsache, daß er in der Folge im Laufe von etwa anderthalb Jahren sich mit dem Studium der philosophischen Literatur in der Pariser Nationalbibliothek und im

Britischen Museum befaßte und dabei Zeit fand, sein bekanntes Buch „Materialismus und Empiriokritizismus" zu schreiben, wo es in diesem Werk Hunderte von Hinweisen auf Originalquellen in englischer, französischer, deutscher und russischer Sprache gibt.

Ich will mich nicht in Einzelheiten darüber ergehen, wie wir die Zeit in Minusinsk verbrachten, sondern die Aufmerksamkeit des Lesers bloß bei den Portrait Wladimir Iljitschs verweilen lassen, den ich bereits damals, während eines gemeinsamen Aufenthalts unter einem Dache, schätzen lernte.

Meine ganze Vorstellung von ihm, als einem „General", einem spöttischen, nachtragenden und hartherzigen Menschen, schwand gleich nach den ersten Minuten meiner Bekanntschaft mit ihm spurlos dahin.

Keiner von uns zeichnete sich durch eine gleichermaßen natürliche Einfachheit und freundliche Zuvorkommenheit gegen die anderen, durch ähnliche Feinfühligkeit und Achtung vor der Freiheit und der menschlichen Würde eines jeden von uns, seiner Genossen und Gleichgesinnten aus wie dieser „General".

Bei vielen, die ihn nicht persönlich kannten, hat sich von ihm eine Vorstellung herausgebildet, als ob er ein Mensch war, der seine ganze Umgebung, sogar die ihm am nächsten stehenden Genossen, als bloßes Mittel zur Errichtung seiner politischen Zwecke betrachtete; der in einem anderen „Ich" die menschliche Persönlichkeit nicht genügend würdigte, der diese Persönlichkeit vom engen Nützlichkeitsstandpunkt aus ansah und sie wie eine ausgepreßte Zitrone beseite warf, wenn er den Menschen nicht mehr brauchte; der ein unerbittlich grausamer Polemiker war und sich nicht eher zufrieden gab, als bis er seinen Gegner zu Boden geworfen hatte, usw. usw. In der Gesamtsumme dieser Eigenschaften, die die Vorstellung des Durchschnittsmenschen sich von diesem „Wundertier" bildete, das augenscheinlich an das in der Geschichte der Literatur wohlbekannte „Tier voll großer Dinge, Greuel und Lästerung" gemahnte, war ein kleines Körnlein Wahrheit bloß im letzten Zug enthalten – nämlich was seine Psychologie als Polemiker anbelangte.

Es war in der Tat gefährlich, mit allzu unvorsichtiger Hand in die Vorratskammer seines Verstandes zu langen, um die dort herrschende Ideenordnung zu stören. Wenn seitens irgend eines Streitsüchtigen die gegen ihn gerichteten Angriffe allzu anmaßend wurden, so war er nie abgeneigt, den Fehdehandschuh aufzunehmen, aber dann hieß es: auf der Hut sein. Wladimir Iljitschs Dialektik war eine niederschmetternde. Alle Unklarheiten in der Rede des tapferen Ritters, alle mißlungenen kleinen Sätze und Wendungen, alle „Embryonen" der ihm entschlüpfenden Ketzereien wurden unverzüglich auf die Spitze des Leninschen Sarkasmus gespießt, wobei die spöttischen, von Zeit zu Zeit aufsprühenden Funken tödlicher Ironie, die durchdringend schwarzen, schrägstehenden Augen in dem breitknochigen Gesicht Iljitschs Opponenten in Verwirrung setzten und die Worte im Halse stecken blieben ließen.

Eine interessante Eigenheit der Polemik Iljitschs bestand darin, daß er weniger *seinen* Gedankengang *verteidigte*, als gewöhnlich den Gedankengang *des Gegners angriff*, wodurch er diesen zwang, sich in die Verteidigungsstellung zu begeben. Aber diese Verteidigung führte nur dazu, Iljitsch immer mehr Objekte für eine grausame Kritik sammeln zu lassen. Er benutzte Thesen oder sogar „zufällige" Sätze des Gegners, um ihnen einen bestimmten Lebensinhalt zu geben und sie zu sezieren, indem er sie aus der Sprache weiser, verwickelter und nebelhafter Phraseologie in die vulgäre

Sprache konkreter Wirklichkeit übersetzte, so daß dem Autor der inkriminierten Worte und Phrasen bei diesen Operationen zu grauen begann.

Der gekränkte Gegner gelangte gelangte schließlich zu der Überzeugung, daß Iljitsch ihn „schikaniere", daß er den Sinn seiner Worte im Zerrspiegel seiner Kritik bis zur Unkenntlichkeit entstelle. Nicht umsonst hat sogar Martow einst in einer seiner gegen Lenin gerichteten polemischen Broschüren kläglich gejammert, daß Lenin seine Argumentierung nicht begreifen wolle und durch seine ewigen „Seitensprünge" vom Streitobjekt fort der Zange der Martowschen Logik aalglatt entschlüpfe.

Es wäre jedoch ein Irrtum, glauben zu wollen, daß Wladimir Iljitsch nichts anderes im Sinn hatte, als diesen oder jenen auf Abwege geratenen Schwätzer abzufangen und ihm mit den Keulenschlägen seiner fürchterlichen Logik den Garaus zu machen. In Wirklichkeit kümmerte er sich überhaupt nicht um die Zuhörerschaft; was jedoch uns, die ihm nahestehenden Genossen anbetraf, so übte er gegen die Lücken und Mängel unserer Gedankengänge äußerste Nachsicht und verhielt sich gegen uns eher wie ein Pädagoge als wie ein Polemiker. Wenn er sich für irgendwelche neuen theoretischen Konstruktionen begeisterte, so brannte er darauf, uns seine interessanten Ideen mitzuteilen, uns aus der von ihm erwählten Quelle intellektueller Genüsse schöpfen zu lassen und unsere Erkenntnis auf das Niveau seiner Gedanken zu erheben. Bei solchen Anlässen verhätschelte er uns geradezu, als ob wir seine Pfleglinge wären.

Hierbei erinnere ich mich übrigens eines Falles, der Iljitsch als Pädagogen charakterisiert.

Während der Zeit der ausländischen Emigration, von 1900 bis 1905, in den dunkelsten, totesten Tagen des

Bolschewismus, im Augenblick der schlimmsten bolschewistischen Niederlagen und Leiden, ließ er es nicht
zu, daß wir uns der Niedergeschlagenheit hingaben und
in geistigen Schlaf verfielen, darum organisierte er regelmäßige Versammlungen der Handvoll Genfer Bolschewiken, die unter seiner Leitung systematisch das
Parteiprogramm studieren mußten. Und welch rühren-
des Bild boten diese Versammlungen dar. Aus den
schelmischen Augen Iljitschs leuchtete Herzensgüte,
und es fiel ihm nie ein, irgendeinen schlechten Redner,
an dem gerade die Reihe war, mit den Pfeilen seiner
Ironie zu bewerfen.

Keiner genierte sich, von „der Leber weg" zu reden. Obgleich auch viel Unsinn dabei zutage gefördert
wurde, so lenkte Iljitsch doch immer mit sanfter und
feinfühlender Hand den schwankenden Gedanken dieses oder jenes politischen Säuglings auf den rechten
Weg. Und das Wunderbarste war, daß, trotz des bunt-
scheckigen Auditoriums, in dem sowohl Intellektuelle
mit bedeutender theoretischer Bildung als auch kaum
des Lesens mächtige Arbeiter vertreten waren, alle sich
in gleichem Maße als Schüler der Vorbereitungsklasse
fühlten, denen noch ein langer Weg der Belehrung über
die Elemente des Partei-ABCs bevorstehe. Das erreichte Iljitsch dadurch, daß er die Anforderungen an die ne-
belhafte Phraseologie der Intelligenz etwas erhöhte
und sie einer sorgfältigen Prüfung unterwarf, gleichzeitig aber mit feinem Ohr jeden gesunden, vom proletarischen Instinkt eingegebenen Gedanken des Arbeiters
im Fluge erhaschte, wenn er auch mit der ungelenken
Zunge des einfachen Mannes hervorgebracht wurde.
Und im Ergebnis waren alle von diesen Lehrstunden
sehr befriedigt, und kaum einer von uns erlaubte sich,
ohne besonders wichtigen Grund, eine der Versammlungen unserer Parteischule zu versäumen.

Aber ich wiederhole: wenn irgendein rauflustiger Polemiker sich erkühnte, gegen Iljitsch aufzutreten und *es fertigbrachte, in ihm den Instinkt des Sportsmannes zu wecken* – und wenn es sein liebster Freund war –, dann gab Iljitsch keinen Pardon und ging unbarmherzig vor.

Ich sagte, „die Instinkte des Sportsmannes", und das ist kein bloß so hingeworfener Ausdruck, kein einfacher stilistischer Zufall.

Als er noch jung war, gab er sich während seiner Verbannung besonders gern und mit wahrer Leidenschaft jeglicher Art physischem und geistigem Sport hin.

Da eilt, zum Beispiel, die ganze Gesellschaft auf das blanke Eis des zugefrorenen Flusses zum Schlittschuhlaufen. Iljitsch, voll freudiger Erregung und voller Lebenslust, ist als erster zur Stelle und ruft herausfordernd: „Los! Wer läuft mit mir um die Wette?" ... Und schon arbeiten einige Paar Beine lustig darauf los, um „die Wette zu erobern". Und allen voran Iljitsch, mit dem ganzen Aufgebot seines Willens und seiner Kräfte, gleich den beliebtesten Charakteren Jack Londons, um nur um jeden Preis und durch gleichwie welche Kräfteanspannung zu siegen.

Oder ein anderes Beispiel: Unsere Jagdliebhaber treffen sich, um ihrer Leidenschaft zu frönen. Die besten Jäger sind Kurnatowsky und Starkow; was Iljitsch anbelangt, so ist er ein großartiger „Sonntagsjäger", d. h. er zeichnete sich durch seine Fehlschüsse aus. Sollte er aber auf diesem Gebiet vor anderen zurückstehen, einer der letzten sein? Unmöglich! Und wenn Starkow zwanzig Werst zurücklegt, so durchläuft (buchstäblich durchläuft) Iljitsch über Gestrüpp und Sümpfe vierzig Werst, von der Hoffnung vorwärtsgetrieben, irgendwo einen dummen Vogel anschießen zu können, der ihm so nahe kommen wird, daß ein verirrtes Schrotkorn des Sonntagsjägers schließlich das unglückliche Opfer träfe.

Am deutlichsten zeigte sich Iljitschs Sportnatur beim Schachspiel.

Bekanntlich liebten auch Marx, Engels und Liebknecht das Schachspiel sehr, wobei verlorene Partien für Marx eine solche Quelle nervösen Ärgers waren, daß sie ihn zu einem ganzen Strom energischer Ausfälle gegen den glücklichen Nebenbuhler veranlassen konnten. Wladimir Iljitsch ärgerte sich niemals und schalt nie über sein Mißgeschick beim Schachspiel, doch liebte er dies Spiel nicht minder als Marx.

Der Schreiber dieser Zeilen gehört gleichfalls zur Zahl der großen Verehrer dieser Form des Sports, und eine meiner angenehmsten Erinnerungen bezieht sich auf jene Zeit, wo ich mein langweiliges und eintöniges Leben in Kuragin mit der ungeduldigen Erwartung der zweimal wöchentlich einlaufenden Briefe von Wladimir Iljitsch ausfüllte, mit dem ich eine briefliche Partie angefangen hatte. Diese Briefe waren für mich besonders darum angenehm, weil Wladimir Iljitsch außer den betreffenden Schachzügen immer noch eine oder zwei Seiten plauderte, was er gerade zu schreiben unternommen hatte, welch neuer opportunistischer Stern gerade am Horizont aufgetaucht war usw. usw.

Aber mein besonderes Interesse erregten damals doch die regelmäßigen Antworten meines Schachpartners. Ich gab mich dieser Schachpartie wie eine Lebensaufgabe hin. Meine ganze freie Zeit – und ich besaß davon sehr viel – verwandte ich darauf, auf dem Schachbrett alle möglichen Variationen der nächsten Kombinationen zu finden und auf diese Weise die beste zu wählen. Und da Wladimir Iljitsch dieser Sache nur

Minuten widmen konnte, ich dagegen viele Stunden am Tag, so verlor er schließlich die Partie, und ich war der glücklichste der Sterblichen.

Als ich zum erstenmal in Minusinsk die Bekanntschaft Wladimir Iljitschs machte, da lechzte ich förmlich danach, meine Kräfte mit ihm auf dem Schachbrett messen zu können.

Starkow und Krzanowsky, die ich während unserer Etappenfahrt von Petersburg bis Moskau und von Moskau bis Sibirien im Bahnwagen nie zum Gewinnen kommen ließ, hatten eine außerordentlich hohe Meinung von meiner Schachspielkunst und spornten mich und Iljitsch an, uns möglichst schnell an das Schachbrett zu setzen. Wir ließen uns nicht lange nötigen, und kaum eine Viertelstunde nach unserer ersten Begegnung saßen wir bereits, in das Spiel vertieft, einander gegenüber.

Nicht ohne eine gewisse Erregung begann ich, die Bauern und Offiziere zu ziehen. Bald lag das Ergebnis der Partie klar zutage: ich hatte die Partie in großartigster Weise verloren.

Nun, das passierte mit mir zuweilen, besonders, wenn ich mit einem neuen Partner zu spielen begann, an dessen Spielweise ich mich noch nicht gewöhnt hatte. Wollen sehen, wie die zweite ausfallen wird. Aber auch die zweite Partie endete für mich gleich betrüblich. Der Teufel hols, schnell eine Revanche-Partie.

Aber auch die dritte und die vierte Partie hatten das gleiche Finale, unter dem allgemeinen Jubel meiner alten Schachgegner Starkow und Krzanowsky.

Nichts zu machen, wie unangenehm dadurch auch das Selbstgefühl berührt werden mochte, man mußte sich zu einem Ausgleich verstehen: Iljitsch verzichtete auf irgendeine minder wichtige Figur, und dann glichen sich die Siegesaussichten aus.

Ich entsinne mich unter anderem, wie wir zu dritt, d. h. ich, Starkow und Krzanowsky, auf Vereinbarung gegen Iljitsch spielten. Die Rolle eines Leaders dieser Triple-Entente fiel natürlich mir zu, aber die obliegende Pflicht, meinen Verbündeten die Bedeutung dieser oder jener Züge zu erläutern, verdoppelte die Anstrengung meiner Kräfte und meiner Aufmerksamkeit. Und, oh Glück, oh Wonne, Iljitsch verlor die Contenance! Iljitsch trägt eine Schlappe davon. Schon hat er eine Figur verloren, und seine Sache steht alles andere als glänzend. Der Sieg ist uns sicher.

Die Gesichter der Vertreter der „Schachentente" schmunzelten vergnügt, und die weißen Zähne grinsen immer breiter hervor.

Die „Entente" hohnlacht über den seiner Vernichtung entgegengehenden Gegner und gibt im Vorgeschmack der Folgen jenes genialen Zuges der Weißen, der für die Schwarzen so verhängnisvoll wurde, ihrer ungemischten Freude Ausdruck, ohne zu bemerken, daß der halbgeschlagene, aber sich noch nicht ergebende Feind in erstarrter Haltung, gleich einem Sternbild, über dem Schachbrett brütet – die Verkörperung einer übermenschlichen Willensanspannung. Auf seiner mächtigen Stirn mit den charakteristischen „sokratischen" Wölbungen zeigen sich kleine Schweißtropfen, der Kopf ist tief über das Schachbrett gebeugt, die Augen starren regungslos auf die Ecke, wo der strategische Hauptpunkt der Schlacht liegt …

Die Legende berichtet, daß der in die Lösung seiner geometrischen Aufgabe vertiefte Archimedes den römischen Soldaten nicht des geringsten Zeichens seiner Aufmerksamkeit würdigte, als jener hinsichtlich seiner Person ziemlich deutliche aggressive Absichten an den Tag legte. Iljitsch gemahnt in diesem Augenblick an Archimedes. Es war ersichtlich, daß, wenn je-

Auf dem Wege zum Roten Platz

mand in diesem Augenblick gerufen hätte: „Feuer, es brennt, rettet Euch! ..." er nicht mit der Wimper gezuckt hätte. In diesem Augenblick ist das Ziel seines Lebens, sich nicht zu ergeben, durchzuhalten, sich nicht für besiegt zu erklären. Lieber an einem Bluterguß ins Gehirn zugrunde gehen, aber nur nicht kapitulieren, trotz allem ehrenvoll aus der schwierigen Lage hervorzugehen ...

Die leichtsinnige Entente merkt nichts von alledem.

Ihr Leader schlägt als erster Alarm.

Ohoho, das kam uns ganz unerwartet ..., reagiert er mit stark beunruhigter Stimme auf ein von Iljitsch prachtvoll ausgeführtes Manöver. Hm ... hm ... das muß erst verdaut werden, brummt er vor sich hin.

Aber ach, das hätte früher geschehen müssen, nun war es bereits zu spät. Mit zwei – drei „leisen" Zügen führte der Gegner der „Entente" unter deren verfrühtem Jubelgeschrei eine für die Verbündeten gänzlich unerwartete Lage herbei, und das „Kriegsglück" verließ sie.

Von diesem Augenblick an zogen sich ihre Gesichter immer mehr und mehr in die Länge, während es in den Augen Iljitschs vergnüglich zu glimmen begann. Die Verbündeten beginnen miteinander zu streiten und sich gegenseitig ihre Nachlässigkeit vorzuwerfen, während der Sieger außerordentlich vergnügt lächelt und sich den Schweiß von der Stirn wischt.

Ich kann es mir nicht versagen, in Gedanken einen Sprung zu tun von jener kleinen Episode aus meinen fernen Erinnerungen in den gegenwärtigen Augenblick der Weltrevolution.

Jetzt lag vor den Augen Wladimir Iljitsch Lenins kein Schachbrett, sondern ausgebreitet die Karte der ganzen Welt, Er sah sich nicht der Minusinsker Schach-

„Entente" gegenüber, sondern Auge in Auge der Koalition der Dirigenten des bürgerlichen Chores, den Räubern von ganz Europa, Asien und Amerika. Jetzt war das „Spiel" unendlich viel schwieriger und komplizierter als jenes, das Iljitsch einst mit den „Champions" des weltvergessenen Verbannungswinkels von Sibirien spielte. Aber auch jetzt war die ganze Kraft seines Verstandes, sein ganzer ungeheurer Wille restlos mobilisiert, um für jeden Preis zu siegen. Sein wunderbarer Geistesapparat arbeitete auch jetzt angestrengt an einem besonderen Schachproblem der Welt.

Betrachtet euch diese „Partie" genauer. Bald schiebt er einen „Bauern" vor gegen die Demokratie – die Forts des einheimischen Kapitalismus. Bald führt er ein Gambit aus – entschließt sich zu einem Bruderopfer. Bald macht er unerwartet eine Rochade – der Schwerpunkt des Spieles wird aus dem Smolny-Institut in die Mauern des Kreml verlegt. Jetzt entwickelt er seine Kräfte mit Hilfe der Roten Armee, der Roten Reiterei, der Roten Artillerie, verschanzt sich, verteidigt die Ergebnisse der gemachten Eroberungen und greift an, wo es möglich ist. Jetzt lockt er den Gegner in eine Falle – er schaltet den Gedanken an Konzessionen aus. Jetzt rückt er anscheinend vor und unternimmt verhängnisvolle „leise Züge" – macht der Bauernschaft Zugeständnisse, faßt den Plan der Elektrifizierung usw. Jetzt bringt er die Bauern in jenes Feld, wo sie sich in große Figuren verwandeln: durch die Apparate der Sowjet- und Parteiorganisationen zieht er aus Arbeitern und Bauern eine neue Intelligenz heran, große Administratoren, Politiker, Schöpfer des neuen Lebens.

Und man möchte glauben, daß früher oder später, aber wahrscheinlich eher früher als später, die ganze Welt von dem Finale des Spiels erschüttert sein wird, daß Iljitschs an den Kapitalismus gerichtetes „Schachmatt" dem „Spiel" ein Ende machen wird, das kommende Generationen durch Jahrhunderte und Jahrtausende sorgfältig studieren werden.

Die paar unserem Minusinsker Festkongreß gewidmeten Tage verflossen schnell. Schachspiel, fröhliches Geplauder, Diskussionen, Spaziergänge, dann wieder Schachspiel und zur Abwechslung Chorgesang.

Wladimir Iljitsch brachte in unsere vokalen Vergnügungen besondere Leidenschaftlichkeit und sprühendes Leben hinein. Wie wir uns an unser gewöhnliches Repertoir machen wollen, gerät er in Hitze und beginnt zu kommandieren.

„Zum Kuckuck mit dem ‚Mühlenrad'" fährt er dazwischen, „laßt uns loslegen, ‚Brüder, zur Sonne, zur Freiheit'."

Um nun weiteren parlamentarischen Erörterungen bei Entscheidung der Frage über die natürliche Reihenfolge der von ihm vorgeschlagenen Nummer vorzubeugen, die offen gestanden, dem Rest der Gesellschaft schon zum Überdruß geworden war, beeilt er sich, mit seiner heiseren und ein wenig falsch klingenden Stimme, die ein Mittelding zwischen Baß, Bariton und Tenor darstellt, zu singen:

„Brüder, zur Freiheit, zur Sonne,
Brüder, zum Lichte empor ..."

Und wenn es ihm scheint, daß die würdige Gesellschaft die Glanzstelle des Liedes nicht genügend skandiert, dann beginnt er mit funkelnden Augen energisch mit den Fäusten den Takt zu schlagen und ungeduldig mit den Füßen zu stampfen und gegen die elementarsten Gesetze der Harmonielehre die ihm zusagenden Stellen mit Aufbietung seiner gesamten Stimmittel hervozuheben, wobei er dann oftmals irgendeine wichtige Note um einen halben oder gar ganzen Ton erhöht ... Und das

„Ewig der Sklaverei Ende,
Heilig die letzte Schlacht"
schmettert er mit einer Art Bariton hervor, der alle übrigen Stimmen übertönt.

Da ich hier gerade auf die ästhetische Natur Wladimir Iljitschs zu sprechen komme, muß ich zur Vervollständigung des Bildes noch folgende Züge hinzufügen.

Wladimir Iljitsch mangelte es nicht nur nicht an Schönheitsgefühl, er gleicht nicht nur nicht dem Bilde des trockenen, harten, jedes „sanften Gefühls", jeder ästhetischen Regung ermangelnden Menschen mit der hypotrophierten Natur des Politikers, das sich das große Publikum von ihm sehr häufig macht, sondern er besaß auch eine wunderbar weiche, ich möchte sagen, einer gewissen Sentimentalität nicht baren Seele.

Musik und Gesang liebte er sehr. Es gab für ihn einst kein größeres Vergnügen, keine bessere Art des Ausruhens von der Kabinettsarbeit, als (in Gedanken versetze ich mich in die Zeit unserer Emigration von 1904-1905) dem Gesang des Genossen Gussew (Drabkin) oder dem Geigenspiel P. A. Krassikows unter der Begleitung Lydia Alexandrowna Fotijewas zu lauschen.

Genosse Gussew besaß und besitzt vermutlich auch jetzt noch einen guten, ziemlich mächtigen und klangvollen Bariton, und wenn er so schön das „Wir wurden nicht in der Kirche getraut"[1] intonierte, dann lauschte unser intimes bolschewistisches Auditorium mit angehaltenem Atem, und Wladimir Iljitsch saß, im Diwan zurückgelehnt, mit den Händen das Knie umfassend, ganz selbstvergessen da und durchlebte augenscheinlich irgendwelche tiefgehenden, nur ihm allein bewußten Stimmungen. Oder wenn P. A. Krassikow

---

1 Romanze von Darogomyschsky.

aus seiner Geige die reinen schönen Klänge der Tschai-
kowskyschen Barcarole hervorlockte, dann war Wladimir Iljitsch der erste, der nach beendigtem Spiel stürmischen Beifall klatschte und um jeden Preis eine Wie-
derholung verlangte.

Übrigens ist kaum bekannt, ein wie großer Liebha-
ber der Dichtkunst Iljitsch war, und zwar der klassi-
schen, ein wenig an die alte Zeit gemahnenden Dichtkunst. In seinen seltenen Erholungsstunden warf er
gern einen Blick in den Band von Shakespeare, Schil-
ler, Byron, Puschkin oder gar minder großer Dichter,
wie Borotynsky oder Tjutschew. Wenn ich nicht irre,
wurde Tjutschew von ihm sogar besonders bevorzugt.

Was für ein Ästhet kann er gewesen sein, mag der
eine oder der andere Leser einwerfen, wenn er ein
Feind der schönen Rede war … Nun ja, wem wäre seine
beliebte Phrase unbekannt, die er an Protessow oder einen sonstigen verfeinerten Stilisten zu richten pflegte:
„Oh mein Freund Arkadius, red´nicht gar so schön" …

Es ist wohl wahr, Wladimir Iljitsch mochte keine
Schönrednerei, keine gewundenen Reden und kein
phraseologisches Feuerwerk, die in ernste Artikel und
Reden um so weniger hineinpassen, je mehr Klarheit
des Gedankens von ihnen gefordert wird.

Wenn ich nicht irre, mochte Wladimir Iljitsch übrigens auch kleine Kinder nicht gern,[2] d. h. er liebte zwar
stets diese Summe rätselhafter, potenzieller Möglichkeiten der künftigen Richtung des Menschenlebens,
aber die konkreten Mitjas, Wanjas und Mischkas riefen
in ihm keine positive Reaktion hervor. Mir scheint, daß,
wenn man ihn in eine Schule geführt hätte, wo achtjäh-
rige Knaben sich belustigten, er nicht gewußt hätte,

---

2 Wenigstens ist dies mein persönlicher Eindruck, der vielleicht der Wirklichkeit nicht entspricht.

was mit ihnen anzufangen, und ungeduldig nach seiner Mütze geschaut hätte. So gern er stets bereit war, mit einem hübschen, weichbepelzten Kätzchen zu spielen (für Katzen hatte er eine Schwäche), so wenig Lust hat er zu einer Balgerei mit einer zweibeinigen „Rotznase" (ich bitte um Entschuldigung für den nicht sehr feinen Ausdruck).

Bei dieser Gelegenheit möchte ich eine kleine Episode aus dem Erinnerungsschatz meiner Tochter erzählen.

Es geschah einmal, daß eine große Gesellschaft von uns sich in Genf zu einem Sonntagsspaziergang aufmachte. Unterwegs suchten wir die Wohnung der Uljanows auf und nahmen Nadeschda Konstantinowna[3] mit uns, während meine Frau und ich dem das „Haus hütenden" Iljitsch unser fünfjähriges Kind zurückließen. Wladimir Iljitsch begann mit gerunzelter Stirn die Zeitung zu lesen und bemühte sich anfangs, seinen Gast nicht zu beachten. Aber die Gastfreundschaft bringt immerhin Verpflichtungen mit sich ... Die Zeitung flog ärgerlich beiseite, er stürzte zur Küche, schleppte von dort ein Gefäß mit Wasser herbei und begann, auf diesem improvisierten See Schiffchen aus Walnußschalen schwimmen zu lassen. Der Gast interessierte sich anfangs für die Seemanöver, und der beruhigte Iljitsch wandte sich wieder seiner Zeitung zu. Aber die jugendliche Seefahrerin war es bald überdrüssig, mit ihrer Flotte zu hantieren, sie kletterte auf den Divan, zog die Füße unter sich, starrte Iljitsch lange mit großen Augen an, als ob sie sein Äußeres studierte, und unterbrach schließlich das lange Schweigen.

„Lenin, hör'doch, Lenin, warum hast du zwei Gesichter am Kopf?"

---

3 Lenins Frau

„Wieso, zwei Gesichter?" fuhr der Befragte empor. „Gewiß, eines vorn und eines hinten ..."

Iljitsch, der niemals nach Worten zu suchen brauchte, wenn es sich darum handelte, bei einem Streit mit einer rechtzeitigen Replik Struwe, Martynow oder gar Plechanow selber zu geißeln, – derselbe Iljitsch war jetzt vielleicht zum ersten Mal im Leben um eine Antwort verlegen.

„Das kommt daher, daß ich sehr viel denke", brachte er endlich nach einer kleinen Pause hervor.

„Aha", war die befriedigte Antwort des neugierigen Gastes.

IV.

An der Bahre

■ ■ ■

M. I. Uljanowa

Dem Andenken[1]

Genossen, ich möchte Ihnen einige Züge aus dem Leben Wladimir Iljitschs mitteilen.

Sie wissen, Genossen, daß Wladimir Iljitsch reich begabt war, aber außerdem besaß er in seltenem Maße die Fähigkeit, ein Ziel, das er sich einmal gesteckt, fest und unbeugsam zu verfolgen. Schon in ganz jungen Jahren, als er noch das Gymnasium besuchte (Wladimir Iljitsch absolvierte das Gymnasium mit 17 Jahren), verbrachte er Abend für Abend über den Büchern, sich auf revolutionäre Tätigkeit vorbereitend, die er zu seinem Lebensziel gemacht hatte. Besonders fest eingeprägt hat sich meinem Gedächtnis die Zeit seiner Absolvierung des Gymnasiums, jene Jahre, die er bis zu seiner Abreise nach Petrograd mit uns in Kasan und Samara verlebte. Im Frühling des Jahres 1887 erhielten wir die Nachricht von der Hinrichtung unseres ältesten Bruders. Ich werde nie den Gesichtsausdruck Wladimir Iljitschs in jenem Augenblick vergessen, als er sagte: „Nein, auf diesem Wege werden wir es nicht machen, das ist nicht der richtige." Und seit jener Zeit begann er sich für jenen Weg vorzubereiten, den er für die Befreiung Rußlands vom Joch des Zaren und des Kapitals für den einzig richtigen hielt.

Ich entsinne mich der Zeit, da wir auf dem Lande im Gouvernement Samara lebten, wie Wladimir Iljitsch alle Morgen nach dem Tee, mit Büchern, Wörterbüchern und Heften beladen, sich in ein verstecktes Garteneckchen zurückzog, um dort zu lernen. Es gab dort

---

1 Rede in der Sitzung des Moskauer Sowjets

einen Tisch und eine Bank, und hier verbrachte Wladimir Iljitsch den größten Teil des Tages mit wissenschaftlichen Studien. Er verstand nicht nur die Bücher lesen, er verstand sie auch zu studieren, er machte Anmerkungen, Auszüge.

Ich pflegte zu der Zeit in jenen Gartenwinkel zu gehen, um mit ihm fremde Sprache zu lernen, und trotzdem ich noch ein rechtes Kind war, machte mich schon damals die Zähigkeit und die Genauigkeit betroffen, mit der Wladimir Iljitsch jede einmal vorgenommene Arbeit zu Ende führte. Und schon damals wirkte sein sittliches Vorbild so mächtig, daß ich ohne weitere Ermahnungen alles auf der Welt zu tun bereit war, wenn ich ihn zufrieden stellen, wenn ich nur seine Anerkennung verdienen konnte. Tagelang saß Wladimir Iljitsch über den Büchern, von denen er sich nur trennte, um einen Spaziergang zu machen oder um mit jenem kleinen Kreis von Genossen zu plaudern und zu debattieren, die sich gleich ihm für die revolutionäre Tätigkeit vorbereiteten. Und diese Arbeitskraft und diese Zähigkeit verließen ihn sein ganzes Leben lang nicht. Sowohl in der Verbannung als auch im Auslande benutzte er jeden freien Augenblick, jede freie Stunde, um sich in die Bibliothek zu begeben. Wir besitzen noch viele Hefte und Auszüge, aus denen zu ersehen ist, welch ungeheure Menge Literatur aller Wissenszweige Wladimir Iljitsch in seinem Leben durchstudiert hat.

Genossen, ich glaube, daß wir, wie in vielen anderen, auch in dieser Beziehung von Iljitsch lernen können, wie man an seiner Ausbildung arbeiten muß, wie man dazu jede Stunde, jede Minute ausnützen muß, denn wenn wir uns nicht in theoretischer Hinsicht auszurüsten verstehen, werden wir für die bevorstehenden neuen Kämpfe nicht genügend gewappnet sein, besonders jetzt, wo nach dem Hinscheiden unseres Führers und Lehrers die Verantwortung eines jeden unter uns um vieles größer geworden ist.

Noch einen Zug will ich erwähnen. Er betrifft das Verhalten Iljitschs zu den Genossen und zu den Menschen überhaupt. Den außerordentlichen Takt und die Fürsorge, die Iljitsch den Genossen entgegenbrachte, haben sicher viele von Ihnen, Genossen, an sich selbst erfahren, wenn es galt, Zimmer, Wohnungen, Unterstützung, Schuhzeug usw. usw. zu beschaffen. Iljitsch verweigerte niemals eine derartige Bitte. Aber Wladimir Iljitsch erfüllte solche Bitten nicht nur dann, wenn die Genossen sich damit an ihn wandten, er sorgte auch selbst, aus eigenem Antrieb für sie. Wie oft kam es vor, daß er, wenn er bemerkte, daß dieser oder jener Genosse übermüdet war oder schlecht ausschaute, ihn zu einem Arzt schickte, dem Zentralkomitee telefonierte, um dem Betreffenden einen Urlaub zu erwirken, ihm die Möglichkeit der Erholung und Heilung zu verschaffen. Alle Augenblicke wandte er sich an mich mit der Bitte, in Erfahrung zu bringen, wie es diesem oder jenem Genossen gehe, ob er nicht etwas brauche, oder er bat, ihm Lebensmittel zu senden, einen Pelz zu verschaffen usw.

Aber nicht nur Genossen bewies er eine derartige Aufmerksamkeit. Sein Verhalten war das gleiche auch jenen gegenüber, die ihm unbekannt und sogar ganz fremd waren. Sie erinnern sich der Jahre 1918/19, Sie werden wissen, wieviel Feinde die Sowjetregierung überall hatte, welch unerbittlichen Kampf sie gegen diese führen mußte. Wladimir Iljitsch verstand es, gegen diese Feinde unerbittlich zu sein, aber er verstand auch die höchste Gerechtigkeit zu üben, wenn er irgendeinen Fehler bemerkte, der jenen gegenüber begangen worden war. Ich will nur eine kleine Tatsache erwähnen. Man könnte davon viele anführen, aber ich beschränke mich auf eine. Wir haben dieser Tage einen Brief erhalten. Der Autor des Schreibens war im Jahre 1919 zum Tode durch Erschießen verurteilt worden. Seine Mutter lief, wahnsinnig vor Schmerz, in den Kreml, in der Hoffnung, zu Lenin durchgelassen zu werden, doch es gelang ihr nicht, zu ihm zu dringen. Sie kehrt verzweifelt nach Hause zurück und findet ein ihr durch einen Motorradfahrer zugestelltes Schreiben von Lenin vor, worin er ihr mitteilt, sie möge sich nicht aufregen, man könne eine Kassationsklage einreichen und schließlich auch noch die Allrussische Zentralexekutive um Begnadigung bitten. Die Kassationsklage wurde nicht berücksichtigt. Aber als die Mutter des Verurteilten in die Allrussische Zentralexekutive kam, um die Begnadigung ihres Sohnes zu erbitten, empfing der Sekretär sie mit den Worten: „Ich weiß, ich weiß, Genosse Lenin hat bereits viele Male Ihretwegen angeläutet." Schließlich wurde der Verurteilte begnadigt und späterhin sogar in den Moskauer Sowjet gewählt.

Ich glaube, Genossen, daß wir auch auf dem persönlichen Gebiet von Wladimir Iljitsch lernen können, aufmerksam und feinfühlig gegen die Genossen zu sein. Gerade jetzt, wo unter den Nachwehen des heftigen Kampfes ein Genosse nach dem anderen unsere Reihen verlassen muß, müssen wir von Iljitsch lernen, gegen die uns umgebenden Genossen aufmerksam und fürsorglich zu sein, solange sie noch am Leben sind.

L. Kamenew
Der große Empörer

Lenin war dazu geschaffen, um in der katastrophenreichsten, rebellischsten und revolutionärsten Epoche der Weltgeschichte an die Spitze von Millionen zu treten und sie in den Kampf zu führen.

Er wurde geboren an den Ufern der Wolga, an der Grenzscheide zwischen Europa und Asien. Wie in Vorsehung der Epoche der größten Erschütterungen, von Jahrzehnten der Kriege und Revolutionen, schuf die Geschichte einen Führer, der die ganze stürmische revolutionäre Leidenschaft und die ganze unentwegt vorwärtsblickende Entschlossenheit der Klasse in sich verkörperte, jene Klasse, die „nichts zu verlieren hat außer ihren Ketten", und der es beschieden ist, „die ganze Welt zu erobern".

Die Geschichte rüstete ihn aus mit der größten Errungenschaft der Weltkultur, mit einer Waffe, die in Jahrhunderten der Arbeit von den größten Geistern der Menschheit geschmiedet wurde – mit der Waffe des wissenschaftlichen Sozialismus, des Marxismus.

Und sie hat ihn auch mit dem großen Gefühl der Rebellion, des Aufstandes, der Meuterei erfüllt. Dieses leidenschaftliche Gefühl der Empörung und des Zornes, das in den Tiefen der Menschheit, in Fabriksiedlungen, in finsteren Dörfern, unter Kolonialsklaven akkumuliert wurde, es lebte in seiner Brust und spannte seinen eisernen Willen an.

Aus der Tiefe der Geschichte rollen diese die Welt erschütternden Wellen von Meutereien und Aufständen in die Gegenwart herein als die Lebenszeichen der unterdrückten Sklavenmassen, für die die Geschichte bisher nur einen Wechsel der Formen ihres Sklavenloses bedeutete.

Die lange Kette dieser vulkanischen Eruptionen beleuchtet wie ein rotes Flammenmeer die Wege der Menschheit, diesen *roten Faden* ihrer Entwicklung. Für Lenin war er niemals nur ein Gegenstand des historischen Studiums – wie für Kautsky oder Plechanow. Nein! Nach der Pariser Kommune war es gerade Lenin und nur er allein, der, dem ausgesprochenen Willen von Millionen Unterdrückter folgend, diesen *roten Faden* der Weltgeschichte aufgenommen und weiter gesponnen hat.

Keine Einzelheit außer acht lassend, keine alltägliche Arbeit ablehnend, gewohnt zu warten, wenn es zweckmäßig war, und zu riskieren, wenn es die Sache erforderte, systematisch und hartnäckig, unermüdlich bereitete Lenin den Aufstand der Millionen gegen die Welt der Unterdrückung und der Gewaltherrschaft vor.

Aber er beschränkte sich nicht darauf, die Sache der großen Rebellen fortzuführen.

Gemeinsam mit dem Proletariat bereitete Lenin den Aufstand vor zu dem Zweck der *Machtergreifung durch das Proletariat.*

Sich erheben, um zu siegen; zu siegen, um die Macht zu ergreifen; die Macht zu ergreifen, um mit der gebieterischen eisernen proletarischen Hand, im Bunde mit allen Unterdrückten den Neuaufbau der Welt zu beginnen.

So denkt jeder Arbeiter, so dachte auch Lenin, und für diesen Zweck lebte er, arbeitete er, und bei dieser Arbeit traf ihn der Tod.

Die *Diktatur* muß den Aufstand stabilisieren; eine durch die *Diktatur* der Masse selbst stabilisierte Revolution, selbst wenn sie erfolgreich ist, ist noch kein Sieg. Es ist im besten Falle nur ein Schritt zum Siege –

diesen Gedanken erhärtete in Lenin die ganze verflossen Geschichte der fruchtlosen Versuche der werktätigen Menschheit, sich ihrer Unterdrücker zu entledigen.

Gegen die Diktatur der Minderheit die Diktatur der Mehrheit; gegen die Diktatur der Herren die Diktatur der unteren Schichten; alles andere ist ein Betrug des Volkes, Verräterei, Schwäche des Gedankens oder Schwäche des Willens, Tolstojanertum: so lehrte Lenin, und diese Lehre war nur eine Formulierung der unendlich schweren, unter entsetzlichen Opfern erkauften historischen Erfahrung von Millionen und Abermillionen von Menschen.

Es ist kein Zufall, daß gerade Rußland der Menschheit diesen großen Führer gab.

Gerade in Rußland, in diesem Grenzgebiet zwischen West und Ost, in dem brodelnden Kessel der tiefsten Widersprüche, auf dem Boden der qualvollsten und heroischsten Anstrengungen von Hunderttausenden und Millionen von Arbeitern und Bauern, sich von dem asiatischen Zarismus und von dem europäischen Kapitalismus zu befreien, konnte ein Führer geboren werden und wachsen, unter dessen Leitung die Arbeiterklasse die Schwelle der neuen Epoche zu überschreiten vermochte.

Hier fand die Idee des Proletariats, das die Bauernschaft um sich sammelt, um dem Kapital den endgültigen Stoß zu versetzen, ihre erste politische Verkörperung. Es ist die Idee des Bundes der Arbeiter mit den Bauern. Lenin machte diese Formel zur Formel der Befreiung der Welt, er verwandelte sie in eine Dynamitpatrone, die den Bau des Imperialismus sprengen wird.

Sie – diese Idee – vereinigt die proletarische Klassenbewegung der Städte des Westens mit der revolutionären Bewegung der indischen Dörfer und chinesischen Bauern zu einem mächtigen, unüberwindlichen

Strom, sie verwandelt den Kommunismus in eine ihrer Tiefe und ihrem Umfange nach unerhörte Kraft, die internationalen Sieg gewährleistet.

Mit der Fackel des Leninismus in den Händen treten die Werktätigen der ganzen Welt aus der Epoche der elementaren zersplitterten Versuche der Befreiung in die Epoche der sieghaften, durch die diktarorische Macht der Arbeiterklasse gestützten Aufstände hinein.

■ ■ ■

T. Ryskulow

Lenin, die Fahne, die zwei Welten vereinigt

Der große Verdienst Lenins um die internationale Arbeiterbewegung besteht nicht nur darin, daß er die Arbeiterklasse in Rußland zum Siege geführt, die Lehren des Marxismus verwirklicht und dem Proletariat gezeigt hat, auf welche Weise der Kampf um die Eroberung der Macht zu führen ist, sondern auch darin, daß *er es war, der die entscheidende Bedeutung der Vereinigung des Proletariats mit seinen schweren Reserven, dem Bauerntum und dem revolutionären Orient, für den Sieg der Revolution erkannt hat.*

Lenin hat nicht nur auf Grund seiner Analyse der Wechselbeziehungen der Weltkräfte diesen Gedanken entwickelt, er hat nicht nur die dornigen Wege vorausgesehen, die das Proletariat in seinem Kampfe um den Sieg zurücklegen muß, sondern er lehrte auch das Proletariat, die berühmte Parole vom „Zusammenschluß" in der Praxis zu verwirklichen. Die Heranziehung der oben genannten Reserven der Revolution bedeutete die Untergrabung der wirtschaftlichen Grundlage des Kapitalismus.

Der Westen und der Osten, – zwei Welten, zwei verschiedene, durch den Gang der geschichtlichen Entwicklung einander gegenübergestellte Kulturen; der Westen sah im Osten die „gelbe", die „schwarze" usw. Gefahr, die die europäische Zivilisation bedrohte. Er rief zur Vereinigung gegen den Osten auf, zu seiner Unterwerfung, zur Erdrosselung aller seiner Bewegungen. Der Osten wiederum sah seinerseits im Westen seinen

Unterdrücker und suchte sich gegen seine imperialistischen Anschläge zu verteidigen.

Der koloniale Osten (unter welchem in politischer
Hinsicht nicht nur das asiatische und afrikanische Fest-
land, sondern auch alle andren Kolonien zu verstehen
sind) stöhnte unter dem Druck des Weltimperialismus
und suchte Wege zu seiner Befreiung. Unter diesen
schweren Bedingungen entstanden im Osten verschiedene religiöse und sonstige vorwiegend reaktionäre Strömungen (Pan-Islamismus, Pan-Mongolismus usw.), die
aber die breiten Volksmassen nicht erfassen konnten
und ihnen keine realen Wege zur Befreiung zeigten.

Die unterdrückten Kolonialvölker benötigten einen
realen und durchführbaren Weg zu ihrer Befreiung; sie
brauchten auch einen Führer, der die unterdrückten
Klassen des Ostens vereint in den Kampf führen sollte.
Einen solchen Führer hatte aber die Geschichte des
Ostens ihnen bisher nicht gegeben. Als ein solcher großer Führer und Realist (als Prophet des Ostens) erwies
sich Lenin samt der von Ihm begründeten Kommunistischen Partei. Und in der Tat: der Sieg des Proletariats
über den Kapitalismus war *ohne die Zertrümmerung
des Kapitalismus in den Kolonien undenkbar; undenkbar war aber auch andererseits die Befreiung der Kolonien ohne die Erhebung des Proletariats im Westen.*

Dieses gegenseitige Bedingtsein im Kampfe zweier Welten der unterdrückten Menschheit wollte bis Lenin (abgesehen von den diesbezüglichen Prophezeiun-
gen Marx' und Engels') niemand anerkennen.

Das Proletariat des Westens, das sich bis zum Ausbruch des Weltkrieges unter dem Einfluß der Zweiten Internationale befand, war außerstande, dem unterdrückten Osten die hilfreiche Hand entgegenzustrecken, und
die Schichten der Arbeiteraristokratie befanden sich im
Banne ihrer imperialistischen Regierungen.

Auf dem Roten Platz

Die Zweite Internationale, die vor Kriegsausbruch der imperialistischen Politik der kapitalistischen Mächte zustimmte, erklärte den geknechteten Kolonialvölkern, daß sie unvermeidlich *eine lange Periode der kapitalistischen Entwicklung durchmachen müßten und erst dann imstande sein würden, sich dem Sozialismus anzuschließen;* bis dahin hielt sie aber die „Vormundschaft" der Großmächte für absolut notwendig, da ein Aufstand der finsteren Massen des Ostens die europäische Zivilisation vernichten könnte.

Lenin und mit ihm die Kommunistische Partei stellten dieser reaktionären Ansicht einen anderen Standpunkt entgegen, der dahin geht, daß die rückständigen *kolonialen Länder mit Hilfe der proletarischen Massen des Westens sich dem Sozialismus anschließen können, ohne unbedingt den Prozeß der kapitalistischen Entwicklung bis zu seinem Ende durchmachen zu müssen.* Sie proklamierten daher zu Beginn der Oktoberrevolution das bis zur Lostrennung und Bildung selbständiger Staten gehende Selbstbestimmungsrecht der abhängigen und nicht vollberechtigten Völker. Diese einschneidend revolutionäre, im Gegensatz zur eingebürgerten öffentlichen Meinung des „zivilisierten" Europas (und nicht minder im Gegensatz zur Meinung der Sozialdemokraten) aufgestellte Losung wurde von den unterdrückten Ostvölkern sofort aufgegriffen. Diese Völker begannen von nun an Lenin als ihren wahren Führer, Freund und treuen Leiter im revolutionären Befreiungskampf zu betrachten. Der gesamte unterdrückte Osten wandte sich dem proletarischen Rußland zu, verfolgte mit Aufmerksamkeit und durchlebte samt dem russischen Proletariat alle schwierigen Perioden, die dieser in seinem Kampfe gegen den Weltimperialismus zu überstehen hatte.

Die Zertrümmerung des absolutistischen Rußlands, dessen Unterdrückungstätigkeit im Osten so fühlbar gewesen war, der schonungslose Kampf gegen die Träger des alten Systems, die Kriegserklärung an die gesamte kapitalistische Welt, die auch der geschworene Feind des unterdrückten Ostens war, die offene Unterstützung der Türkei, Afghanistans und anderer revolutionärer Länder in ihrem Kampfe gegen den Imperialismus, die Befreiung der früher unterdrückten Nationalitäten im eigenen Lande mit der Bildung von einigen Dutzend autonomer Republiken und Gebiete usw. – all das hat den unterdrückten Ländern der Kolonialwelt handgreiflich gezeigt, daß *die unter der Leitung von Wladimir Iljitsch Lenin vollzogene große proletarische Oktoberrevolution in Rußland eine die Interessen des unterdrückten Ostens aufs schärfste fördernde Revolution ist, die eine neue Ära in der Geschichte der Menschheit eröffnet, in der auch die endgültige Befreiung der Ostvölker vom Drukke der Ausbeuterklasse möglich werden wird.*

Aus allen Reden und Thesen Lenins zur kolonialen und nationalen Frage von allen Kongressen unserer Partei und den Kongressen der Kommunistischen Internationale strahlt seine ganze Liebe zu den unterdrückten Brüdern in den Kolonialländern, der aufrichtige Wunsch, sie zu befreien, sie gegen den Imperialismus zu erheben, nicht nur im Interesse des Sieges der Weltrevolution, sondern auch im Interesse dieser unterdrückten Völker selbst.

Diese liebevolle und aufmerksame Stellung zu den unterdrückten Völkern des Ostens gelangt z. B. im folgenden Briefe zum Ausdruck, den Lenin zur Zeit, da Turkestan nach einer fast zweijährigen Unterbrechung mit Rußland vereinigt wurde, als Ende 1919 zum ersten Mal Vertreter des Zentralkomitees der KPR nach Turkestan kamen, an die Kommunisten in Turkestan richtete:

„Genossen, erlaubt mir, daß ich mich nicht in die Eigenschaft des Vorsitzenden des Rates der Volkskommissare und des Landesverteidigungsrates, sondern als Parteimitglied an Euch wende. Die Schaffung guter Beziehungen zu den Völkern Turkestans ist jetzt für die R.S.F.S.R., man kann es ohne Übertreibung sagen, von gigantischer, weltgeschichtlicher Bedeutung. Für ganz Asien und für alle Kolonien der Welt und für Hunderte Millionen Menschen wird die Stellung der Arbeiter- und Bauernrepublik der Sowjets zu den schwachen, bisher unterdrückten Völkern von praktischer Bedeutung sein. Ich bitte Euch sehr, dieser Frage die ernsteste Beachtung zu schenken und alles zu tun, um durch Euer Beispiel in Wirklichkeit freundschaftliche Beziehungen zu den Völkern Turkestans zu schaffen, ihnen durch die Tat zu beweisen, daß wir aufrichtig wünschen, alle Spuren des großrussischen Imperialismus auszurotten, im Interesse des entschlossensten Kampfes gegen den Weltimperialismus, mit dem britischen an seiner Spitze; bekundet das größte Vertrauen zu unserer Turkestaner Kommission, befolgt streng ihre Direktiven, die ihr vom Allrussischen Zentralen Exekutivkomitee in diesem Geiste erteilt worden sind. Ich wäre Euch für eine Antwort auf dieses Schreiben und eine Mitteilung über Eure Stellung zu dieser Frage sehr dankbar. Mit kommunistischem Gruß W. Uljanow (Lenin)."

Dieser Brief zeigt, wie nahe Lenin die Interessen der unterdrückten Massen waren, und wie er es verstand, an sie heranzutreten. Dieser Brief bildete die grundlegende Direktive für die weitere Politik unserer Partei in Turkestan.

Lenin hat, als er den Rat gab, zum revolutionären Kampf gegen den Imperialismus alle revolutionären Bewegungen des Ostens, einschließlich der rein nationalen, heranzuziehen, die Klassenaufgaben des Proletariates nicht außer acht gelassen. Vor der Ausarbeitung bestimmter Maßnahmen, die unter diesen oder jenen rückständigen Nationalitäten getroffen werden sollten, hat Lenin offenbar zuerst stets die Klassengrundlage der unter diesen Nationalitäten im Aufbau begriffenen Sowjetmacht festgestellt. Ich erinnere mich meiner persönlichen Unterredung (zusammen mit dem Genossen Nis. Chodschajew) mit Lenin im Jahre 1920, als im Zentralkomitee der KPR zum erstenmal in vollem Umfange die Fragen betreffend die weitere Politik in Turkestan aufgerollt wurden. Genosse Lenin ersuchte uns immerfort, genau anzugeben, wer unter unseren Verhältnissen Dekhanin (Bauer), und wer Bai (Großbauer) sei, in welcher Form sich das Wucherwesen entwickle, worauf die Lösung der Bodenfrage gegründet sei usw. Diese Fragen waren für uns, junge Ostkommunisten, unerwartet. Wir fühlten uns bei der Unterredung mit dem großen Mann wie Kinder bei einer Prüfung durch den Lehrer, und wir konnten natürlich keine marxistisch genauen Antworten auf alle Fragen Wladimir Iljitschs geben, beleuchteten sie aber, so gut wir konnten. Aus den zur Verfügung stehenden, wenn auch nicht vollen Angaben über Turkestan zogen Wladimir Iljitsch und das Zentralkomitee der KPR unverzüglich die entsprechenden Schlußfolgerungen, die dann der Lösung der Agrarfrage in Turkestan und der weiteren Richtung der dort betriebenen allgemeinen Politik zugrunde gelegt wurden.

Während dieser Periode hat aber Sowjet-Turkestan nicht nur die Direktiven Lenins verwirklicht, sondern hat in seinem Aufbau auch einen großen Schritt vorwärts getan.

Gleichzeitig sehen wir jetzt eine Stärkung der internationalen Stellung des Bundes der Sozialistischen Sowjetrepubliken. Auch die Lage im Osten hat sich stark geändert. Während dieser Zeit ist die proletarische Bewegung in den Ländern des Ostens erstarkt. Breite Schichten des Bauerntums werden in den revolutionären Kampf hineingezogen. Es entstehen schon kommunistische Parteien und Zellen in den einzelnen Ländern des Ostens. Diese proletarische Bewegung ist neben der national-revolutionären Bewegung in ununterbrochener Ausbreitung begriffen.

Lenin hat die Anschauungen unserer Partei über die beiden Strömungen im Osten theoretisch und praktisch begründet, indem er darauf hingewiesen hat, daß es notwendig sei, die national-revolutionäre Bewegung im Interesse der Weltrevolution allseitig auszunützen, gleichzeitig aber die wirklich proletarischen und kommunistischen Elemente in jeder Weise zu organisieren und zu stärken, um die nationale Bewegung im Osten in eine Klassenbewegung umzuwandeln. Auf diese Weise wachsen gleichzeitig mit dem Wachstum der kommunistischen Parteien des Westens die proletarisch-kommunistischen Organisationen im Osten.

Die Dritte, Kommunistische Internationale hat *nicht nur das Proletariat des Westens, sondern auch die unterdrückten Völker des Ostens hinter sich. Hierin liegt ihre Grundkraft, und das ist die Gewähr ihres Sieges über den Kapitalismus.*

Wladimir Iljitsch hat die Wege zur Lösung des Bauernfrage und zur Stärkung des Bündnisses zwischen Arbeiterklasse und Bauerntum richtig bezeichnet. Gleichzeitig hat er aber auch der Partei eine feste Richtung zur Lösung der nationalen Frage in der Sowjetrepublik selbst gegeben. Das von ihm ausgearbeitete Programm wurde auf unseren früheren Parteitagen angenommen und wird jetzt in vollem Umfange verwirklicht. Die Wichtigkeit und Unumgänglichkeit der Lösung der Nationalitätenfrage wurde von Wladimir Il-

jitsch mit vollem Grund betont, denn 55 Prozent der Bevölkerung des Bundes der Sowjetrepubliken bestehen
aus den früher unterdrückten Nationalitäten und drei-
viertel dieser Nationalitäten bildet die bäuerliche Bevölkerung. Die Lösung der Nationalitätenfrage ist daher für diesen Teil der Bevölkerung des Bundes der Sozialistischen Sowjetrepubliken gleichzeitig auch die Lösung der Bauern- und aller übrigen Fragen.

Selbst auf dem Krankenlager hat Genosse Lenin
diese Fragen nicht vergessen und dem XII. Parteitag
der KPR entsprechende Hinweise gegeben, auf deren
Grundlage der Parteitag eine ganze Reihe umfassender
und konkreter Maßnahmen in der nationalen Frage
ausarbeitete, in denen der Weg zum Kampfe gegen verschiedene schädliche Verirrungen und der Weg zur
Überwindung der noch übriggebliebenen Reste der nationalen Ungleichheit gegeben ist.

Die schaffenden Massen der Republik und der autonomen Gebiete sind jetzt in breitem Umfange an die
Aufbautätigkeit herangetreten, es sind dort in praktischer Arbeit die jungen kommunistischen Parteien gewachsen, es wächst die Jugend heran, und die Überwindung der Überreste des Erbes des Zarensystems und
der patriarchalisch-feudalen Verhältnisse geht mit
Schnelligkeit vor sich. Diese jungen kommunistischen
Parteien sind in der Leninschen Schule des revolutionären Kampfes entstanden und gewachsen, sie werden
die Vermächtnisse ihres geliebten und teueren Führers
Wladimir Iljitsch treu befolgen, sie werden sein Werk,
vor keinerlei Hindernissen zurückschreckend, fortsetzen.

Den Tod unseres geliebten und großen Führers
müssen wir, seine Anhänger im Osten, mit einem noch
festeren Zusammenschluß unserer Reihen um den alten Leninschen Kern der Kommunistischen Partei be-

antworten und die Linie Lenins in der Bauern- und in der National- und Kolonialfrage im Interesse einer noch größeren Stärkung des Bündnisses des Proletariats mit dem Bauerntum und dem revolutionären Osten restlos verwirklichen. Die außerhalb unserer Grenzen befindlichen Völker des Ostens und ihre jungen kommunistischen Parteien müssen sich noch enger um die Dritte, Kommunistische Internationale zusammenschließen zum Entscheidungskampf gegen den Weltimperialismus.

Lenin hat als erster die Losung der Vereinigung des proletarischen Westens mit dem revolutionären Osten ausgegeben. Der Name Wladimir Iljitsch Lenin wird daher auch in Zukunft das Banner der Stärkung dieses Bündnisses der zwei Hälften der unterdrückten Menschheit sein. Enger Zusammenschluß um den Namen Wladimir Iljitsch Lenin und seine Lehren und gewissenhafte Verwirklichung seiner revolutionären Vermächtnisse, das ist die Aufgabe der Proletarier des Westens und des Ostens.

N. Bucharin

Dem Andenken[1]

Im Leben jeder Organisation, jedes Volkes und jedes Landes kommen zuweilen tragische Momente, wo jeder Kämpfer unwillkürlich den bisher gegangenen Weg zu überblicken, eine gewisse Distanz zu gewinnen trachtet und dann seine eigene Geschichte und seine eigenen Angelegenheiten viel prägnanter, viel richtiger zu erfassen beginnt, als er es im Feuer des Kampfes vermochte. So gewinnt auch jetzt unser ganzes Land – ich sage mit Absicht unser ganzes Land, denn Lenin ist heute der anerkannte Held nicht nur unserer Partei, sondern *unseres ganzen großen Landes,* – jetzt, sage ich, gewinnt unser ganzes Land eine gewisse Distanz und überblickt, was es in den schweren, ruhmvollen, qualvollen und heroischen Jahren seiner revolutionären Geschichte erlebt hat.

Genossen, wir sehen es jetzt klar, dank der Distanz, die wir gewinnen, welch ungeheure, gigantische Gestalt Wladimir Iljitsch war. Man kann sagen, daß iese riesenhafte Erscheinung ewig an der Grenzscheide zweier Epochen der Entwicklungsgeschichte der menschlichen Gesellschaft stehen wird. Einer der grundlegenden Denker des wissenschaftlichen Kommunismus, der nächste Freund und Kampfgenosse von Karl Marx – Friedrich Engels – hat einmal gesagt, daß die ganze Geschichte der menschlichen Gesellschaft bis zur Diktatur der Arbeiterklasse nur ein vorläufiges Stadium der Geschichte der menschlichen Gesellschaft,

[1] Rede auf dem II. Sowjetkongreß des Verbandes der Sozialistischen Sowjetrepubliken

nur ihre Vorgeschichte sei. Erst von dem Augenblick an, wo die Arbeiterklasse die Staatsgewalt in ihre Hände nimmt und, sich auf Millionen Werktätige stützend, die alte kapitalistische Welt stürzen und das Fundament für eine neue freie Gesellschaft der Arbeit legen wird, erst da beginnt das erste Blatt der wahrhaft menschlichen Geschichte, jener Geschichte der menschlichen Gesellschaft, wo der Mensch nicht mehr nur ein Wolf sein wird, wo an die Stelle blutiger Kriege, lauernder Tücke und Räubereien ein Reich der menschlichen Vernunft, ein Reich des vollen Sieges über die Naturkräfte treten wird. Und wir wissen es jetzt, daß wir alle, von unseren größten Führern an bis zu den letzten Kämpfern unserer Arbeiter- und Bauernarmee, in einer Epoche leben, die das große Glück hat, das erste Blatt dieser neuen menschlichen Geschichte zu sein. Und da unser Land und unsere Arbeiterklasse die ersten waren, die den Mut fanden, inmitten eines blutigen imperialistischen Krieges dieses Blatt aufzuschlagen, so kann nicht der geringste Zweifel darüber sein, daß die gewaltige Gestalt Lenins, des Führers dieser Arbeiterklasse, sich im Gedächtnis der Nachwelt einem Koloß gleich erheben wird, und daß von diesem Zeitpunkt an neue Jahrhunderte zählen, eine neue Zeitrechnung beginnen und daß der Name unseres Führers ewig leben wird, während die Namen Alexander des Großen, Napoleons, der Helden und Dichter der Bourgeoisie und der feudalen Zeit aus dem Gedächtnis verschwinden werden.

Lenin war der Prophet, Führer, Herold, der beste Ratgeber von Millionen von Arbeitenden. Es ist die größte Gestalt, die wir kennen, aber sie hat eine Eigenart, die nur sehr wenige der großen historischen Persönlichkeiten besitzen. Man könnte sogar sagen, daß Lenin die erste historische Gestalt von so kolossalen

Ausmaßen ist. Ich spreche hier davon, daß niemand einen großen oder sogar kleinen Mann gekannt hat, der so zugänglich gewesen wäre, so einfach und jedem Arbeiter, jedem Bauern, jeder Arbeiterin und jeder Bäuerin durchaus verständlich.

Wirklich große Menschen haben ihre eigene, geniale Einfachheit. Mir scheint, daß wir keinen anderen nennen können, der diese geniale Einfachheit Lenins gehabt hätte.

In der Tat, worin lag seine Kraft, die bezaubernde Wirkung und Gewalt über die Geister, Herzen und Seelen, die Lenin gehabt hat? Sie erklärt sich dadurch, daß Lenin es nicht allein verstand, zu den Massen zu sprechen, sondern auch *zuzuhören*, daß *Lenin der größte Mann war, der Tausende von Zuleitungen in die Herzen der Arbeiter und Bauern hatte*, zu jenen neuen Menschen, die *erst jetzt angefangen haben, die historische Arena zu betreten*. Alle Helden der Bourgeoisie, alle Helden der feudalen Geschichte sahen im Bauern, dem „Untersten", nur Material für ihre Experimente. Lenin trat an die Arbeiterklasse und an die Bauern nicht von oben herab heran, er kam zu ihnen als ein *Genosse*, als der beste *Freund*, und er war es nicht nur durch seine Gefühle und Stimmungen, sondern durch die ganze *Methode* seiner Arbeit. Immer wieder müssen wir uns diese besondere Einstellung Lenins zum Vorbild nehmen, mit der er die Herzen der Arbeiter und Bauern gewann. Nie sagte er ein spitzfindiges Wort, nie gab es bei ihm eine unverständliche Wendung, überall und immer war alles *auf die Masse berechnet, auf das Verständnis eines entlegenen Dörfleins*, immer das größte Feingefühl jenen gegenüber, die gerade im Begriff sind, aufzusteigen, die ersten Schritte auf der sozialen Leiter zu machen. Und diese erstaunliche Zugänglichkeit, dieses Eindringen in menschliche Herzen, dieser ungewöhnliche geistige Kontakt mit den neuen Menschen, mit den Menschen mit den „schwarzen Knochen", die sich erst jetzt zu erheben beginnen, das alles brachte Wladimir Iljitsch den Massen so intim nahe und ließ ihn zu jenem Zauberer werden, der die Vernunft und die Herzen von Millionen beherrschte. Und man begreift jetzt, warum, als die Widersprüche des kapitalistischen Regimes, der Krieg, der Hunger, das jahrlange Gemetzel, die Vertiefung der Massen in der Kriegsepoche zu der unvermeidlichen allgemeinen Depression führten und als die mächtige Welle der Unzufriedenheit von unten aufzusteigen begann – *Wladimir Iljitsch berufen war, als der erfahrene Steuermann an die Spitze dieser gewaltigen, alles zerstörenden revolutionären Elementarkräfte zu treten und sie zu führen, wie es die Interessen der Arbeiterklasse forderten.* Jener kraftvolle Zusammenschluß unseres Führers – dieser gewaltigen Gestalt – mit jedem zurückgebliebenen Arbeiter und jeder Arbeiterin, er ist das Geheimnis jenes großen Bundes, der durch unsere Partei, durch die Arbeiterklasse und durch ihren Bund mit der Bauernschaft verwirklicht wurde; diese ununterbrochene Kette, die die untersten Schichten mit der großen Gestalt an der Spitze verband, sie war die Garantie dafür, daß wir mit dieser wilden Energie, mit dieser ungeheuren Willenskraft erreichten, was unsere Partei unter der Führung Wladimir Iljitschs sich zum Ziel gesetzt hatte.

Genossen, ich versage es mir hier, alle jene persönlichen Eigenschaften Wladimir Iljitschs aufzuzählen, die ihn zu dem größten Menschen unserer Zeit machen. Alle wissen es – sogar die Feinde geben es zu –, daß diese erstaunliche Verknüpfung eines ungeheuren Intellektes, einer grenzenlosen Energie und eines ungewöhnlichen Feingefühls allem gegenüber, was die Massen betraf, daß alles das zusammengenommen Wladimir Iljitsch zu unserem unvergleichlichen Führer und Lehrer machte. Laßt mich, Genossen, nur einen Charakterzug an ihm hervorheben. Wladimir Iljitsch betrat Rußland in dem Augenblick, da es noch in der Gewalt der liberalen Bourgeosie, der Sozialrevolutionäre und Menschewisten war. Als er in der Arena unseres Kampfes erschien, hat die überwiegende Mehrheit unseres Volkes ihn gehaßt. Von der liberalen Bourgeoisie wurde er als ein Spion gehetzt; in den Augen der Polizeispitzel, der liberalen Bourgeoisie, der überwiegenden Mehrheit unserer Intellektuellen, sehr vieler reichen Bauern jener Zeit und sogar gewisser Arbeiterkreise war es ausgemacht, daß dieser Mensch entweder ein Wahnwitziger oder ein deutscher Spion sein müßte. Wladimir Iljitsch hat damals – vielleicht mehr denn je – die Fähigkeiten eines revolutionären Führers gezeigt. Und nun hat sich Wladimir Iljitsch eine Autorität und einen Einfluß errungen weit über die Grenzen jenes Staates hinaus, den seine eiserne Hand gezimmert hat.

Betrachten wir jetzt unser Land. Einer gewaltigen Mauer gleich, steht die Arbeiterklasse da und beschützt das Grab des großen Führers; die Bauernschaft schickt uns von allen Seiten ihre Delegierten; die Vertreter unserer größten wissenschaftlichen Institute, Akademiker der alten Akademie, Vertreter der qualifizierten Intellektuellen, die zur Zeit der Oktoberrevolution nicht Worte fanden, die ihnen scharf genug dünkten, um die Bolschewiki an den Pranger zu stellen, sie alle halten jetzt, gemeinsam mit den Vertretern der Arbeiterklasse, die Ehrenwache am Sarge Wladimir Iljitschs. Sogar die „Lebendige Kirche" hält es für ihre Pflicht, dem Dahingeschiedenen ihren Segen zu geben.

Wie ist das zu verstehen? Das bedeutet, Genossen, *daß der Granit, auf dem die Sowjetmacht ruht, unerschütterlich ist.*

Das bedeutet, daß wir jetzt in unserem Lande den Zustand eines Burgfriedens erreicht haben, in dem nicht die Arbeiterklasse, wie es beim Burgfrieden sonst zu geschehen pflegt, sich dem Willen der herrschenden Bourgeoisie fügt, *sondern in dem alle Klassen der Bevölkerung, alle Zwischengruppen und alle Vertreter der radikalen Richtungen, den zum Gesetz erhobenen Willen der russischen Arbeiterklasse durchführen.* Das bedeutet, daß es uns schon gelungen ist, ein solides Fundament zu legen, das bedeutet, *daß wir die schwerste Zeit hinter uns haben;* das bedeutet, daß *der geniale Meister der revolutionären Taktik, Wladimir Iljitsch, unser Staatsschiff durch alle gefahrenvollen Riffe und Sandbänke hindurchgesteuert hat,* das bedeutet, daß die grundlegende Aufgabe in unserem Lande *zu Neunzehnteln* getan ist.

Genossen, ich möchte noch einige Worte über Wladimir Iljitsch als *Menschen* sagen. Man wird wahrscheinlich einmal dicke Bände über ihn schreiben. Aber wir, die wir Wladimir Iljitsch näher gekannt haben, die wir seinen persönlichen Mut, seine erstaunliche Kaltblütigkeit, seine restlose Hingabe an die Sache, jene Eigenschaft, die die Dummköpfe aus der Bourgeoisie den revolutionären Fanatismus nennen, erfahren haben – wir kennen ihn auch in seiner tiefen Menschlichkeit, in seiner unvergleichlichen Güte und Kameradschaftlichkeit. Wir werden später einmal darüber erzählen. Aber alle diese Einzelzüge, die wir kennen, vervollständigen die Erscheinung Wladimir Iljitschs zu einem wundervollen Ganzen, zu einer großen musikalischen Symphonie von unvergleichlicher Harmonie in allen ihren Teilen.

Das war ein herrliches, menschliches Leben. Er war der größte Mensch. Er war der erstaunlichste Kopf, der sich restlos, von dem Beginn seines bewußten Lebens an bis zum letzten Atemzuge, der ungestümen Tätigkeit zum Besten der Arbeiterklasse und der internationalen Revolution hingab.

Wladimir Iljitsch hat es uns gelehrt, in den kritischsten Augenblicken fester denn je auf unseren Füßen zu stehen und unseren Denkapparat mit größter Kaltblütigkeit zu gebrauchen.

Und jetzt, da wir unseren geliebten Lehrer, unseren teuren Freund, unseren größten Führer verloren haben, jetzt, Genossen, *müssen wir in uns die Kraft und den Mut finden, die unterbrochene Arbeit mit noch größerer Energie wieder aufzunehmen und standhaft auf dem Posten zu verharren, auf den uns die revolutionären Arbeiter und die revolutionären Bauern gestellt haben.*

Genossen, Wladimir Iljitsch hat mehr als alles das Wehklagen gehaßt. An seinem noch offenen Grabe fühlen wir alle mit unserer ganzen Seele unseren Wladimir Iljitsch, wir sehen ihn heraussteigen und uns seinen letzten Befehl und seine letzte Verfügung geben:

„Haltet das Banner hoch! Vorwärts! Proletarier aller Länder, vereinigt euch!"

An die Werktätige Menschheit[1]

Wir tragen Lenin zu Grabe. Das große Genie der Arbeiterrevolution hat uns verlassen. Ein Recke an Willen, Gedanken und Tat ist gestorben. Hunderte von Millionen Arbeiter, Bauern, Kolonialsklaven beweinen den Tod des gewaltigen Führers. Die Werktätigen Rußlands, die er geeint, in den siegreichen Kampf geführt und mit kluger, eiserner, gebieterischer Hand durch alle Gefahren geleitet hat, drängen sich zu Hunderttausenden an seinem Todeslager. Aus allen Teilen der Welt fließen Wellen des Grams, der Trauer und des Zornes heran. Die Feinde, gegen die dieser feurige Revolutionär den unerbittlichsten Kampf geführt, neigen unwillkürlich ihre Banner. Alle haben begriffen, daß ein großer, heller Stern der Menschheit untergegangen ist. Und Lenins gigantische Gestalt richtet sich vor den Augen der ganzen Welt aus ihrem Sarge auf.

An der Grenzscheide der neuen Epoche wird diese gewaltige Erscheinung in die Ewigkeit blicken. Denn Lenin war und wird auch nach seinem physischen Tode der Führer der neuen Menschheit bleiben, ein Herold, Prophet und Schöpfer einer neuen Welt.

Von Jahrhundert zu Jahrhundert zieht sich eine Kette von qualvollen Befreiungsversuchen gegen Knechtschaft, Sklaverei und Vergewaltigung. Aber zum ersten Mal in der Weltgeschichte traten die unterdrückten Klassen in die Kampfarena und siegten. Zum ersten Mal fühlten sich der städtische Proletarier, der ar-

---

1 Aufruf des II. Sowjetkongresses des Verbandes der Sozialistischen Sowjetrepubliken

me Bauer, der geprügelte Sklave der ehemaligen zaristischen Kolonien als Herren des neuen Lebens, als Baumeister ihres historischen Schicksals. Zum ersten Mal in der menschlichen Geschichte sahen die arbeitenden Massen ihre eigene Kraft: ja, sie können siegen! Ja, sie können bauen und werden aufbauen das Reich der Arbeit, von dem die besten, die hellsten Köpfe der Menschheit geträumt haben!

Schon lange nannten die geknechteten Völker Asiens Lenin den Vater der Menschheit. Das revolutionäre Proletariat Europas und Amerikas, der großen zivilisierten Kontinente unserer Zeit, sieht in Lenin seinen weisen, geliebten Führer. Und in diesem unerhörten, welthistorischen Kontakt, in diesem Weltverbund aller Geknechteten, aller Unterdrückten und aller Werktätigen liegt das Pfand des Sieges über das Kapital, über dieses satanische Hindernis auf dem Wege der sozialen Entwicklung.

Wie ein unbezähmbarer Vulkan der revolutionären Energie war Lenin, ein ganzes Meer unterirdischer revolutionärer Lavaströme umtoste ihn. Aber im Besitz des Besten, was die alte Kultur zu geben vermochte, mit der gewaltigen Waffe der marxistischen Theorie in seinere Hand, lenkte er, der Mann der Stürme und Gewitter, das brausende, alles niederschmetternde Element der Massenbewegung in das granitene Bett der revolutionären Zweckmäßigkeit und Vernunft. Seine Fähigkeit der Voraussicht war unerhört. Seine Gabe, die Massen zu organisieren, war erstaunlich. Er war der größte Feldherr der neuen, die Welt befreienden Menschheit.

Lenin ist tot. Aber Lenin lebt in Millionen von Herzen. Er lebt im gewaltigen Ansturm der menschlichen Massen. Er lebt im großen Bunde der Arbeiter und Bauern, der Proletarier und der unterdrückten Nationen. Er lebt in der Kollektivvernunft der Kommunistischen Partei. Er lebt in der Arbeiterdiktatur, die sich, einer gewaltigen Festung gleich, an der Grenze Europas und Asiens erhebt.

Die alte Welt stirbt. Entstellt, verkrüppelt, ohnmächtig liegt das uralte Europa da, die Mutter der kapitalistischen Zivilisation. Jahrhunderte arbeitete das europäische Kapital, schuf mit den Händen der Arbeiter Wunder der Technik, stöberte in der ganzen Welt herum, unterjochte Millionen, zerstampfte mit seinen eisernen Fersen die beiden Halbkugeln unseres Planeten. Jahrhunderte hindurch errichtete es auf der Erde das Reich der Gewinnsucht, des Blutes, des Schmutzes und der Unterjochung. Aber in seine eigenen Netze verstrickt, verwandelte es seine Technik und seine Wissenschaft in ein Mittel der ungeheuerlichsten Selbstzerstörung und trug im großen Weltkriege den ersten gigantischen Riß davon. Die Höllenmaschine des Kapitals begann zu wanken und ist nahe daran, zusammenzubrechen. Ganz Europa und die ganze Welt wird vom Kapital an den Abgrund gezogen. Und nur eine Kraft, eine große, befreiende, sieghafte Kraft kann die Welt retten: die Kraft der arbeitenden Massen, ihre Energie, der Wille der Arbeiterklasse, der Hunderte von Millionen zusammengeschweißt und führt.

Und Lenin war der Führer dieser für die Rettung der Menschheit auserlesenen Massen. Er hatte alle Schlüssel zu den Seelen des zurückgebliebenen Teils der Arbeiter und Bauern. In das tiefste Unterbewußtsein der menschlichen Schichten dringend, weckte er ihr Selbstbewußtsein, ihren Klasseninstinkt, die am schwersten Unterdrückten und die Schwächsten führte er auf den breiten Weg. Vor den Augen der Starken dieser Welt warf er in die sich erhebenden Massen die einfache und tollkühne Parole hinein: „Die ganze Macht den Sowjets!" Und dieses Wunder wurde Wirklichkeit. Der Bund unserer Staaten festigt sich und wächst. Aus den untersten Schichten erheben sich neue Menschen, einfache Arbeiter und Arbeiterinnen, Bauern und Bäuerinnen zu neuem Leben. Immer häufiger, immer entschlossener greifen sie an die Hebel der Staatsmacht und treten so nach und nach an die Stelle des Alten, Morschen, Untauglichen. Unser Land, es erhebt sich nach den blutigen Kämpfen, es richtet sich auf, und es wächst das Reich der Arbeit, das Reich der Arbeiter und Bauern.

Wir haben in Lenin den besten Steuermann unseres Schiffes verloren. Dieser Verlust ist gewiß unersetzlich. Denn in der ganzen Welt gibt es keinen so hellen Kopf mit einer so ungeheuren Erfahrung, einem so unerschütterlichen Willen, wie sie Lenin hatte. Aber furchtlos blicken wir der Zukunft entgegen. Lenins Meisterhand führte unseren Staat durch die größten Gefahren. Wir sind auf den rechten Weg gestellt. Hunderttausende von Schülern Wladimir Iljitschs halten fest das große Banner. Millionen schließen sich um sie zusammen. Und selbst mit seinem physischen Tod noch gibt uns Lenin seinen letzten Befehl:

Proletarier aller Länder, vereinigt Euch!

Genossen und Brüder! Erhebt hoch unsere Roten Banner! Seid standhaft in unserem großen Befreiungskampfe! „Die Proletarier haben nichts zu verlieren als ihre Ketten. Sie haben die ganze Welt zu gewinnen! *Proletarier aller Länder, vereinigt Euch!*"

Vorsitzender des II. Sowjetkongresses des Verbandes der Sozialistischen Sowjet-Republiken:
M. Kalinin.

■ ■ ■

Sekretär des II. Sowjetkongresses des Verbandes
der Sozialistischen Sowjet-Republiken:
A. Jenukidse

Moskau, 26. Januar 1924

Auf dem Roten Platz

Nachwort

Das Jahr 1924 war für die kommunistische Bewegung in vielerlei Hinsicht ein Jahr des Übergangs. Mit der Beseitigung der dringendsten wirtschaftlichen Not nach dem Interventionskrieg traten in der Sowjetunion Fragen der perspektivischen Entwicklung der Gesellschaft in den Vordergrund. Für die anderen Parteien der Kommunistischen Internationale stand in ihrer Tätigkeit die Einstellung auf eine relative Stabilisierung des Kapitalismus an. Mit dem Tod Lenins im Januar dieses Jahres verloren die Kommunisten nicht nur einen Theoretiker und politischen Führer, sondern auch die Persönlichkeit, die bisher die unangefochtene Autorität in ihren Reihen war. 1924 kündigten sich bereits viele der Kontroversen an, die in den folgenden Jahren zu heftigen Auseinandersetzungen und unversöhnlichen Gegnerschaften unter den Kommunisten führen sollten. In dem Sammelband „Lenin – Leben und Werk", der damals in Wien erschien, ist die Mehrheit der damals führenden Kommunisten jedoch noch vereint – in Erinnerung an Lenin.

Die Geschichte der Kommunisten in den folgenden 65 Jahren ist trotz ihrer Widersprüche eine Geschichte von Siegern, zu der die Durchsetzung des Sozialismus in der Sowjetunion, die Herausbildung kommunistischer Massenparteien, der antifaschistische Kampf, schließlich die Entstehung des sozialistischen Weltsystems und – aktuell – die Initiativen für ein Neues Denken in der internationalen Politik und die revolutionäre Umgestaltung in den sozialistischen Ländern gehören. Sie kennt aber auch Irrtümer, Verzerrungen ihrer Ideale und bittere Niederlagen, und ebenfalls Unrecht und Verbrechen gegenüber Mitstreitern – wie die widerrechtliche Tötung vieler Autoren dieses Bandes durch Stalins Justiz und Polizei. Auch dies muß erinnert und zu nicht geringen Teilen noch aufgearbeitet werden. Die dabei anzulegenden Maßstäbe können für die Kommunisten nur der Marxismus und die Erfahrungen der revolutionären Arbeiterbewegung selbst sein sowie die furchtlose Erforschung und Darstellung der historischen Wahrheit.

Die sozialistische Revolution, die 1917 in Rußland unter der Losung „Frieden, Brot, Land" gesiegt hatte, stand 1924 in der noch jungen Union der Sozialistischen Sowjetrepubliken auf der festen Basis eines Klassenbündnisses der Arbeiter und Bauern. Lenin selbst hatte davon gesprochen, daß in dieser Hinsicht die politische Macht des Sozialismus gesichert sei,[1] Bucharin davon, daß die grundlegende Aufgabe zu neun Zehnteln geleistet sei.[2] Vorangegangen waren jedoch schwere Prüfungen.

Der 1918 entbrannte Interventionskrieg hatte neben Menschenleben auch große Teile des gesellschaftlichen Reichtums vernichtet. Die Bruttoproduktion der Landwirtschaft machte 1920 nur 64 Prozent derjenigen von 1913 aus.[3] Im Zusammenhang mit Mißernten gab es in der jungen sozialistischen Republik wiederholt Hungersnöte. Die Verluste, die bei der Ausstattung, dem Personal und der Infrastruktur der Industrie entstanden waren, wurden erst in den Jahren 1927 und 1928 wieder vollständig aufgeholt. So stellte die sowjetische Wirtschaft 1920 beispielsweise nur drei Prozent

1 Lenin, Werke, Bd. 33, S. 410/411
2 N. Bucharin: Dem Andenken. In diesem Band
3 Meyer, Gerd (Hrsg.): Das politische und gesellschaftliche System der UdSSR. Ein Quellenband. Pahl-Rugenstein-Verlag. Köln 1980, S. 395

des Zements her und förderte nur 1,7 Prozent des Erzes, die 1913 produziert wurden.[4] Nach dem Interventionskrieg lagen die meisten Fabriken still.

Aber nicht nur die materielle Versorgung war äußerst schwierig, auch die sozialen Verhältnisse trugen die Spuren des Krieges. 1920 zählte man nur etwa halb so viele Industriearbeiter wie 1913, und sogar 1924 lag der Anteil der Arbeiter und Angestellten an der Bevölkerung erst bei 14,8 Prozent gegenüber 17 Prozent 1913.[5] „Die Arbeiter der Industriezentren hungerten. Auf der Flucht vor dem Hunger wanderten viele aufs Land. ... Die Arbeiterklasse bröckelte ab, ein Teil entfremdete sich ihr, deklassierte."[6] Viele Kinder und Jugendliche hatten ihre Familien verloren und waren ohne jegliche Fürsorge. Die Anforderungen des Krieges hatten für die Bauern die Ablieferungspflicht für sämtliche ihrer Produkte mit sich gebracht, die nun – da die Notwendigkeit einer militärischen zentralen Versorgung entfiel – zunehmend zu einer Last für die Bauernschaft und einer Fessel für die Erweiterung der landwirtschaftlichen Produktion wurde.

1921 kam es vor dem Hintergrund dieser Lage zu einzelnen Aufständen, die ihren Höhepunkt in der Meuterei in Kronstadt im März fanden. Auch wenn dabei organisierte gegenrevolutionäre Kräfte eine Rolle spielten, konnte die Kronstädter Losung „Für die Sowjets, aber ohne die Kommunisten!" auf einer weitverbreiteten Unzufriedenheit aufbauen. Lenin charakterisierte die Situation als die größte innere politische Krise der Sowjetmacht.

Die auf dem 10. Parteitag der KPR(B) beschlosse-

4 Ebd., S. 355
5 Ebd., S. 348
6 Geschichte der Kommunistischen Partei der Sowjetunion. Verlag Marxistische Blätter. Frankfurt/M. 1971, S. 374

ne „Neue ökonomische Politik" muß von ihrer ökonomischen *und* politischen Seite verstanden werden. Ökonomisch ging es damit um die Mobilisierung von Ressourcen für den Wiederaufbau der Wirtschaft – durch die Wiederzulassung von Privatkapital und ausländische Beteiligungen – und die Hebung der materiellen Interessiertheit vor allem der Bauernschaft an den Produktionsergebnissen. Die Ablieferungpflicht wurde durch eine progressive Naturalsteuer auf landwirtschaftliche Produkte ersetzt und durch das Recht ergänzt, den Überschuß auf dem freien Markt zu verkaufen. Zur Herstellung realistischerer Verteilungsverhältnisse wurde auch der Handel durch Reprivatisierungen belebt.

Politisch sollte die NÖP das Bündnis zwischen der Arbeiterklasse und der Bauernschaft wieder befestigen, das als wichtigste Grundlage der Sowjetmacht aktuell gefährdet war. Lenin faßte dieses Bündnis durchaus nicht als taktisches, sondern als strategisches auf; während er die NÖP als vorübergehende Etappe ansah, waren in ihr deswegen auch Prinzipien enthalten, die weit über sie hinausgriffen. Obwohl die politische Hegemonie in der Diktatur des Proletariats bei der Arbeiterklasse liegen mußte, dürfe es zu keiner Entwicklung einer Klasse – des Proletariats – zu sozialen Ungunsten einer anderen – der Bauernschaft – kommen; dies wäre gleichbedeutend mit der Zerstörung der Grundlagen der Sowjetmacht. Die Heranführung der Bauernschaft an den Sozialismus, die konkret die Aufhebung der privatwirtschaftlichen Produktionsverhältnisse auf dem Lande bedeutete, müsse durch materielle Anreize erfolgen und habe die Langwierigkeit der Veränderung von Eigentümerdenken bei den Bauern zu berücksichtigen.[7]

7 Lenin, Werke, Bd. 33, S. 489; Bd. 33, S. 453-461; Bd. 36, S. 578

Über die NÖP hinaus griffen auch bereits die Projekte des GOELRO-Plans, der durch die Schaffung von Dutzenden Kraftwerken die energetische Basis der sowjetischen Industrialisierung ab 1922 schuf.

Die internationale Stellung der Sowjetunion veränderte sich nach dem Bürgerkrieg wesentlich, als es 1922 gelang, mit dem Vertrag von Rapallo zum erstenmal gleichberechtigte und auf gegenseitigen Vorteil orientierte Beziehungen mit einem entwickelten kapitalistischen Land, Deutschland, aufzunehmen. Dies bedeutete nicht nur den Beginn der diplomatischen Anerkennung und von Handelsbeziehungen auch mit weiteren kapitalistischen Ländern, sondern das erste praktische Beispiel einer friedlichen Koexistenz von Staaten unterschiedlicher Gesellschaftsordnung, ein Prinzip, das die internationale Politik der Sowjetunion bis heute prägen sollte.

Mit der Oktoberrevolution wurde die Programmatik der Bolschewiki, den im zaristischen „Völkergefängnis" unterdrückten Nationen das Selbstbestimmungsrecht zu erkämpfen, staatliche Politik. Im Zuge des Interventionskrieges entstanden aus dem alten Rußland sowohl bürgerliche Staaten (wie Finnland) als auch eine Reihe selbständiger Sowjetrepubliken (Ukraine, Belorußland usw.). Diese grundsätzliche Haltung der Bolschewiki ging auf die Erkenntnis zurück, daß im Imperialismus nicht nur die Werktätigen innerhalb der einzelnen kapitalistischen Staaten ausgebeutet werden, sondern daß neben sie die vom Imperialismus unterdrückten und ausgebeuteten Nationen treten. Dementsprechend wurde die Losung des Kommunistischen Manifests erweitert zu „Proletarier aller Länder *und unterdrückte Völker*, vereinigt euch!" Zweifellos konnten die unabhängigen Sowjetrepubliken als einzelne jedoch auf Dauer nicht dem äußeren Druck widerstehen.

Ebenso sah das Programm der Kommunisten nicht ein beziehungsloses Nebeneinander, sondern ein gleichberechtigtes Miteinander der neuentstehenden sozialistischen Republiken vor. Ausgehend vom 10. Parteitag der KPR 1921 wurde Kurs genommen auf die Bildung einer Föderation der Sowjetrepubliken, die am 30. Dezember 1922 mit der Gründung der UdSSR und dem ersten Sowjetkongreß der UdSSR Wirklichkeit wurde. Damit war die Nationalitätenfrage nicht gelöst, aber der Rahmen eines föderativen Staates geschaffen, in dem die ökonomische und kulturelle Ungleichheit zu beseitigen war. Dem stand aber nicht nur das zaristische Erbe einer ungleichmäßigen Entwicklung auf dem Gebiet der UdSSR entgegen, sondern auch ein tief im gesellschaftlichen Bewußtsein verwurzelter Nationalismus in zwei Erscheinungsformen: einerseits die Überbetonung der nationalen Besonderheit in den Gebieten, die ihre nationale Selbstbestimmung errungen hatten (einschließlich innerer nationaler Probleme dieser Republiken), andererseits der großrussische Chauvinismus, der die traditionelle Hegemonierolle der Russen im multinationalen Staat UdSSR fortsetzen wollte. Auch unter den Kommunisten gab es durchaus unterschiedliche Auffassungen sowohl über die Gewichtung der Nationalitätenfrage als auch über die Stellung der Nationen zueinander im sozialistischen Staat.[8]

1923 hatte sich insgesamt eine Wende zum Besseren durchgesetzt. Die NÖP hatte erste entscheidende Erfolge gezeigt, die Produktion stieg, die Versorgung verbesserte sich. Die militärischen Auseinandersetzungen waren vorbei, ein Teil der Roten Armee wurde bereits demobilisiert, und erste außenpolitische Erfolge

8 Siehe dazu: Gerns, Ditte: Nationalitätenpolitik der Bolschewiki. Edition Marxistische Blätter. Düsseldorf 1988, S. 418 ff.

waren errungen. Die politische Macht der Sowjets war unangefochten und gestärkt durch den Zusammenschluß in der UdSSR. Daß die Entwicklung der Sowjetunion jedoch von der weiteren umsichtigen Lösung mehrer Probleme abhing, zeigten schlagartig drei kritische Vorgänge in diesem Jahr.

In der Wirtschaft hatten sich Disproportionen herausgebildet. Während die Landwirtschaft bereits mehr als drei Viertel des Umfangs der Vorkriegsproduktion erreicht hatte und auch die Leichtindustrie sich dynamisch entwickelte, war die Großindustrieproduktion erst bei 35 Prozent des Vorkriegsstandes angelangt.[9] Das Ergebnis war eine „Schere" in der Preisentwicklung: die Preise für Industriewaren erhöhten sich unverhältnismäßig gegenüber denen für Agrarerzeugnisse. Während die Bauern sich oft von ihren Erträgen nun keine Industriewaren leisten konnten, stockte der Absatz der Industrie, so daß es sogar zu Rückständen bei der Auszahlung der Löhne kam. Im Herbst 1923 spitzte sich dieses Mißverhältnis so zu, daß es nicht nur Unzufriedenheit unter der Bauernschaft gab, sondern an manchen Orten auch zu Streiks der Arbeiter kam. Durch Preissenkungen für Industriewaren und die Senkung der Agrarsteuern sowie durch eine Währungsreform wurde die Krise entschärft. Es war jedoch deutlich geworden, daß die Beherrschung der komplizierten Wechselbeziehungen zwischen den Wirtschaftssektoren und den Abteilungen der Volkswirtschaft gerade von seiten der staatlichen Planungs-, Leitungs- und Handelseinrichtungen mehr Voraussicht, Flexibilität und Qualifiziertheit verlangte.

Zu Konflikten kam es auch in der nationalen Fra-

9 Geschichte der UdSSR. Pahl-Rugenstein-Verlag. Köln (1977), Bd. II, S. 164

ge. Bei den Beratungen um die Art des Zusammen-
schlusses der Sowjetrepubliken in der zweiten Hälfte
des Jahres 1922 hatten sich vor allem die Vertreter
Georgiens, aber auch die anderer Republiken, gegen
weitgehende Vorstellungen Stalins gewandt, der nicht
den Zusammenschluß unabhängiger Republiken, sondern die Vereinigung der anderen Sowjetrepubliken
mit der RSFSR anstrebte, in der diese Republiken
dann einen autonomen Status haben sollten. Diese Pläne Stalins scheiterten jedoch vor allem an der Intervention Lenins, der auf der Unabhängigkeit der Mitglieder
der Föderation beharrte.[10] Im Zuge der Verhandlungen
hatte S. Ordshonikidse als Vertreter der Zentrale gegenüber einem georgischen Genossen zu Tätlichkeiten
gegriffen. Die offiziellen Berichte über diesen Vorfall
waren offensichtlich sehr parteiisch zuungunsten der
Georgier ausgefallen. In einem Artikel „Zur Frage der
Nationalitäten oder der ‚Autonomisierung‘“ kritisierte
Lenin diese grobe Vorgehensweise. *Politisch* ging es
ihm jedoch nicht so sehr um die Verfahrensweise, er
faßte den Vorfall vielmehr als Ausdruck für ein Abwei-
chen in Richtung großrussischer Nationalismus auf.
Die Anerkennung der Gleichheit der Rechte von Nationalitäten reiche nicht aus; in der praktischen Politik
müsse vielmehr von der existierenden Ungleichheit
ausgegangen werden.[11] Klarheit in dieser Frage forderte Lenin vor allem vor dem Hintergrund der Perspektiven weiterer nationaler Befreiungsrevolutionen, denen
gegenüber die UdSSR keinesfalls als ein in irgendeiner
Hinsicht chauvinistischer Staat auftreten oder erscheinen dürfe. Die Veröffentlichung des im April 1923 fertiggestellten Artikels noch vor dem Parteitag im glei-

---

10 Gerns, Ditte, a. a. O, S. 380 ff.
11 Lenin, Werke, Bd. 33, S. 460; S. 414/415; S. 572

chen Monat verhinderte Stalin mit dem Hinweis, die Arbeit sei noch nicht druckfertig revidiert. Der Artikel wurde erst nach 1956 veröffentlicht.

In den beiden erwähnten Konflikten hatte jeweils auch die Frage des Staatsapparates eine Rolle gespielt. Sowohl in der Beherrschung der ökonomischen Frage wie in der politischen Zuverlässigkeit und der Einstellung zur Bevölkerung genügte dieser Apparat den Anforderungen der Sowjetmacht keinesfalls. Lenin bezeichnete seinen Zustand rundweg als katastrophal und noch nicht einmal einem bürgerlichen Kulturniveau entsprechend, sprach vom Unglück der Übernahme des alten Apparats, der manchmal sogar gegen die Kommunisten arbeite.[12] Diese Frage erhielt nun einen eigenen Stellenwert. Zur gleichen Zeit, als die Preis„schere" zu einer wirtschaftlichen Krise führte, veröffentlichten 46 führende Kommunisten einen offenen Brief, in dem sie die wachsende Macht des Staats- und vor allem des Parteiapparats und deren Bürokratisierung anklagten. Anfang November wurde die öffentliche Debatte über die Lage in der Partei eröffnet. Trotzki, dessen Position mit den „46" weitgehend übereinstimmte, vertrat die Auffassung, unter den gegenwärtigen Bedingungen sei eine „Entartung" der jetzigen kommunistischen Führer möglich: notwendig sei eine strikte Unterordnung des Apparats unter die Führung der Partei. Er konnte jedoch die Mehrheit der Partei für diese Auffassung nicht gewinnen. Auf der 13. Parteikonferenz im Januar 1924 wurden die Thesen Trotzkis abgelehnt und als „kleinbürgerliche Abweichung vom Leninismus" gekennzeichnet. Offensichtlich war zu dieser Zeit, daß es innerhalb der Führung der Kommunistischen Partei bedeutende Meinungsver-

12 Lenin, Werke, Bd. 36, S. S. 590-596

schiedenheiten gab, die auch zu harten persönlichen Konfrontationen führen konnten.

Zur Eröffnung des 2. Weltkongresses der Kommunistischen Internationale im Jahr 1920 gab G. I. Sinowjew folgende Prognose: „… wahrscheinlich haben wir uns fortreißen lassen; wahrscheinlich wird in Wirklichkeit nicht ein Jahr, sondern werden zwei und drei Jahre nötig sein, damit ganz Europa zur Sowjetrepublik wird. (…) wir können die Gewißheit ausdrücken, daß wir ein Jahr früher oder später – wir werden noch ein wenig aushalten – die internationale Sowjetrepublik haben *werden*, deren Führer unsere Kommunistische Internationale sein wird."[13] Diese Einschätzung, daß der Oktoberrevolution innerhalb weniger Jahre viele weitere sozialistische Revolutionen folgen würden, vor allem in Europa, war als die wichtigste Perspektive der kommunistischen Bewegung in ihren Reihen Anfang der 20er Jahre fast unumstritten.

Die revolutionäre Krise nach dem 1. Weltkrieg brachte ja nicht nur die Novemberrevolution in Deutschland und die Revolution in Finnland hervor. 1919 wiederum hatten sich – wenn auch nur für kurze Zeit – Räterepubliken in Bayern, in Ungarn und in der Slowakei gebildet. Auch 1920/21 kam es zu umfangreichen Fabrikbesetzungen in Norditalien und zu revolutionären Erhebungen in der Tschechoslowakei und in Mitteldeutschland. Die Anzahl der kommunistischen Parteien und ihre Mitgliederzahlen nahmen rapide zu. Dennoch erwies sich in jedem Fall die Bourgeoisie in der Lage, die revolutionären Ansätze mit Waffengewalt niederzuschlagen. Hinzu kam, daß die reformistischen Parteien stark ge-

13 Der zweite Kongreß der Kommunistischen Internationale. Protokoll der Verhandlungen vom 19. Juli in Petrograd und vom 23. Juli bis 7. August 1920. Reprint der Ausgabe von 1921. Karl-Liebknecht-Verlag. Erlangen 1972, S. 15

nug blieben, um große Teile der Arbeiterklasse von einer Beteiligung an der Revolution abzuhalten.

In der Kommunistischen Internationale kam es zu tiefgehenden Auseinandersetzungen darüber, ob auf eine Fortführung des direkten Kampfes um die Diktatur des Proletariats orientiert werden sollte oder die Sammlung aller für die Revolution zu gewinnenden Kräfte vorrangig sei. Auf dem 3. Weltkongreß 1921 wurde ein Abebben der revolutionären Nachkriegskämpfe und eine Verzögerung des Kampfes im Weltmaßstab festgestellt. Lenin formulierte es in einem anderen Zusammenhang so: „Das Proletariat hat in *einem* Lande gesiegt, es bleibt aber der Schwächere im internationalen Maßstab ... leider ist das nicht unser entscheidendes letztes Gefecht."[14]

Diese Erkenntnis setzte sich aber nicht sofort und nicht in allen Teilen der Internationale auch praktisch um, obwohl 1922 mit dem Sieg des Faschismus in Italien eine weitere schwere Niederlage zu verzeichnen war. Besondere Hoffnungen richteten sich auf Deutschland. Dort war die KPD durch die Vereinigung mit der USPD schnell zur Massenpartei geworden. Die deutsche Arbeiterklasse war nicht nur der Ausbeutung durch die eigenen Kapitalisten unterworfen, sondern trug wesentlich auch die Reparationslasten aus dem 1. Weltkrieg. 1923 gab es in Deutschland eine Regierungskrise, in Sachsen hatte sich eine Regierung unter führender Beteiligung linker Sozialdemokraten gebildet. In dieser Situation nahm die Führung der KPD Kurs auf den bewaffneten Aufstand. Gegen die Warnungen von Ernst Thälmann und Hugo Eberlein unterstützte auch das Exekutivkomitee der Internationale, vor allem auch Sinowjew persönlich, den Plan, dadurch eine Ar-

14 Lenin, Werke, Bd. 33, S. 49

beiterregierung in Deutschland zu erreichen. Allerdings schätzte die KPD-Führung die Bereitschaft zu revolutionären Aktionen und die eigenen Kräfte zu groß ein. Im Oktober, als die Reichswehr gegen die Regierung in Sachsen – in die mittlerweile auch die Kommunisten eingetreten waren – in Marsch gesetzt wurde, gab die KPD das Signal zum Generalstreik, der in Hamburg in den bewaffneten Aufstand übergehen sollte. Der Kampf endete mit einer Niederlage. Viele Arbeiter wurden ermordet, die KPD verboten.

Es war offensichtlich geworden, daß nicht nur von einer Abschwächung der revolutionären Bewegung, sondern von einer relativen Stabilisierung des Kapitalismus für eine gewisse Zeit ausgegangen werden mußte. Die enge Verbindung zwischen der Entwicklung der Sowjetunion und der Hoffnung auf weitere Sowjetrepubliken in Europa war damit gelockert. Für die kommunistischen Parteien außerhalb der Sowjetunion stellte sich die Aufgabe, eine langfristige Strategie der Gewinnung der Massen der Werktätigen zu entwickeln. In der Sowjetunion selbst mußte nun die Frage gelöst werden, ob und wie eine sozialistische Entwicklung in einer noch längerfristig isolierten Lage möglich sei.

In seinen letzten Werken – die oft als „Testament" bezeichnet werden – hatte Lenin vor der Gefahr gewarnt, daß sich die Partei spalten könne. Allgemein ergab sich dies aus der Tatsache, daß die Kommunisten sich auf *zwei* Klassen stützen mußten, die neben gemeinsamen auch divergierende Interessen hatten. Konkret bemerkte Lenin aber bereits „sehr ernste" Meinungsverschiedenheiten innerhalb der Führung, deren jeweilige Positionen auch mit Personen verbunden waren.[15]

15 Lenin, Werke, Bd. 36, S. 578-580

Nichts ist jedoch verfehlter, als in den Auseinandersetzungen im Jahr 1924 und später einen bloßen „Machtkampf" um die Nachfolge Lenins zu sehen. Zweifellos gibt es in Parteidebatten auch immer das Moment des persönlichen Streits. Wichtiger waren aber 1924 in der Sowjetunion die unterschiedlichen Auffassungen über die Perspektiven der Revolution.

Die Grundfrage, ob der Sozialismus in einem Lande aufzubauen sei, wurde am offensten von Stalin bejaht. Zweifellos war dies die einzig realistische Orientierung, und zwar für die Sowjetunion *und* international.

Die These, daß der Sozialismus in einem Lande siegen könne, bedeutete zunächst, an die praktische Schaffung des Fundaments einer sozialistischen Wirtschaft zu gehen, also die von Lenin aufgeworfenen Grundaufgaben zu lösen: die Großindustrie zu entwikkeln, den Staatsapparat zu verbessern, die materielle Basis für ein anderes Kulturniveau zu schaffen. Das Verhältnis zu den revolutionären Kräften außerhalb der Sowjetunion stellte sich demnach anders dar als noch zu Beginn der 20er Jahre. Die Erfahrungen hatten gezeigt, daß eine internationale Revolution weniger wahrscheinlich war als das Ausbrechen *einzelner Länder* aus dem Kapitalismus.[16] Mit dem Aufbau eines einzelnen sozialistischen Landes entstand ein neues Wechselverhältnis: dieses Land mußte sich aufgrund seiner Schwäche auf die revolutionären Kräfte in den anderen Ländern stützen können, andererseits konnte es aus seinen eigenen Ressourcen andere revolutionäre Bewegungen unterstützen.

Im Rückblick stellt sich diese Konzeption – nicht

16 Stalin: Fragen des Leninismus. Verlag für fremdsprachige Literatur. Moskau 1947. S. 130-133

nur aufgrund ihrer späteren historischen Erfolge – bereits 1924 als alternativlos dar. Die Betonung des Strebens nach einer internationalen Revolution und der Begrenztheit der sowjetischen Möglichkeiten – für die in diesem Band besonders Trotzki steht –, blieb auf dem Niveau vor den Erfahrungen der Kämpfe Anfang der 20er Jahre stehen und schrieb die strategischen Erfordernisse der unmittelbaren Revolutionsjahre fort, die unter den neuen Umständen in abstrakte Beschwörungen einer internationalen Revolution umschlagen mußten.

Die Probleme, vor denen die sowjetischen Kommunisten beim Aufbau der sozialistischen Gesellschaft standen, waren allerdings ungeheuer. Die Sowjetunion war ein ökonomisch rückständiges Land. Das Bildungsniveau war sehr gering. Von den kapitalistischen Ländern war keine Hilfe zu erwarten. Unterentwickelt war auch die politische Kultur und die Institutionen des neuen Staates. Dazu kam die Größe des Landes, die mangelnde Infrastruktur, das Nationalitätenproblem ... Die Grundvoraussetzung für die Lösung dieser mannigfaltigen Schwierigkeiten war zunächst die Einheit der Partei – in konzeptioneller und praktischer Hinsicht – über die Art und Weise der Lenkung des Aufbaus, also über die konkrete Taktik der Kommunisten. Diese Fragen standen 1923/1924 im Mittelpunkt; der Streit um die These vom Sozialismus in einem Lande entwickelte sich in vollem Umfang erst 1925.

Allgemein stellte sich das Problem so: wie soll die Arbeiterklasse in einem Land, das zum Sozialismus übergeht, die Macht in den verschiedenen gesellschaftlichen Bereichen ausüben? Wie muß die innere Verfaßtheit der Partei und ihre Beziehungen zu anderen Organisationen und Einrichtungen der Sowjetmacht aussehen? Bereits 1921 war es darüber zu Auseinandersetzungen gekommen. Zum einen ging es in der Debatte um die Gewerkschaften darum, ob diese dezentral über die Produktion bestimmen sollten (Arbeiteropposition) oder lediglich als ausführende Organe der Politik der Partei verstanden werden sollten (Trotzki). Zum zweiten war auf dem 10. Parteitag der KPR (B) beschlossen worden, daß die Kritik und Diskussion innerhalb der Partei nicht vereinbar ist mit der Bildung von Fraktionen, Gruppen mit eigenen Plattformen, innerhalb der Partei.

1923/24 rückten diese Themen wieder in den Vordergrund. Ein wichtiger Grund dafür war, daß sich mit dem 1922 geschaffenen Orgbüro neben dem Politbüro ein Parteiorgan unter Stalins Führung entwickelt hatte, in dem – nach Lenins Worten – eine „unermeßliche Macht" konzentriert war. Das ergab sich daraus, daß das Orgbüro durch seine Abteilungen sowohl über den Einsatz der Funktionäre der Partei entschied als auch über die wichtigsten Personalfragen der Wirtschaft- und Staatsorgane. Gerade hieran entzündete sich die Kritik, die z. B. in dem offenen Brief von 46 führenden Kommunisten Ende 1923 an die Partei gerichtet wurde. Die Partei verbürokratisiere, die alten Funktionäre würden dieser Situation nicht Herr und zunehmend entarten (d. h. ihre revolutionären Ideale verraten).

Die Notwendigkeit eines solchen Machtzentrums wie des Orgbüros kann nicht bestritten werden – gerade *wegen* der immensen Aufgabe der Schaffung eines neuen, sowjetischen Staatsapparats. Vergegenwärtigen wir uns folgende Zahlen. Anfang 1924 hatte die KPdSU 350 000 Mitglieder und 122 000 Kandidaten.[17] Die Zahl der Parteifunktionäre betrug 23 000.[18] Dieser Avantgar-

17 Meyer, Gerd, a. a. O., S. 333
18 Stalin, Werke, Bd. 6, S. 176

de stand eine Zahl von anderthalb Millionen Staats-
und Wirtschaftsangestellten gegenüber, allein in Moskau eine Viertelmillion.[19] Dies waren zum großen Teil
Menschen, die aus dem zaristischen Verwaltungsapparat übernommen worden waren. Selbstverständlich war es notwendig, zentrale Stellen dieses Apparates mit zuverlässigen Sowjetbeamten zu besetzen, und
nach Lage der Dinge waren dies vor allem Kommunisten.

Die Notwendigkeit einer zentralen Verteilung von
Funktionären innerhalb der Partei ergab sich aus anderen Momenten. Entscheidend war sicher der Mangel an
befähigten Funktionären auf den unteren Ebenen. Damit ist das niedrige Bildungsniveau in der Partei (wie
in der gesamten Gesellschaft) gemeint – die große
Mehrheit der Mitglieder verfügte höchstens über Ele-
mentarbildung – sowie die Tatsache, daß die Mehrheit
der Mitglieder 1924 nicht länger als vier Jahre in der
Partei waren, der Anteil der vor der Revolution schon
der Partei Angehörenden gerade knapp drei Prozent
ausmachte.[20] Vor diesem Hintergrund entwickelte sich
nun zunehmend die Praxis, daß Sekretäre von Kreisen
oder Gouvernements nicht gewählt, sondern auf Anfor-
derung von der Zentrale geschickt und eingesetzt wurden. Die Abteilung Registrierung und Verteilung beim
Orgbüro der Partei verteilte an Funktionären:

1922: 10700, davon 5167 verantw. Funktionäre
1923: 10400, davon 4000 verantw. Funktionäre
bis Mai 1924: 6000, davon 4000 verantw. Funktionäre[21]

Selbst Stalin war sich bewußt, daß dies eine Einschränkung der innerparteilichen Demokratie bedeute-

19 Ebd. Lenin, Werke, Bd. 33, S. 380
20 Stalin, Werke, Bd. 6, S. 179/180
21 Stalin, Werke, Bd. 5, S. 341/342; Bd. 6, S. 185

te. Mit dem erklärten Ziel, über die Ausbildung von Funktionären hier Abhilfe zu schaffen, hätte das unter den gegebenen Bedingungen als vorübergehende Maßnahme aber akzeptiert werden können.

Zwischen der Lage im Staatsapparat und in der Partei gab es jedoch einen engen Zusammenhang: „… ohne die Hilfe der Partei sind die Staatsapparate nicht imstande, ihre Aufgaben zu bewältigen. Und dabei geraten unsere Funktionäre zwischen zwei Feuer: die Notwendigkeit, die Tätigkeit der in alter Weise arbeitenden Staatsapparate zu korrigieren, und die Notwendigkeit, die Verbindung mit den Arbeitern zu behalten. Und hierbei verfallen sie oft selbst in Bürokratismus." Ein Hindernis, „das man aber um jeden Preis überwinden muß, um die Verwirklichung der innerparteilichen Demokratie zu erleichtern".[22] Die Auffassung Lenins zum Problem der Bürokratie im Staatsapparat war gewesen, diesen Apparat zum einen mit zuverlässigen Kräften zu besetzen, ihn zum anderen aber auch prinzipiell umzugestalten – zu verkleinern, die Arbeit zu qualifizieren und die Kontrolle zu verschärfen.[23] Er sah deutlich die Begrenztheit der Fähigkeiten des zur Verfügung stehenden Personals, die Tatsache, daß die meisten Revolutionäre über einen Bildungs- und Erfahrungsschatz verfügten, der wohl für die militärische, nicht aber für die „ökonomische Front" ausreichte.[24] Bei Stalin finden wir zunächst die gleiche Auffassung, der Staatsapparat sei grundlegend zu verkleinern und zu verbessern.[25] 1924 jedoch, auf dem 13. Parteitag, mußte zunächst festgestellt werden, daß der Apparat noch gewachsen war.[26] Bedeutsam sind jedoch Unterschiede in

22 Stalin, Werke, Bd. 6, S. 9/10
23 Lenin, Werke, Bd. 33, S. 295; Bd. 36, S. 551; S. 558/559. Als Beispiel: S. 565
24 Lenin, Werke, Bd. 33, S. 474 f.
25 Stalin, Werke, Bd. 5, S. 182–184
26 Stalin, Werke, Bd. 6, S. 190; S. 176

der Sichtweise Stalins im Vergleich zu der Lenins, der Art, daß für Stalin die politische Ausrichtung der Apparate von Staat und Partei eine größere Rolle spielte als ihre Struktur, daß er überhaupt diese beiden Seiten getrennt sah.[27] In seiner Praxis gab es also durchaus Anhaltspunkte für die o. g. Kritik aus den Reihen der Partei.

Es ist allerdings nicht zu sehen, welche reale Alternative die Kritiker in der Frage des Partei- und des Staatsapparates angeboten hätten, vermittelt man ihre recht allgemeinen Kritiken zu den objektiven Schwierigkeiten. Stalin konnte sich zu Recht berufen auf die Aufgabe, den Einfluß der Kommunisten in den Organen der Sowjetmacht zu vergrößern.

Diese Meinungsverschiedenheiten wurden hier etwas ausführlicher benannt, weil sie 1924 den Rahmen für die Spaltung der Parteispitze bildeten. In einem Schreiben an alle Mitglieder des ZK hatte Lenin im März 1922 gewarnt: „Will man nicht vor der Wirklichkeit die Augen verschließen, so muß man zugeben, daß gegenwärtig die proletarische Politik der Partei nicht durch ihre Zusammensetzung, sondern durch die gewaltige, ungeschmälerte Autorität jener ganz dünnen Schicht bestimmt wird, die man die alte Parteigarde nennen kann. Es genügt ein kleiner innerer Kampf in dieser Schicht, und ihre Autorität wird, wenn nicht untergraben, so doch jedenfalls soweit geschwächt, daß die Entscheidung schon nicht mehr von ihr abhängen wird."[28] Diese Sätze, geschrieben für eine Verschärfung der Aufnahmebedingungen in die Partei, galten in bezug auf die Verhältnisse innerhalb der Partei 1924 noch

---

27 Stalin, Werke, Bd. 5, S. 203; Bd. 7, S. 265/266
28 Lenin, Werke, Bd. 33, S. 243

genau so. Und dies war der Hintergrund für die Mehrheit der Partei, trotz der Kritiken am Apparat und trotz der Kritiken Lenins an Stalin in seinen Briefen an den Parteitag Stalin weiterhin zu unterstützen.[29] Die Absetzung Stalins als Generalsekretär wäre weniger wegen der Ersetzung der Person von Bedeutung gewesen als vielmehr deswegen, weil damit unweigerlich wieder eine Generaldebatte über Trotzkis Vorwürfe eröffnet worden wäre, zu der sich bereits feste gegnerische Positionen in der Partei gebildet hatten. Überdies hatten sich die Kritiker um den „Brief der 46" nicht an die vom 10. Parteitag beschlossene Regel des Fraktionsverbots gehalten. Ohne die Autorität Lenins bestand in dieser Situation mehr denn je die Gefahr der Spaltung der Partei. In dieser Situation und unterstützt durch die Fürsprache Sinowjews und Kamenjews schien Stalin für die Fortsetzung des Leninschen Kurses in Gesellschaft und Partei zu stehen.[30]

Die Schärfe der Auseinandersetzung im Jahr 1924 – zu der noch die Diskussion um die Geschichte der Oktoberrevolution gehört, auf die hier aber nicht mehr eingegangen werden kann – vertiefte die Gräben nur noch mehr. Der Hinweis Lenins auf das „Übermaß von Selbstbewußtsein" bei Trotzki und die Grobheit Stalins[31] bestätigte sich voll und ganz.

In dieser Hinsicht ist die Rede M. I. Uljanowas, Lenins Schwester, in der Sitzung des Moskauer Sowjets[32] interessant. Sie hebt drei Tugenden Lenins hervor: die Festigkeit im Erreichen eines anvisierten Ziels, die Un-

29 Vgl. die Äußerungen von N. A. Antipenko, zit. in: Judick/Steinhaus (Hrsg.): Stalin bewältigen. Edition Marxistische Blätter, Düsseldorf 1989. S. 13
30 Vgl. Dmitrenko, S.: Lenins „Brief an den Parteitag". In: Sowjetwissenschaft – Gesellschaftswissenschaftliche Beiträge. Volk und Welt, Berlin. Heft 3/1989, S. 316 ff.
31 Lenin, Werke, Bd. 36, S. 579/580
32 In diesem Band

ermüdlichkeit beim Lernen und – im Umfang von mehr als der Hälfte ihrer Rede – den kameradschaftlichen und nicht nachtragenden Umgang Lenins mit seinen Genossen. Der Brief Lenins an den Parteitag, in dem er Stalin Grobheit im Umgang mit den Genossen vorwarf, wurde erst im Mai, kurz vor dem Parteitag, bekannt. M. I. Uljanowa, die mit N. K. Krupskaja Lenin in dessen letzten Monaten umsorgte, wußte wahrscheinlich von diesem Brief und hat dessen Mahnung bereits während dieser Gedächtnisfeier paraphrasiert vorgetragen.

Lenins Genie erfährt heute die Würdigung, in der Perestroika und der Erneuerung des Marxismus weiterhin gültiger Bezugspunkt der Weiterentwicklung der sozialistischen Gesellschaft wie der marxistischen Theorie im Zeitalter des Imperialismus zu sein. Zweifellos entspricht es Leninschem Denken, heute bisher gängige Einschätzungen der kommunistischen Parteien vorurteilslos an der veränderten Realität zu überprüfen. Dazu bedarf es auch der verstärkten Beschäftigung mit der Geschichte der kommunistischen Bewegung, auch mit ihren Widersprüchen und gerade auch damit, wie sich diese Widersprüche in der Rolle der Persönlichkeiten in der Geschichte widerspiegeln.

Diesem Zweck dient auch der Nachdruck des Buches „Lenin – Leben und Werk". Es erschien 1924 im Verlag für Literatur und Politik in Wien. Der Verlag war erst im selben Jahr gegründet worden von dem kommunistischen Verleger Dr. Johannes Wertheim. Wertheim war 1925/26 verantwortlich für die Redaktion der „Internationalen Presse-Korrespondenz", dem Mitteilungsorgan der Kommunistischen Internationale, die ihren Sitz damals ebenfalls in Wien hatte. 1926 zog die Inprekorr nach Berlin um. Von dieser Zeit an hatte der Verlag für Literatur und Politik ebenfalls in Berlin seinen Sitz und unterhielt in Wien eine Filiale, in der u. a. die „Arbeiterliteratur" erschien, eine kulturell-politische kommunistische Zeitschrift, die auch unter sozialdemokratischen Arbeitern keine geringe Verbreitung fand. An hervorzuhebenden Veröffentlichungen des Verlags ist zu nennen N. K. Krupskajas „Erinnerungen an Lenin", die 1929 erschienen. Mit dem Beginn der faschistischen Herrschaft bricht auch die Tätigkeit des Verlages ab.

Anzunehmen ist, daß es sich bei den Übersetzungen (zum größten Teil aus der sowjetischen Presse) um Arbeiten der Übersetzer der Inprekorr handelt. Daraus erklären sich auch Abweichungen wie z. B. zu der Fassung von Stalins Artikel, die in die Werkausgabe aufgenommen wurde.

Sicher ist uns viel von dem Pathos heute fremd, in dem die Kommunisten aus Lenins Nähe damals, erschüttert von seinem Tod, sprachen. Über die historischen Siege wie bitteren Jahrzehnte, die uns davon trennen, hinweg verbindet uns mit ihnen der Kampf um den revolutionären Fortschritt der Menschheit, der in Lenin einen Streiter hatte, dessen Arbeit bis heute ungebrochen weiterwirkt.

Joachim Hetscher

Über die Autoren

Bucharin, Nikolai Iwanowitsch
geb. 1888 in Moskau. Mitglied der SDAPR seit 1906. Umfangreiche wissenschaftliche und publizistische Tätigkeit. 1917–1937 Mitglied bzw. Kandidat des ZK der KPdSU, 1919–1929 Mitglied bzw. Kandidat des Politbüros. Seit 1919 Mitglied des EKKI, später dessen Vorsitzender. Im März 1938 unter falschen Anschuldigungen vor Gericht gestellt und erschossen.

Jaroslawski, Jemeljan Michailowitsch (Gubelman, Minej Israilewitsch)
1878–1943. Mitglied der SDAPR seit 1898. Teilnehmer an der Oktoberrevolution. Verschiedene Partei- und Militärfunktionen. 1923–1934 Sekretär der Zentralen Kontrollkommission. Parteihistoriker.

Kamenew, Lew (L. B. Rosenfeld)
geb. 1893 in Tiflis. Mitglied des ZK 1917–1927, Mitglied des Politbüros 1919–1926. 1927 vorübergehend aus der Partei ausgeschlossen. Im August 1936 unter falschen Anschuldigungen vor Gericht gestellt und erschossen.

Karpinski, Wjatscheslaw Alexejewitsch
1880–1965. Mitglied der SDAPR seit 1898. Publizist. Theoretische Arbeiten vor allem zur Bauernfrage. Nach der Oktoberrevolution Herausgeber der Zeitschrift „Bednota". In den 30er Jahren im Apparat des ZK tätig.

Krshishanowski, Gleb Maximilianowitsch
1872–1959. Mitglied der SDAPR seit 1893. Leitete den Petersburger „Kampfbund zur Befreiung der Arbeiter-

klasse". Mitglied des ZK der SDAPR 1903–1905. Nach der Oktoberrevolution verschiedene Partei- und Staatsfunktionen, u. a. Vorsitzender des Staatlichen Plankomitees der UdSSR.

Krupskaja, Nadeshda Konstantinowa
geb. 1869 in Moskau. Mitglied der SDAPR seit 1898. Verheiratet mit Lenin seit Juli 1898. Nach der Oktoberrevolution im Volkskommissariat für Volksbildung der RSFSR tätig. Ab 1927 Mitglied des ZK der KPdSU. Starb 1939 in Moskau.

Larin, Ju (Lurje, Michail Alexandrowitsch)
1882–1932. Ökonom, Mitglied der KPR (B) seit August 1917, seit 1900 in der sozialdemokratischen Bewegung. Teilnehmer an der Oktoberrevolution, später Funktionen im Obersten Volkswirtschaftsrat und in der Staatlichen Plankommission.

Lepeschinski, Pantelejmon Nikolajewitsch
1868–1944. Mitglied der SDAPR seit 1898. Nach der Oktoberrevolution in der Volksbildung und als Wissenschaftler tätig.

Lomow, A. (Oppokow, Georgi Ippolitowitsch)
Mitglied der SDAPR seit 1903. Nach der Revolution Volkskommissar für Justiz, später in leitenden Funktionen in der Volkswirtschaft. Mehrfach Mitglied des ZK. 1937 unter falschen Anschuldigungen verhaftet und erschossen.

Miljutin, Wladimir Pawlowitsch
1884–1937. Mitglied der SDAPR seit 1910. Nach der Oktoberrevolution, an der er als Mitglied des ZK teilnahm, zunächst Volkskommissar für Ackerbau, später in weiteren Staats- und Wirtschaftsfunktionen.

Podwoiski, Nikolai Iljitsch
1880–1948. Mitglied der SDAPR seit 1901. Teilnahme an der militärischen Führung der Oktoberrevolution. Später Funktionen im Militärwesen.

Preobrashenski, Jewgenij A.
1886–1938. Teilnehmer an der Oktoberrevolution und bedeutender Ökonom. Im Rahmen des „Sinowjew-Prozesses" verurteilt.

Radek, Karl (K. B. Sobelsohn)
geb. 1885 in Lemberg. Bis 1912 Mitglied der SPD, dann bei der Linken, ab 1917 bei den Bolschewiki. Beteiligt an der Gründung der KPD. 1919–1926 im EKKI. 1927 vorübergehend aus der Partei ausgeschlossen. Im Oktober 1936 verhaftet, unter falschen Anschuldigungen vor Gericht gestellt. Im Januar 1937 zu 10 Jahren Arbeitslager verurteilt, aus dem er nicht zurückkehrte.

Rotstein, T. (Rothstein, Theodor A.)
1871–1953. Englischer Marxist, unterstützte schon früh die Bolschewiki. Veröffentlichung u. a. im Verlag Literatur und Politik, 1929, „Beiträge zur Geschichte der Arbeiterbewegung in England".

Rykow, Alexej Iwanowitsch
geb. 1881 in Saratow. Teilnahme in der revolutionären Bewegung seit 1902. Nach der Oktoberrevolution zunächst Volkskommissar für Innere Angelegenheiten. Ab 1924 Vorsitzender des Rates der Volkskommissare bis 1930. Im März 1938 unter falschen Anschuldigungen vor Gericht gestellt und erschossen.

Ryskulow, T.
D. i. Ryskulowitsch, Türar, 1894–1938. Organisator der

Partei in Kasachstan, zeitweilig stellvertretender Vorsitzender des Rates der Volkskommissare der UdSSR. Führende Funktionen in Partei und Staat Turkestans.

Sinowjew, Grigorij Jewsejewitsch (H. Apfelbaum) geb. 1883 in Jelissawetgrad. Mitglied des ZK 1907–1927, des Politbüros 1921–1926. 1919–1926 Vorsitzender des EKKI. 1927 vorübergehend aus der Partei ausgeschlossen. Im August 1936 unter falschen Anschuldigungen vor Gericht gestellt und erschossen.

Stalin, Jossif Wissarionowitsch (J. W. Dshugaschwili) 1879–1953. Mitglied der SDAPR seit 1898. Nach der Revolution Volkskommissar für Nationalitätenfragen und Vorsitzender der Arbeiter- und Bauerninspektion. Im April 1922 zum Generalsekretär gewählt. Seit 1941 Vorsitzender des Rates der Volkskommissare und Oberster Befehlshaber der sowjetischen Streitkräfte.

Sorin, Wladimir Gordjewitsch 1893–1944. Mitglied der Bolschewiki ab 1917. Nach der Revolution verschiedene publizistische Tätigkeiten und Parteifunktionen in Moskau. Ab 1924 verantwortliche Tätigkeit im Lenin-Institut, danach im Institut für Marxismus-Leninismus. 1939 unter falschen Anschuldigungen verhaftet; in der Haft gestorben.

Sosnowski, S. D. i. Sownowski, Lew S., 1886–1937. Journalist, nach 1917 Mitarbeiter der Prawda. Spielte nach 1927 eine bedeutende Rolle in der „trotzkistischen" Opposition. Im Zusammenhang des „Sinowjew-Prozesses" verurteilt.

Trotzki, Leo (L. D. Bronstein)
1879–1940. Mitglied der SDAPR (M) seit 1897. Aufnahme in die SDAPR (B) August 1917. In der militärischen Führung der Oktoberrevolution. Nach der Oktoberrevolution verschiedene Funktionen. 1918 Volkskommissar für den Krieg und Vorsitzender des Obersten Kriegsrates. 1927 aus der Partei ausgeschlossen. 1929 aus der Sowjetunion ausgewiesen. Exil in Norwegen und Mexiko, wo er – wahrscheinlich auf Befehl Stalins – ermordet wurde.

Tschitscherin, Georgi Wassiljewitsch
1872–1936. Mitglied der SDAPR (M) seit 1904. Nach dem Übertritt zu den Bolschewiki 1918–1930 Volkskommissar für Äußere Angelegenheiten.

Uljanowa, Maria Iljinitschana
Die Schwester Lenins. 1878–1937. Mitglied der SDAPR seit 1898. Nach 1917 verschiedene publizistische Aufgaben und Parteifunktionen.